SANKAI

山海往還

公文宏和

Kumon Hirokazu

山海往還出版実行委員会

OUKAN

2014年12月15日　東京駅八重洲南口にて

『山海往還』刊行にあたって

私たちの共通の友人であった公文宏和さんは、二〇二三年一〇月二三日に、ご自宅で八〇年の人生を閉じられました。本書は、公文さんが「山海往還」と題して、同人誌『象』に連載された文章を集めたものです。「山海往還」と題する前の文章一篇と、書きあげられながらも『象』への掲載を果たせず遺稿となった一篇を含めて全二五篇が収録されています。全体として、日本の林業と水産業の現状と将来について考察を重ねられたものですが、私たちにとってはそれだけではありません。地元の人とかわした会話の軽妙な紹介や、現地での山海の味に加えた鋭い批評などからは、飄々としながらも批評心を失わない公文さんの姿が、彷彿としてきます。この連載エッセイは二〇一三年に始まっていますから、公文さんはこの文章とそれを書くための探訪の旅を、古希の齢で始めたことになります。「よく歩いたね、よく書いたね」と言いたくなります。

本書は、公文さんを慕う人、公文さんの文章を読みたいと思う人でつくられた出版実行委員会の事業として刊行されました。編集には、本実行委員会の発起人五名があたりました。本書の出版を認めてくださったご遺族とグループ『象』様にお礼申し上げます。また、株式会社あるむ様に、丁寧な制作作業をしていただいたことへの感謝を申し上げます。

二〇二四年一〇月一日

山海往還出版実行委員会

賛同会員・ご芳志提供者

*本会発起人

青木和子、青山孝徳、浅井和弘、*浅野良裕、安孫子誠男、天羽康夫、安藤金男、
安藤隆穂、伊藤正純、井上泰夫、江崎栄二、小田博一、大西憲嗣、*加藤万理、
加茂川益郎、岸川富士夫、公文忠信、公文直行、公文八重子、黒田光太郎、
小林敏明、斉藤日出治、佐々木政憲、佐藤滋正、沢田敏子、住澤博紀、
瀬古勝康、千賀重義、多賀悦子、高橋正明、髙原章、高山博司、玉置全人、
寺田光雄、中垣秀作、野澤敏治、長谷川正史、花崎皋平、林真也、平野泰朗、
堀田泉、真下義則、松本聡、三品尋、*八木紀一郎、山田鋭夫、*若森章孝

山海往還——目次

第一部　山と川と海

第二部　林業と森林学、漁業と海洋資源管理

凡例

一　本書には、故公文宏和が同人雑誌『象』（グループ・象発行）に二〇一三年から二〇二二年にかけて公表した文章と、それに続けて執筆したが未公表のままとなった文章一点を収録した。

一　『象』初出のタイトル、『象』の巻号および掲載年については、出所一覧を参照していただきたい。

一　初出の文章の表記不統一を直した。また、明らかな脱字・誤字や思い違いは断わることなく訂正した。

一　初出で参照あるいは引用されている文献表記法（著者、書名、出版社、刊行年）を統一した。正確なあるいは詳細な文献情報は、巻末の「参照文献一覧」を参照していただきたい。

一　本文中の〔　〕は校訂者による補足ないし短い注である。

一　本書の編集は、山海往還出版実行委員会の発起人、浅野良裕、加藤万里、斉藤日出治、八木紀一郎、若森章孝の五名が担当した。また、文章全体の校訂は若森章孝、若森文子が行った。

第一部　山と川と海

十津川村再訪

秘境十津川村

十津川といえば、秘境が枕詞になるくらい僻遠の土地である。もちろん現在では、道路も整備されてかつてのような秘境でなくなったが、林業が衰退している中では、観光資源を利用するために敢えて「秘境」を残してもよいかもしれない。

この秘境十津川村の南に位置する出川にある一軒家の宿を訪ねて二〇一一年の一二月一〇・一一日と連泊した。この宿は、二〇〇八年の四月に一度泊まったことがある。そのときは、玉置神社に行きたくて宿をとったのである。二〇一一年秋の豪雨で紀伊半島が大きな水害に襲われた。豪雨のあと心配になってこの宿に安否を問うメールを送ったが返事がないまま一年が過ぎた。一年以上経って、営業を再開したという知らせが届いた。宿の一部を水に流されて一年間営業を停止していたというのである。そこで見舞いがてら、また、果無峠まで歩いて見たいと考えて十津川再訪ということになった。

十津川は、路線バスで一度通り過ぎただけで、宿をとって逗留したのはこれで二度目である。最初に乗った路線バスは、高速道路でない一般道を走る路線バスとしては日本一長い路線バスとして有名である。近鉄八木と新宮を基点とする長距離路線バスである。片道およそ六時間かかる。運転手は、朝、新宮を出るバスに乗ると八木で一泊して翌日の便を運転して新宮に帰ってくる。

ぼくが乗ったのは八木から新宮行きのバスで、湯の峰温泉まで行った。乗客は、常連と見えて運転手と世間話をしている。特に、運転手の横の席を占領するのは顔見知りで運転手と世間話をするのが楽しみ、という客である。路線バスには必ず「みだりに運転手に話しかけないこと」という注意書きがあるものだが、そんなことにはお構いなしである。名古屋の市バスで運転手が客とみだりに世間話をしようものなら、乗客が携帯を使って当局にご注進に及ぶところだが、田舎のバスではそんなことはない。

このときは、バスで十津川村を通り過ぎただけである。もちろん途中で一五分か二〇分の休憩停車があるので、「日本一長い」つり橋を観光したり、十津川温泉郷のダム湖を観光したりしながら足湯を楽しむこともできる。日本一長いつり橋はかなり前に九州のどこかに取られたのであるが、看板を下ろさずに相変わらず「日本一長い」と謳っていた。ほほえましい嘘というところであろう。このつり橋にある看板が今でもあるかどうか知らないが、十津川村の発行している観光案内パンフレットでは、日本一は消えて「日本有数」になっている。

三度目の今回の旅は、名古屋を八時八分発の南紀一号に乗って新宮に着いたのが一一時二五分。名古屋を出るとき雪が降りしきっていてその影響で定刻より少し遅れて着いた。駅前の喫茶店で軽い昼飯を済ませながら地元の新聞社が発行した去年の大水の被害を報じるムックを見ていると、水の威力とその被害がいかに大きかったかがよく分かった。大水の前まで熊野川の河口は砂州で今にもふさがりそうであったが、河口はすっかり口を開いていた。後で、グーグルの写真を見るとその河口が開いている様子がよく分かった。その後、一二時一〇分発の熊野本宮行きのバスに乗る。終点に着くのが一時半過ぎで、それから三時頃まで時間をつぶして十津川村村営バスで十津川村平谷というところの蕨尾のバス停まで乗る。そこからは宿の人が迎えに来てくれた車で宿まで。宿に着いたのは、四時半頃。家を出て宿に着くまでおよそ九時間だからなんとも遠いところに来たものだという気になる。

熊野本宮前で村営バスを待つ間、近くの喫茶店で時間をつぶす。喫茶店で働いているパートの女の人の話で、「去年の大雨で川の姿がすっかり変わって気落ちしたけれど、いつの間にか変わってしまった川の姿にも慣れてしまうものなのだ」という言葉がとても気になった。このことは後で川について考えるときに思い出すことにする。

72号〔「グローバリゼーションと日本経済その8」〕にも書いたが、熊野本宮辺りの熊野川は川幅も広く、また川の堤から道路までかなりの広い土地があるにもかかわらず、国道沿いの民家の軒下三メートルくらいまで水につかったのである。ここは、那智川の急な鉄砲水のような水の勢いではなく、徐々に水かさが増したそうである。同じ喫茶店にいた六〇代と思われる男の人が、「見る見るうちに水かさが増してきたよ、しかしここらの人は川の氾濫に慣れているから人的被害はなかった」と経験を誇っていた。「五年くらいに一度は腰くらいまでの氾濫はあるから慣れているよ、いや一〇年かな」と、大げさに言いすぎたと思って頻度を少し下げたのである。ちょっと値引きして聞いた方がいいかなと思った。しかし、熊野川はよく氾濫する川であることは事実なのだろう。

大水が出てから一年と四ヶ月くらいたっているからかなりの復興がすすんでいると思われたのだが、先ほどのパートの女の人の話では、少し北の奈良県側は復興事業がよくすすんでいるけれど和歌山県側はおくれているそうだ。

時間になって十津川村の村営バスが来たので乗り込んだ。村営バスは奈良交通に運営を委託しているのだそうである。一日に二往復のバスである。空っぽでぼく一人の貸切であった。運転手の話によると、今日はとりわけ寒いので、朝の便も夕方の便もひとりも客がいなかったそうだ。その日の客はぼく一人ということになった。

バスの中で運転手にみだりに話しかけて、水害復興の様子をあれこれ聞いた。運転手は、十津川村も昔は一万人以上人が住んでいたが、今では四〇〇〇人を割り込んでいると嘆いていた。正確には十津川村の人口は、二〇一二年九月現在三九一四人で世帯数は一九四四戸、男女はおよそ半々である。平均的には男女一人ずつの二人世帯ということになるが、たぶん一人世帯も多いのであろう。奈良県の五分の一の面積におよそ四〇〇〇人の人口であるからかなりの過疎の村ということができる。温泉を利用した観光以外見るべき産業もないから若い人は少ないはずである。そこに復興特需が生じたから、バスの運転手は少し申し訳なさそうにダンプの仕事が増えてよかったという趣旨のことをいっていた。また先ほどの喫茶店の女の人の話で和歌山県側に比べて奈良県側の方が復興工事が順調だと聞いたというと、そんなことはない、和歌山県側の方がむしろすすんでいる、奈良には大物の政治家がいないからなあ、と嘆いてみせた。和歌山には、自民党建設族の大物に二階俊博のいることを指していっているのだろうと思った。選挙区も隣の芝生は青いものらしい。

小辺路を歩いて果無峠を目指す

一〇日は、朝早く家を出て宿にたどり着くのが仕事であった。翌日、小辺路を歩いて果無峠を目指した。標高差九〇〇メートルほどの遍路道を歩く予定である。これは早々に挫折して道半ばで折り返した。宿を出て三〇分ほど歩くと柳本のつり橋に出る。それを渡って下湯川を渡ると果無峠越えの小辺路に入る。熊野本宮を目指す遍路道は、平安時代以来多くの熊野詣が歩いた中辺路、大辺路が有名であるが、小辺路は高野山から吉野の峰々を歩く険しい道なので王侯貴族の採らなかった道である。歩きかけてすぐにわかったが、何しろ一本調子の登り道で疲れることこの上ない。そして最初から峠まで行けたら折り返すつもりであったから、帰りのことを考えると今度は一本調子の下り道を歩かなければならない。これはつらい。無理をすると翌日ひざが笑うことが目に見えていたから、片道四時間くらいという予定でひたすら登り道を歩いた。

遍路道に入ってすぐにまだ新しい立て札に出会った。間伐展示林というもので、間伐がいかに林業にとって大事なことかを縷々述べていた。ふーん、立派なものだと感心しながら歩いていて気がついたのは、模範的間伐林はなんと間伐した木を山に放置していることである。これでは次の作業に入ったときにまともに作業ができないではないかと思った。二〇一一年は国際森林年であったから、国有林に予算がついて、立派に施業していますよとデモンストレーションを打ったのであろう。当然森林組合に下請けに出すから、森林組合は間伐だけして間伐材を搬出しないというデタラメな施業を行ったのである。現在の森林組合の現状をよくあらわしているといえる。

デタラメな間伐展示林を横目にふうふういいながら歩いていると果無集落に出た。もちろん人一人出会わない。集落があるだけである。前日乗った村営バスの運転手の話によると果無集落には学校に通う子どもの為にスクールバスが出ているということであるから、まだ了どももいるようである。写真家南川三治郎の『世界遺産巡礼の道をゆく―熊野古道―』(玉川大学出版部、二〇〇七)に果無集落の子どもの写真がある。キャプションに、「高野山から本宮に抜ける小辺路の尾根にひらけた標高一〇〇〇メートルの十津川村果無集落に暮らす子供たちの表情は明るい」とある。果無集落は、四〇〇メートルくらいから六〇〇メートルくらいである。一〇〇〇メートルといえば果無峠になる。果無集落に建てられた世界遺産の石碑の周りに子供が二〇人写っている。たぶんこの果無集落の子供総勢であると思われる。ここには路線バスもあるが、なんと週に一回、月曜日だけ往復一便が運行されている。それも平日だけで月曜日が休日に当たると運休であり、バス停の時刻表を見て驚いた。集落には畑があって、そこにはシカやイノシシを驚かす電線が張り巡らされていて、遍路道を歩く観光客相手に触るな触るなと警告を張り出していた。

結局目標の標高差九〇〇メートルの三分の一強の四〇〇メートルほどを登ったところで折り返すことにした。往復ともに人に会うことはなかった。

十津川村といえば貧しい

秘境十津川村と並んで十津川村といえば貧しいという言葉がつきものである。秘境十津川も貧しい十津川も、実は古いイメージである。八木から五條を経て吉野山地をダンプと大型バスがすれ違うことができる道路もほぼ貫通している。また、部分的に高規格道路も建設がすすんでいる。従来の道路は谷の側面を削って作っているから、大雨や地震ですぐに法面が崩れて道路が寸断される。高規格道路は橋脚の上に道路を通すので、谷の側面を削って作ったような道路の弱点を持っていない。こういう高規格道路も部分的に開通している十津川村をいつまでも秘境というのは時代錯誤かもしれない。

また、貧しいというのも考え直さなければならないかもしれない。しかし、過疎が進行している十津川村を考えるに当たり、かつて貧しいと形容された十津川村のイメージを思い浮かべることには意味があると考えている。十津川村のイメージを農文協の『日本の食生活全集』第二九巻の『聞き書　奈良の食事』（一九九二年一〇月二五日）を手がかりに描いて見たい。この叢書は、一九八〇年頃に、その当時から数えて五・六〇年前に各地域で作られ食べられていた食事を、かつてそれらを作ったことがある地域の老人や主に女性から聞き取りをし、地域の食文化研究家たちが再現したものを記録したものである。したがって、一九二〇・三〇年頃の日本の各地の食事を再現したものである。各県に一巻をあて、別個アイヌの食事を独立させたものである。このなかの奈良県の巻を読みながら当時の十津川の生活をのぞいてみる。昭和初期の奈良県の主要交通図というのが裏表紙の見開きに出ているが、五條から北の奈良県の北半分は鉄道、道路とも縦横に走っているけれども、南半分は吉野川北山川沿いと十津川沿いに道路が二本走っているだけで後は地図に何もない。つまり交通網が何もないということである。南半分は、林業地帯であるから伐採した木材は木馬《きんま》や修羅を使って、川まで落としそれを筏に組んで川を下って、新宮まで運んだものと思われる。戦後の一九六〇年代以前は、トラックが使えるような道路はなかったものと思われる。いかに交通手段が乏しい秘境であったかがよく分かる。その十津川の生活を偲ばせる記述を見てみよう。「紀藩源伴存（一七九二—一八五八）の記した『吉野郡名山図誌』に見られる郷の人々の生業と、昭和十年頃の吉野郡出谷地区の人々の生業はあまり変化していない。たいていの男は杣師《そまし》、日傭師《ひようし》、筏師、炭焼きを生業としている。

杣師《そまし》は山中の杣小屋に寝泊りしながら木材を伐採し、日傭師《ひようし》は、伐採された木材を山から搬出して筏に組むまでの仕事を請け負い、日傭小屋を転々とする。どちらも移動しながら仕事をするので、同じ小屋を互いに使うこともある。筏師は、木材を組んで河口の新宮まで流送を請け負う。

初夏の田植えや晩秋の畑打ちのころになると、男衆《おとこし》はその間だけ帰ってきて農作業のてま（労力交換）をする。家々の牛も四、五頭引き出され、毎日二〇人以上の人々が共同で一軒一軒の田畑のてまを進めていく。女衆《おなごし》は農作業と日々のまかないとさなぶり（田植えを終えた祝いのこと）のふるまいで目の回る忙しさである。

秋に筏組合から触れがまわると、十津川の支流上湯川でも筏組がはじまる。人々は、冬場の現金収入になる筏組の仕事を喜ぶ。とくに田畑の少ない人たちは、ふだんから荷運び（杣小屋、日傭小屋への食料の運搬）、または平谷までの炭俵の運搬、四、五〇人もが連なって番線（木材を運び下ろすための鉄線）を担いで山を上り下りする番線運びなどをしているが、このほかにかん持ち（木材をつなぐかずらを固定させるための鉄の留め具を背負って運ぶ作業）、かずら切り、柴切り、わげつくりなど、農作業のあいさ（合間）を縫って精を出す。夜《ようさ》の眠りさえ惜しんで、五月の筏の流送が始まるまで働きづめである」（『奈良の食事』三〇一－三〇二頁）。

以上が、十津川村の南の方の出谷地区の暮らしぶりであった。ちょうどぼくが宿をとったところから龍神にかけての地域である。宿から川を下って小一時間歩くと平谷に出る。この出谷地区の貧しさを思い窺わせる叙述がある。

多くの実がなることで知られた十津川なんば（とうもろこしのこと）を、「畑で茎が枯れるまで乾燥させたものを束ねて天井に渡した二間あまりの〈きびざお〉と呼ばれる太いさおにびっしりかけて保存する。人々はその下で寝起きする。きびざおの本数がその家の豊かさを計るものであり、寝ている顔に虫の糞が落ちてきても、すすけて杉皮の天井にかかるきびざおを見上げて〈ああ、まだ食いもんがある〉と安堵しつつ眠ることができる」（『奈良の食事』三〇二頁）。

十津川では、炭焼きが木を売ってくれと来ても栃と樫は売らなかったという。栃の実も樫の実も重要な食料になったからである。また、イノシシやシカ、にく（かもしか）などのけもの、鳥は山鳥、山鳩、雀など各種の鳥、川ではあめのうお、アユ、ウグイ、うなぎが獲れる。アユの釣り方など豪快なものである。「五月になると釣り好きの男衆は、仕事のあいさにその辺の竹やぶでさおをけずり、アユ釣りに川へ下りる。釣り針を五本束ねてさおのさきにつけた引っ掛けなどで、傷をつけないように、まず友のアユをとってから〈友引き〉で釣る。三〇尾以上も釣る人が大勢いる」（『奈良の食事』二八九頁）。川も山のめぐみを与えてくれる豊かな土地であった。しかし現在はどうであろうか。

　先ほど、果無集落で狭い畑に電線を張り巡らせて「さわるな」と注意書きをしていると書いたが、今では山のめぐみを利用する技が失われているのである。山の暮らしが失われて鳥や獣を捕る人もいなくなったから、電線で獣を脅すしかないのである。また、川はダムで寸断されて豊かな流れが失われたから、アユを引っ掛けで摑まえるほどにはいなくなった。出谷の上湯川沿いの宿で、イノシシやシカを捕る人もいないのですよねと料理人が言っていた。川のめぐみも山のめぐみも少なくなったうえにそれを利用する人もいない過疎の土地に、十津川村はなってしまった。蕨尾のバス停前に小さななんでも屋がある。インスタントラーメンやパック詰めの惣菜、ソーセージ、佃煮、漬物など、日常の食生活に必要なものが一通りそろっている。これが、秘境十津川村の現在の貧しさである。

十津川村無慙

二〇一一年秋の大雨は、紀伊半島に甚大は被害をもたらした。去年は、那智川と熊野川の惨害の後を見てまわった。今年は、奈良県の被害を見ようと思ったが、足の都合でダンプが行きかうのを見ることしかできなかった。十津川村の被害を十津川村が発行した『十津川村大水害の記録』で確かめてみる。

　八月二五日にマリアナ諸島の西の海で発生した台風一二号は、八月三一日から九月四日にかけて紀伊半島に大雨をもたらした。十津川村では、北部の長殿地区で深層崩壊が生じ、巾三〇〇メートル、水平距離七〇〇メートルにわたって土砂が崩れおち、一八四万立方メートルの土砂が増水した川に突入して津波を発生させ発電所を押し流した。また、野尻では、山崩れの土砂の所為で川の流れが変わり村営住宅を押し流した。各地で道路が寸断された。熊野本宮から十津川温泉までのバスの途中にある櫟砂古《いちざこ》では、道路がえぐられて崩壊したが、ぼくが通ったころには修復されていた。また、十津川から玉置神社への上り口にある折立橋は、橋の途中から押し流されてしまった。橋や道路のインフラが見るも無慙に壊されている。山崩れも川の流れも変わるのは当たり前のこととはいえ、写真で見る限り無慙な姿である。この大雨で、十津川村では七人の死者と六人の行方不明者が出ている。あわせて一三名である。いかにも被害が僅少であるかのようである。この年の3・11の東北大地震と津波の被害者が宮城県と福島県と岩手県の死者・行方不明者およそ一万五〇〇〇人に比べてきわめて少ないように見えるが、十津川村の人口は四〇〇〇人に満たない。そこでの一三人の死者行方不明者は、決して人口比から見て少ないわけではない。山の深層崩壊やインフラの被害に比べて人の被害が少ないのは、人口がまばらだからである。南極で地震が起きて大きく地形が変わるようなことがあっても被害は出ない。洪水による被害は、自然現象でなく社会現象なのである。このことを念頭の置きながら、人はどのようにして川と付き合ったらよいのかを考えてみたい。

川を考える

今回の十津川再訪は、二〇一一年の秋の豪雨で、奈良県南部の山の深層崩壊や堰止めダムで大きな被害をもたらした爪あとを見るためであった。去年の同じ時期には、和歌山県の熊野川、那智川の被害の後を見て回った。近年の局地的豪雨がもたらす川の氾濫をどう考えたらよいか、素人なりに考えてみようというのである。この文章の最初の方で、熊野本宮前の喫茶店でパートをしている女の人の言葉を思い出す、と書いておいた。川がすっかり姿を変えたのに情けない思いをしたという趣旨の言葉である。川は、雨が降れば水かさが増して濁るが、日照りが続くと水かさが減って川床が広くなる。その限りで変化するが、堤と堤に囲まれた川はその姿を変えることはない。あたかも堅固な橋脚などのような社会インフラのように見える。ぼくらは、それを頼もしく思うようになっている。しかし、そこに川をめぐる問題があることを高橋裕は指摘する。「川が元来インフラでなく自然環境であることは、河川技術者はもとより、地元の人々はより具体的に知っている。しかし、河川技術者は計画数理に没頭しているうちにインフラとしての河川をより強く意識し、自然環境としての複雑性、有機性への配慮を軽視したのである。河川技術が二〇世紀になって飛躍的に進歩し、巨大化してきたことによって、その傾向はいっそう強まったようだ。（改行）それに対する警告が一九八〇年代以降高まってきた河川環境問題である。水質悪化、コンクリート護岸の普及によって発生した河川生態系の破壊は、その顕著な例である。高度成長期まで河川技術者は、河川工事が生態系に与える影響について重要視していなかった。その時代でも一部の河川技術者は、魚に優しい護岸水制に心を配っていたが、むしろ余計なことをするとして非難され、会計検査院の担当者に注意されていた。第二次大戦後、高度成長期の一九七〇年代まで、川は完全にインフラとしてあつかわれていた。河川環境問題の重大化は、川を社会的共通資本の自然環境として認識すべきとの警告であったのである。生態系にやさしい護岸水制を設ければよいという次元の問題ではない。その思想は、あらゆる河川構造物への対応、そして非構造的手法（nonstructural measures）に対しても適用すべきである」（高橋裕「自然としての川の社会性と歴史性」、宇沢弘文・大熊孝編『社会的共通資本としての川』東京大学出版会、二〇一〇、三四〇頁）。ここに現在の川が抱える問題の本質が凝縮していると考えられる。河川管理がもっぱら河道管理になってしまい、雨が降ればすべてを河道に流し込み、それを海に排出することばかり考えてきたのが高度成長期の河川工学の考え方であった。この考え方を実行してきた河川管理の問題点が現在のっぴきならない状況になっている。

ぼくの住んでいる名古屋市の南区は天白川に沿っている。ここに住んで二八年目だが、その間に、大雨で向こう岸の天白区の一部が浸水するという災害が二度起こった。この浸水する地域は、相生山の丘陵地帯と天白川に挟まれたくぼ地である。天白川が破堤したわけでも越流したわけでもない。くぼ地部分がじわじわと浸水したのである。古くから住んでいる人の話では、ここにはみずみちがあるのだということである。川底からくぼ地に水が染み出る道があるらしい。二八年前には、このくぼ地は、桃や梨の果樹園が広がっていた。水に浸かることが当たり前で、水に浸かってもそれが引けば元の果樹園にもどって問題がなかったのである。しかし、いつの間にか家が建ち、低層の集合住宅が建つようになり、スーパーもできた。宅地開発がすすんだのである。土地利用の無政府状態がかつては水をいなして利用していたものを、災害が生じるような利用の仕方に変えたのである。このような話は全国いたるところにある。かつては畑や果樹園としてしか利用できない遊水地のようなところも、いつの間にか宅地に開発された。売る側は百も承知であっても買う側は事情を知らないから、水害にあって始めてえらい目に遭ったと悔やむのである。大雨による水害は自然災害に見えるけれど社会現象である。このような現象は川だけでなく海に接したところでも生じている。「二〇〇七年九月、台風九号が神奈川県を通過した際、高波が神奈川県湘南の西湘バイパスを一キロメートルにわたって崩壊させた。まったく前例のない、長い区間の破壊であった。治水家家島陶也は、この状況を、明治以来の鉄道や道路のために臨海部における無思慮な土地利用に対する〝海岸の復讐の始まり〟と警告している」（高橋裕『川と国土の危機─水害と社会─』岩波新書、二〇一二、八‐九頁。この本からの引用は今後『川と国土』とする）。天白川周辺の土地利用も湘南の土地利用も「無思慮」なものである。このような土地利用が行われるようになったのは、明治以降の近代化の過程である。高橋は、「江戸時代末期までの治水方針は、城を中心とする都市を重点的に洪水氾濫から防ぐことであった。一方、農村地域は、小規模洪水まで防げる堤防を築き、大洪水のかなりの部分は無理に河道に閉じ込めず、自由に（この言葉は重要──筆者）氾濫させていた。氾濫に対しては、住居を高所に設けて被害を避け、氾濫しやすい低平地には冠水に強い農産物を育てるなどの対応がとられていた。しかし、明治期には、都市化・工業化へと政策の大転換が行われ、増大する都市域や工業用地においては、氾濫を完全に防ぐことが要求されたのである」（高橋『川と国土』一九頁）。明治の三〇年ころまでに大治水事業が完成し、中小の氾濫は起こらなくなったが、それは大きな大災害をもたらすことになる。「氾濫を完全に防ぐ」ということでなく川にもっと自由を、と高橋は主張する。河川工学者らしからぬロマンティックな言い方であるが、ぼくにはそれこそが川と社会が共存できる原則であると思われる。高橋の『川と国土の危機─水害と社会─』は、河川工学の立場から、明治以降の、さらには高度経済成長期の治水のあり方に根本的な反省を加えた、警世の遺言のように思われる。彼の議論が誠実だと思われるのは、「河川技術者は、河川という自然と永遠に詰まない将棋を指しているようなものである」（高橋『川と国土』七〇頁）という言葉による。彼はダム問題も多面的に論じている。一九五六年に完成した最初の大規模ダムである佐久間ダム以降、大規模ダムが次々と建設された。ダムの土砂堆積をどうするか、河川への土砂の供給をどうするかという問題も大切であるが、建設後半世紀以上経つダムにはいま問題になっている高速道路や橋脚などインフラの耐用年数の問題がないのだろうかと心配になった。その点について彼はこの本で何も指摘していないが、今後大きな問題になると思われる。

彼の議論でわが意を得たりと思う提案があった。国土の危機を憂える高橋が面白い提案をしている。「無人の山村の流域の片隅であっても、そこは河川流域にとってかけがえのない水源地である。選挙区における有権者人口の格差増大は、しばしば重要な政治問題となる。一方、面積あたりの議員数を、たとえば参議院で考慮するなど考えるべきではないか」（高橋『川と国土』一〇八－一〇九頁）。この提案には双手を挙げて賛成である。選挙のたびに一票の格差を問題にして選挙無効の裁判を起こす形式的平等主義者のことを苦々しく思ってきた。もし、法の下の平等原則を尊重して選挙区の票の価値の平等を実現するための定数を是正したら、大都市部選出の議員数が増え過疎地の議員数が減ることになって、国政への過疎地の声は反映されにくくなる。これでは、国土を総合的に維持・管理することが不可能になるのではないだろうかと考えている。大都市部には経済学の教科書を鵜呑みにして集積効果とか規模の経済などという専門用語を使って東京に一極集中することを学問的に正当なことだとご託宣をたれる大先生もいる。想定外の大災害が生じたら、たとえば、富士山の大噴火が起きたら大東京は甚大な被害をこうむる。過去の集積効果など吹っ飛んでしまうのだ。教科書を一面的に当てはめて正当性を主張するのは学生のすることである。

また、小泉政権時代に道路公団民営化の旗振りをジャーナリズムで盛んにキャンキャン吠え立てていた男が都知事になったが、彼など高規格道路をことさらに批判していた。しかし、斜面を切り崩して作った道路はちょっとはげしい雨が降ると法面が崩壊して道路が寸断される。山地や狭い海岸線を走る道路に代わって、少々の雨で寸断されることのないしっかりした道路が必要である。数年前、尾鷲で列車待ちで時間をつぶしていたとき土地の人が道路が寸断されるとここらは陸の孤島だからねと嘆いていたことを思い出した。このような状況の中で、一票の価値を言い募る形式的平等主義者は、どんな神経をしているのかと思ってしまう。高橋の面積あたりの議員数というのは傾聴に値する提案である。

終わりに

十津川の台風一二号被害の跡をみようと出かけた旅の印象が、川を考える文章になった。高橋の本を読んで、川を河道としてしか考えずひたすらコンクリートで川の自由を奪った高度経済成長期以降の治水政策が、川をやせ細らせ海岸線を後退させる、という問題を引き起こしている、とますます思うようになった。次号では、川と山の森の話をしたいと考えている。

山海往還　その1

はじめに

前号〔『象』75号をさす〕は「十津川村再訪」という題で、65号から72号まで連載した「グローバリゼーションと日本経済」の、とりわけ69号から書き始めた国土の能産性を考えるテーマの続きを連載するつもりであった。しかし、印刷に出す間近になって花崎さんの『天と地と人と』が出て、「山と川と海と」ではいかにも借り物の表題のように思えて、良い考えも浮かばず「十津川村再訪」にした。しかし、これでは連載になりにくい。そこで今回から「山海往還」としてしばらく連載を続けることにした。音読してもいいが、訓読して「やまうみいったりきたり」と読んでもいい。山と海の間には川があるから山や川や海に触れて国土の能産性を考えることにする。したがって今回は、実質的には、前号に続いて二回目ということになる。

国土という言葉も気になる。なんとなくナショナリスティックだから嫌な感じもするし大地というとロマンティックでぼくにはなじまないし、土地といえば何か上に構造物を予感させて土地そのものの可能性、主体性を無視しているみたいで能産性にそぐわないので嫌だしと、あれこれ悩んでみてもよい言葉に行き会わない。そこで、それら三つの言葉を適宜使うことにする。いずれもぼくら人間がそこで生き暮らす土台であると同時に、ぼくたちの生を可能にしてくれているエレメントみたいなものをさす言葉として使うことにする。ここでいうエレメントというのは、魚にとっての水みたいに人間にとって魚はそれなしには生きていけない環境のことである。したがって、国土というのは土だけでなく水も空気も含んでいる。

十津川の宿

二〇一二年の暮れに泊まった十津川の宿は、上湯川（このあたりの人は出川とよんでいる。）沿いの三階建ての建物である。風呂は川床に近い道路から見た地下に当たる。この宿は道路から見たら二階建てである。部屋のすべてが川に面している見たら三階建てである。よいはずであると煮え切らから景色がよいはずである。よいはずであると煮え切らない言い方をしたのは、宿の窓から見る対岸の林は拡大造林時代に植林されたスギの一斉林である。二〇〇八年に泊まった春でも一二年暮れの場合でも変化に乏しい緑一色である。春なら多様な木の緑が妍を競っているはずだし、冬であれば冬枯れのわびしさがあるはずだが、それがない。実はあまりよい景色とはいえない。紀伊半島の熊野古道をバスと徒歩を頼りに歩いているかぎり多様な樹相の森にお目にかかれない。神社の森いわゆる鎮守の森だけが多様な樹相を呈しているだけである。〇八年に玉置神社を訪れたのは、スギの原生林を見たかったからである。また紀伊半島の特産品の備長炭の原料になるウバメガシの林は古道沿いでは見かけることはほとんどない。ましてやブナ狩りの対象になったブナやナラの木もあまり目に付かない。低地ではスギ、高地ではヒノキという拡大造林の成果が紀伊半島を覆っているといっても言い過ぎでないだろう。その四・五〇年生のスギやヒノキが売れないからといってあまり手入れもされずに情けない姿をさらしている。

拡大造林

以前にも触れた拡大造林の詳細を香田徹也編著『日本近代林政年表　増補版　1867－2009』（日本林業調査会、二〇一二）で見てみよう。一九五七年三月に林野庁長官から知事宛に「造林補助金査定要領改正」が通達される。この改正で造林補助対象を「①従来の新伐旧伐林種転換の造林種を、再造林（人工林伐跡地に対する造林、査定係数六〇点）・拡大造林（天然林伐跡地又は原野に対する造林、一二〇点）の二種に改称整理」する。天然林または原野に対する補助金が再造林の二倍に査定されるから猛烈な勢いで天然林のナラやブナ、栗などからなる広葉樹林が伐採され、スギ、ヒノキなどの針葉樹が植林されて針葉樹の一斉林になるのである。ナラやブナなど薪炭に使われていた樹種は、都市人口の増大とともにその需要が減少したので山の邪魔者になったのである。「ブナ狩り」という言葉さえ現場では使われるようになった。この補助金政策のおかげで　〇〇〇万ヘクタールに及ぶ一斉林が出現することになる。しかし、この一斉林のスギ、ヒノキは、国産材需要の減退とともに借金だけ残して山に手をいれられることなく見捨てられることになる。この拡大造林に対する補助金政策が見直されるのは、一九九六年のことである。この年の一一月二九日の閣議決定で「森林資源に関する基本計画並びに重要な林産物の需要及び供給に関する長期の見通し」改定を発表する。その中身は、「①わが国の森林資源整備はこれまでに一〇〇〇万ヘクタールを超える人工林が達成されたことから、生態系としての森林という認識のもとに森林を健全な状態に育成し、循環させる段階になった」というものである。これでやっと天然林を伐採して針葉樹の一斉林にするという拡大造林計画に終止符が打たれることになった。

拡大造林が一九五七年の林野庁長官の通達で始まり一九九六年の閣議決定で終了したことを『日本近代林政年表　増補版』で確認した。この年表に関しては特筆大書しておかねばならない。この年表の編著者香田徹也の略歴は本の奥付の記述によれば一九三七年に岐阜県大垣市に生まれ、一九五六年に岐阜県立岐阜農林高等学校林業科を卒業して、名古屋営林局・熱田営林署勤務を経て一九六一年に林野庁に勤務。一九九〇年に林野庁指導部造林保全課森林災害復旧指導官・課長補佐（監査班）で退職。二〇〇〇年一〇月に主著『日本近代林政年表』を刊行している。勤めをやめたのが五三歳のことである。この事情は、増補版に採録された初版の自跋に詳しい。若い頃「林業・林政に関する総合的な辞書・年表が未整備であることに不便を感じ、また自分が働く職場、その仕事はどこから来たのか、それはなぜこの姿であるのかを知りたいと感じたことにある。こうした私的な勉強と便宜のために、〈年表形式〉で折に触れ収録し始めた。一九九〇年に林野庁を退職してからは、この作成に専念してきた。」とある。この年表はまず情報量の多いことに驚かされる。本文索引も含めてＢ４判一六八〇頁の大きな本である。これに匹敵する類書はない。見開き二頁に一般・農業、林政・民有林、国有林、国外林業の四つの項目を立てている。すべての項目に出典を明記しているから信頼性はきわめて高い。これを、公的研究機関でも大学でも職を得ているわけではない私人が営々と努力して、林政・林業に関する知的共有財産を生産したことに敬意を払わざるをえない。近年、人文諸科学や社会諸科学の分野でも学問的成果が私有財産化される傾向があるようだが――たぶん業績主義がその背景にあると思われる――、学問的営為というのは本来知的共有財産の生産にあるはずだ。それなのに、その理念はかすんでいるようである。香田徹也の『日本近代林政年表』は本当の意味で知的共有財産ということができる。

速水林業の場合

ぼくは専門的な研究方法を採用して林業の問題点を指摘してきたわけではない。電車の窓から見える風景や山のなかを歩きながら見える風景を観察しながら、いまの日本の林業は問題が多いなと感じたことを、系統的ではない場当たりに手にとった本を参考にして批判的なことを書いてきた。相変わらず素人の批判的観察を続けるつもりだ。林業について悲観的なことばかり書いてきたが、立派な林業経営をしている林業家も当然いる。三重県尾鷲地方の林業を尾鷲林業というが、そこで速水林業の九代目の当主速水亨が『日本林業を立て直す―速水林業の挑戦―』（日本経済新聞社、二〇一二）を書いている。速水林業の所有林は一〇七〇ヘクタールである。この所有林以外に、トヨタ自動車所有のトヨタ宮川森林一七〇ヘクタールを管理している。森林所有者のうち一〇〇ヘクタール以上所有しているのは、わずか一％である。大きな山林地主ということができる。著者の速水は慶應の法学部を卒業したあと家業を継ぐべく地元に帰るが、現場の仕事をしながら「やればやるほど、林業は生き物を相手にする以上科学的な視点を持つ必要があると思うようになり、東京大学林学科の造林研究室に入り直し（研究生）、名著『造林学』の著者として有名な佐藤七郎教授の下で、〈硫黄酸化物の森林に与える影響〉の研究に二年間携わった」（速水亨『日本林業を立て直す―速水林業の挑戦―』日本経済新聞社、二〇一二、四七頁。以下『速水林業』と略する）。つまり、彼には、速水林業八代に渡る経験知の蓄積と林学の科学的知見の二つが備わっていることになる。尾鷲ヒノキは、関東大震災で「地震に強い尾鷲ヒノキ」（『速水林業』三五頁）という評判を得ていたブランド品である。彼は、家業を継ぎながら、いかにして効率的な経営を構築できるかを試行錯誤し、コンピュータを使って数値化するなど合理的経営を試みる。日本林業のおかれた苦しい環境の中で彼は立派に速水林業の経営を実践し、木材を必要とする需要者から信頼を得ている。

「速水林業では、住宅一軒分の木材をまるごと受注することもある。日本で最初にＦＳＣ認証〈森林認証〉を取得したことでメディアに出るようになったため、施主が速水林業の木を使うように要求したり設計家が〈速水の木を使いましょう〉と提案してくれたりするのだ。最近は特に森林管理がきちんと行われ、環境を意識した木材を評価してくれる若い設計家が増えている。森林認証の木を使いたいという施主もいる。私がＦＳＣ認証を取得したのは、持続的な森林管理、環境に配慮した森林、あるいはユーザーに納得してもらえる森を作りたいとの思いからだが、ユーザーツアーや施主ツアーで、私の森を見ていただいた方には必ず気に入っていただいている」（『速水林業』一九〇頁）

彼は森林経営者として成功しているといえる。また人工林の経営者として、人工林の管理が十分行き届いていれば、スギ、ヒノキの人工林に対する環境派の非難が必ずしも当たらないことを、自信を持って主張している。「台風などで豪雨によって山が崩れる被害が出ると、〈針葉樹のせいだ〉といった報道がなされる。被害を受けた地元からも、〈スギやヒノキが植えられていたからだ〉という声があがることもある。戦後の大造林政策によってスギ、ヒノキが大々的に植林されたことがある、自然災害を誘引したといわれることもある。針葉樹は浅く根を張るため根張りが弱く、広葉樹に比べて土壌緊縛力が弱いから崩れやすいというのだ。

しかし、スギやヒノキの植林の是非は別にして、大規模な土石流のような表土から基岩まで二メートル以上の深さで一緒に崩れる場合には、植えられている樹種の影響よりも地形や土質の問題であることの方が多い。

木編に〈水〉という旁を書いて〈杉〉となるように、スギはもともと水分を好む木である。かつては山を段々畑のように整地してスギを植え、田んぼのように水を入れる灌水林業という技術さえあった。だから、林業家は、水分の多くて湿度の高いところ、あるいは水の出やすいところにスギを植える。土が崩れて溜まった崩土地帯といわれる場所は、養分が多く水も溜まってくるから、スギの適地になる。そうした場所は、最初に生えてくる草の種類も違う。私たちは、そうした地形や植生をもとに水の流れを見定めてスギを植える。

＊＊＊＊

「スギを植えられている場所が崩れやすいとすれば、スギという樹種によるのではなく、崩れやすい場所に植えるから、結果としてスギが崩れやすくみえるのである」（『速水林業』一一七－一一八頁）。このあと速水は、広葉樹と針葉樹とではそれほど保水能力が変わらないことをデータを挙げて論証している。林業家の矜持というところであろう。

著者の速水はヨーロッパの林業機械を積極的に導入している。そんな機械の中に移動式の製材機という物がある。

「フランスやドイツにはトレーラーで引いて移動できる製材機があり、これを使って地元の木を製材して家を建てる。農家が所有している森林を切ったとき、この製材機を呼んで自分の敷地で製材してもらい在庫しておく。乾いたころを見計らって用途に応じて家を建て増したり、小屋を作ったりするために使う」（『速水林業』一九六頁）。

この機械を仲立ちにした速水と気仙沼のカキ養殖業者

畠山重篤の出会いが面白い。「（移動式の）製材機の値段は七千ユーロから一万ユーロくらいだから、日本円にすれば七〇万円から百万円程度。一番高くても三百万円くらいである。市町村やＮＰＯが数台ずつ買い、使いたい人がいたらボランティアが車で持っていって製材する仕組みをつくったらどうだろうか。」

この話を宮城県気仙沼でカキの養殖をしている畠山重篤さんに話したら、早速この製材機を取り寄せ、林業部門を作るために人を雇ったそうだ。畠山さんは豊かな海を取り戻すために豊かな森が必要だと、川の上流で二〇年以上も植林活動を続けてきた漁師だ。

以前は「スギは敵だ」と言っていた畠山さんだが、この機械を入れて作業をしたら〈速水さん、スギっていうのはいいもんだな〉と笑っていた。カキが軌道に乗るまでしばらくかかるから、それまで林業部門で食っていく意気込みだろうか。

かつて地域に小さな製材所があった時代は、製材所を経由して木材の販路ができ、地域の大工が家を建てていた。ひょっとすれば、東北でもう一度その循環を新しいスタイルで取り戻せるようになるかもしれない（『速水林業』一九七－一九八頁）。速水林業の場合は、優れた経営術と伝統に裏打ちされた経験の蓄積と科学的知見が相まって成功した例と言えるだろう。しかし、多くの森林保有者の零細保有地の林業をどうするかという問題は深刻な状況のまま残されている。ここで本来なら森林組合が組合員のために魅力ある施業提案をするところだが、それはできていない。

京都府日吉町の森林組合の湯浅勲の取り組みが希望を与えてくれるかもしれない。高校卒業後、都会で働いていたが、故郷の森林組合の世代交代の時期にあたって生まれ故郷に帰って森林組合の改革に乗り出した。森林組合というのは総じて保守的なものだそうだが、世代交代の時期にあたっていたのが幸いして改革に成功した。日吉町森林組合は組合員の信用を得て多くの組合員から森林管理受・委託契約を結んでいる。このような森林組合の例はまれである。速水亨のような優れた林業家や湯浅勲のような改革の気概に溢れた例はまれである。日本の林業はこれらの偶然を期待するほど悠長に構えてはいられない。なぜ、日本の林業が危機的状態にあるかといえば、それは制度的欠陥が大きいからだと言える。速水亨にしても湯浅勲にしても彼らが参照するヨーロッパ、とりわけドイツ林業の制度的仕組みを学ぶ必要がある。71号で梶山恵司の『日本林業はよみがえる』（日本経済新聞社、二〇一二）を引用しながらドイツ林業の現状を紹介したが、その後、岸修司の『ドイツ林業と日本の森林』（築地書館、二〇一二。引用の場合は『ドイツ林業』と略す）を読んで教えられることが多かったので、それを参照しながら日本林業の制度的欠陥を克服する道を考えてみたい。

ドイツ林業の制度的環境

岸修司の本を読んでいてえっと驚いたのは、「日本では、平らな工事現場で使うような重機をベースに重たいアームの先にヘッドを取りつけただけの安全工学を無視したハーベスター（伐採、玉切までする機械）が普及していますが（これらはキャタピラー型である。筆者注）ドイツで使われている林業機械は、最新鋭完全コンピュータ制御のマシンで、ハーベスターやフォワーダ（玉切された木を土場まで運ぶ機械）の操縦席に座ると、作業機械というよりガンダムやマジンガーZの操縦席という感じです。日本で言う列状間伐、製紙・燃料・工業用の小径木の伐採、集積作業をこの二台できわめて効率的に行います。

＊＊＊＊

私が大型の高性能林業機械に〈日本にはこんなすごい林業機械はない〉と感動しているとドイツの森林官たちは『これは日本のマシンじゃないか！』とあきれていました」（『ドイツ林業』七二頁）。この機械は、日本の建機メーカーコマツが一〇〇％出資しているバルメットというスウェーデンのメーカーのものである。日本の山で活躍している林業機械を新聞などで見る限りでは、圧倒的に路面に悪い影響を与え、安全性もおぼつかないキャタピラー型の機械である。建機にアームの先端を林業用にしたものである。コマツの林業機械がなぜ日本に普及していないのかは日本林業の制度的欠陥が象徴する事例であると思われる。つまり、環境に大きな負荷を与え、作業員の安全性を考えないキャタピラー型の林業機械の利用を法律で禁止する、という制度的制約が必要だということである。

岸修司の本は、林業を論じた類書とすこし傾向が異なる。71号で参照した梶山の本は、エコノミストによる日本林業再生のレポートである。これに対して、岸の本は徹底してドイツの林業の制度的基盤を紹介したものである。彼の経歴が変わっているから奥付から紹介しておくと、「金沢大学の理学部を卒業後、神奈川県で高等学校の理科教諭として勤務。二〇〇八年、休職して渡独。ドイツ、ラインラント・プファルツ州カイザースラウテルン森林局、同州森林エコロジー営林研究所で実習。バーデンヴュルテンベルク州フライブルク大学森林環境学部聴講生を経て、同州ロッテンブルク専門大学営林学科に入学。二〇一〇年帰国後理科教諭に復職。山梨県北杜市に約五ヘクタールの森林を所有し、日本林業の厳しい現実を体感中。」とある。この本の「はじめに」を読むと、日本林業の痛々しいまでの現状を憂えてドイツ林業のあり方を参考に日本林業を根本から考え直そうとしている意図が読み取れる。付録に「ドイツ連邦森林法」と「ラインラント・プファルツ州森林法」および「ドイツの大学で森林学を学ぶ人のための留学ガイド」をつけている。連邦法は抄訳であるが州法は全体の訳である。彼自身の訳だということである。このことから彼が制度的条件をいかに重視しているかがよく分かる。

この本によると、ドイツにはゲッティンゲン、ドレスデン、フライブルク、ミュンヘンの四つの総合大学に森林学科、営林学科があり、エバースバルデ、ヒルデスハイム、エアフルト、ロッテンブルクの四カ所に専門大学がある。これらの大学、専門大学でドイツの森林学・営林学の専門研究と専門教育が行われており、専門教育で訓練を受けた人材がドイツの林業を支えている。

ドイツの林業の土台となっている制度がどのようなものであるかを岸は詳しく紹介している。この本はある意味で退屈な本である。あとで紹介するが、手っ取り早く儲かる林業の手本をドイツに求めてこの本を開いてももどかしい。あるいはドイツの森林の魅力を森林浴などとしている環境派の人が読んでも、これもまたもどかしい。しかし、日本の林業の制度的欠陥が日本林業の衰退の原因であると考える読者にとっては、詳細なドイツ林業の制度的土台の紹介は貴重なものであろう。

ドイツには連邦政府の森林庁と各州森林庁がある。具体的な林業行政は、各州森林庁の仕事である。日本のように中央政府の林野庁が日本全体の林業行政を行っているのではない。これは、ドイツが日本と異なって連邦制をとっていることによるものである。ドイツの森林庁は、連邦政府食料・農業・消費者保護庁の中の五三課という一課でしかないスリムなものである（『ドイツ林業』三一頁）。

具体的な林業行政をになう州レベルの仕組みは、例えば、ドイツ南西部のラインラント・プファルツ州を例にとると州環境・農林・園芸・食料省のもとに森林庁があって、そのもとに資源管理部、事業計画部や森林エコロジー営林研究所、林業職業訓練センターなどの部署があり、各地に地域森林局四五カ所、各営林区営林署が三六六カ所ある。これらについて詳しく説明し、予算・決算まで二〇〇四年の例をあげている。制度の紹介が詳しくなされている。

具体的にドイツの森を支えているのは、各種森林官という公務員である。これら森林官の養成のための大学のカリキュラムまで紹介されている（『ドイツ林業』一一一一一五頁）。これでこの本がいかに具体的なドイツ林業の紹介であるかがうかがい知れる。岸のこの著作にぼくが共感するのは、日本林業の問題点は、個々の林業家の経営努力の不足や日本林業の地経学的不利が問題なのではなく制度的土台がなってないからだと考えるので、岸のドイツ林業の紹介が貴重だと思えるからである。彼が連邦森林法や州の森林法を訳して巻末に付録として掲載したのは、日本の森林行政の未熟さを痛感しているからであろう。

最後にドイツのバイオマス利用の紹介を引いておこう。

「日本で薪ストーブと言うとログハウスや別荘に置かれたファッショナブルなものか、山小屋や田舎屋にある旧来のだるまストーブかの両極で、普通の民家ではまったく普及していません。信州や東北、北海道の森のそばに建つ家でもほとんどが石油ストーブです。そもそも各部屋が区分けされた構造の普通の日本家屋では、居間に高級な薪ストーブを設置しても、自分の部屋や寝室に戻ったら結局エアコンか石油ストーブを使わざるを得ません。日本でいう最新の薪ストーブとは高級感を演出する手段・装飾でしかなく、実用性がありません。

一方ドイツでは、地下室に薪、ペレット、あるいはチップを使った全自動暖房システムが設置されている家庭が多く、熱交換器、蓄熱器からパイプで熱水を家中に循環させて各部屋を暖め、また、浴室や台所の給湯に利用することができます。この〈中央暖房システム〉はバイオマスを蓄えておくスペースがない大都市や都会の真ん中の家を除けばドイツの一軒家では普通に普及しています」（『ドイツの森林』九九頁）。日本で、山のなかの村営あるいは町営の温泉宿泊施設などで暖房、調理用に軽油やプロパンガスを使ったりしているのを見るたびに山のバイオマスをどうして利用しないのだと不信感を持って眺めてきた。すこし努力すれば石油に頼らない生活が山ではできるはずである。「ドイツでは、木質資源を主要原料とするバイオマス発電が二〇〇八年で一二一一メガワットである。これはおよそ原子力発電二基分に当たる」（梶山恵司『日本林業はよみがえる』日本経済新聞社、二〇一一、二四二頁）。森林資源が十分ある日本でできないはずがない。本気で国土の能産性を生かそうとする政策がないからとしか言いようがない。

今日（二〇一三年五月一八日）の新聞ニュースでアメリカのオバマ政権が日本にシェールガスの輸出を認めることにしたとあった。石油・天然ガスも高いし原子力は危ないから再生可能エネルギーの開発を進めるという政策を採用したが、安いエネルギーが入ってくるとなると、喉もと過ぎれば熱さを忘れて再生エネルギーの研究開発も尻すぼみになるかもしれない。石油ショックのあとも新エネルギー開発のブームがあったが、いつの間にか尻すぼみになった。オバマ政権の親切なシェールガス輸出認可にはロシアの天然ガス戦略をくじこうとする意図が見え隠れするが、日本のエネルギー自立を妨害しようとする戦略を見るのはうがちすぎだろうか。長期的展望に立ったエネルギー戦略を立ててこなかった日本政府の行動を考えると、3・11でそれ！　再生可能エネルギーだと勇み足で踏み出したかと思ったが、安倍政権は原発再稼動を既定の路線にしている。今後の輸出戦略の一つにインフラ輸出を挙げる安倍政権にとって原発輸出はインフラ輸出の目玉なのである。そのためには、日本で原発を再稼動させてその「安全性」をアッピールしなければならない。なんとも本末顛倒の発想である。そんなことでは、山の資源を活用してバイオマス発電を積極的に支援しようというような政策が出てくるとも思えない。地方政権やさまざまな市民社会が自前で森林資源を活用したバイオマス発電の取り組みに期待するしかないのかもしれない。

山海往還　その2

木質バイオマス発電ブーム？

ぼくは前号の末尾で、木質バイオマス発電がなかなか進まない状況では、地方政府やさまざまな市民社会が自前で森林資源を活用したバイオマス発電の取り組みに期待するしかないと書いた。しかし、この夏に「日経」新聞に立て続けにバイオマス発電計画が進んでいることを伝えるニュースが出た。

二〇一三年七月一〇日の「日経」朝刊に、木屑を使ったバイオマス発電に大手が参入し始めて、一八年には、一〇〇万キロワットの発電が実現しそうだという記事が出ていた。これは原発一基分に当たるそうだ。参入企業の顔ぶれは、住友林業、日本製紙、王子ホールディング、出光興産である。さらに、八月五日には、未利用間伐材などを使ったバイオマス発電計画の一覧が出ていた。さきの大手の企業に加えて、新しく設立されたバイオマス発電の企業体が名を連ねている。青森県のバイオマス発電津軽や、福島県のグリーン発電会津、岐阜県の岐阜バイオマスパワー、高知県の土佐グリーンパワー、大分県のグリーン発電大分など一三の事業体を列記している。これらバイオマス発電のブームとでもいえる現象の背景には、未利用木材使用の場合の電力固定買取り価格が三二円だということがある。バイオマス発電に多くの事業体に投資をさせる決意を促した理由が、この買取価格にある。ただし、燃料調達コストが上がると、買取り価格三二円で採算が取れるかどうかという問題点が指摘されている。八月七日の夕刊は、昭和シェルが川崎市のコンビナートに国内最大級のバイオマス発電所建設を計画することを報じている。発電能力は四万九〇〇〇キロワットだそうだ。燃料には、北米や東南アジアから輸入する木質ペレットやパームヤシ殻を考えているそうだ。一連の日経の報道を見ているといかにも日経らしい報道の仕方だという印象を受ける。発電とその原料の事に目が向いていて原料の安定的供給のシステムをどう構築するかに目が向いていないのである。つまり、バイオマス発電を、ビジネスチャンスとしてしか考えていないのである。

岡山県真庭市の銘建工業の場合

先ほどの「日経」八月五日の記事に一三の木質バイオマス発電計画の一覧が出ていたと紹介したが、その中に岡山県真庭市の真庭バイオマス発電もあがっていた。これが銘建工業の真庭バイオマス発電には前史がある。それを、藻谷浩介・NHK広島取材班著『里山資本主義―日本経済は「安心の原理」で動く―』（KADOKAWA、二〇一三。以下『里山』と表記する。）によって紹介する。NHK広島取材班の夜久恭裕の文章である。真庭市は、岡山県の北部中国山地にある谷あいの街である。そこに集成材を作っている銘建工業というのがある。ここで作っている集成材はCLTというものであるが、それはのちにあらためてとりあげることにする。銘建工業では、電気を自給しているだけでなく売電もしている。一九九七年に売買電が実現するとは考えてもみないときにバイオマス発電に乗り出した。

「山の木は、切り倒されると、丸太の状態で工場まで運ばれてくる。工場で樹皮を剥ぎ、四辺をカットした上でかんなをかけて板材にする。その際に出るのが、樹皮や木片、かんなくずといった木くずである。その量、年間四万トン。これまでゴミとしてあつかわれていたその木くずが、ベルトコンベアで工場中からかき集められ、炉に流し込まれる。炉の重い鉄の扉を開けてもらう。灼熱の炎が見え、火の粉が勢いよく噴き出す。むわっと熱気で顔がひりつく。発電所は、二四時間フルタイムで働く、その仕事量、つまり出力は一時間に二千キロワット。一般家庭でいうと二千世帯分」（『里山』二九頁）。収支はどうなったかといえば、当初電力会社の買い取り価格はきわめて低かったので自家用のためだけに発電していたが、買い取り価格が高くなって儲けてくれるようになった。「電力会社から一切電気を買っていない。それだけでも年間一億円が浮く。しかも夜間は電気をそれほど利用しないので、余る。それを電力会社に売る。売電による収入が五千万円。しめて、年間で一億五千万円のプラスとなっている。しかも、毎年四万トンも排出する木くずを産業廃棄物として処理すると年間二億四千万円かかるという。これもゼロになるわけだから全体として四億円も得しているのだ」（『里山』三〇頁）。発電所の建設に一〇億円かけたそうだが、数年で減価償却を済ませている。銘建工業は発電だけで使い切れない木くずをペレットにして売っている。真庭市は、このペレットで地元の小学校や役場、温水プールなどに次々とペレットボイラーを導入。二〇一一年、美作檜として知られる地元産のヒノキをふんだんに使った新庁舎に生まれ変わった真庭市役所では、ペレットが暖房としてだけでなく、冷房にも使われている。ボイラーで冷房、というと素人には不思議な気がするが、吸収式冷凍機という仕組みを使う。水を熱して蒸発するときに周囲から熱を奪い去るのを利用して冷房を行うそうだ。〝木くずを燃やして暖房だけでなく冷房にも使えるとは、木材の可能性恐るべし〟である（『里山』三四頁）。先ほどの「日経」新聞の真庭バイオマス発電は銘建工業の先駆的な試みであった。

オーストリアは林業先進国

オーストリアは、二〇一一年のデータで、失業率はEU加盟国中最低の四・二％。一人当たりの名目GDP（国内総生産）は四九六八八ドルで世界一一位。（日本は一七位）と経済的には安定した優良国である。その理由は、木を徹底的に活用しているからである。例えば、オーストリア東南部のグラーツという都市の郊外のレオーベンという町全体でペレットを利用するシステムが稼動している。そこには、ペレットを各家庭に配送するタンクローリーがあって、この様子を『里山』は報告している。

「タンクローリーでペレットを配送する様子を見たくてある家庭を見せてもらった。

快く受け入れてくれたのは、ペーター・ブレムさん。四年前に家を新築したのを機にペレットボイラーを導入した。到着したタンクローリーは、二本のホースをノレムさん宅の貯蔵庫につなぐ。〈よーく、見てな！〉運転手の呼びかけと同時に、機械が駆動、一方のホースを通って、勢いよくペレットが貯蔵庫に流し込まれた。その傍ら、もう一本のホースが、貯蔵庫からペレットの燃えかすを、勢いよく吸い上げていた。

私たちが唖然としていると、気をよくしたブレムさんが家の地下室に招きいれてくれた。そこに鎮座していたのは人の背丈ほどもある四角い機械。これがペレットボイラーだった。そして、なんと先ほど見たペレット貯蔵庫から地下のボイラーまで、機械制御による全自動でペレットが必要な分だけ供給される仕組みだというのである。さらにボイラーで沸かされたお湯は家全体に張り巡らせたパイプによって、各部屋に送り込まれ、床暖房や給湯に使われる。つまり、住人は、ペレットにまったく触れることなく、スイッチ一つで利用できる仕掛けなのだ。

ブレムさんによれば、一シーズンに購入するペレットは、五トン。一トン当たり二一九ユーロなので、しめて約一一〇〇ユーロ（約一三万円。執筆時のレートによる）。これで延べ三〇〇平方メートル分の暖房と給湯をまかなっている。以前は電気を利用していたが、費用ははとんど変わらない。地元の木材を利用することに魅力を感じてペレットを導入したブレムさん。〈なにより、灯油のような臭いがしないのがいいよ〉と笑って見せた」（『里山』七〇頁）。オーストリアは、憲法で脱原発を表明している世界でも珍しい国である。一九九九年に核兵器も原子力発電も禁止する条項を憲法に追加した。チェルノブイリの後、さらに福島原発の後、国民的に嫌原発の国である。そこで、国内の電力供給を自給するために徹底した再生可能エネルギーの利用に方針を転換した。そのための技術開発に取り組んだ結果、先ほどのペレットボイラーは燃焼効率が九二～九三％という、もう技術的開発の余地がないくらいの水準に達している。その結果、灯油ボイラーに比べてエネルギー価格は半分くらいである。

「燃焼効率が向上したことで、灯油一リットル分の熱量は、二キログラムのペレットで得られる。これを値段で比較するとどうなるか。私たちが取材した時点で灯油一リットルはおよそ八〇セント。これに対して同じ熱量分のペレットは、半分のおよそ四〇セント。つまり、ペレットは、石油の倍のコストパフォーマンスを発揮できるのである」（『里山』七三頁）。このバイオマス利用の先進国オーストリアでも最も注目されている町がハンガリー国境のギュッシングという町だ。

「（ギュッシングでは）特に熱利用では、ペレットとは異なる仕組みを導入して、バイオマスが占める割合を飛躍的に高めている。それが、〈地域暖房〉という仕組みだ。地域暖房は、発電の際に出る廃熱を暖房や給湯に利用しようというコジェネレーションシステムだ。廃熱によって熱湯が作られ、町の地下に網の目のように張り巡らされた配管を通って、地域の家庭や事業所に送り込まれている。いわばボイラーのセントラルヒーティングを町全体で実現したものだ。

この仕組みによって、ギュッシングでは、なんと、エネルギーの自給率七二％を達成した。もちろん、人口四〇〇〇という小さな町だから達成し易かった数字であるが、オーストリアがいくら先進国とは言っても、国全体で見ると木質バイオマスエネルギーの割合はまだ一〇％（日本はわずか〇・三％）、世界の他の地域を探してもこれほどの町はほとんど見当たらないからいかに驚異的な数字かわかるだろう」（『里山』九二頁）。

この町には年間三万人もの人が視察に訪れるそうである。このように地域で出る木質資源を使ったエネルギー供給は、さきの岡山県真庭市の銘建工業に見られるように、日本でも先進的に取り組んでいる例がある。そして、冒頭で日経新聞が伝える新しいバイオマス発電の計画が次々と打ち出されている。しかし、その報道がいかにも「日経」らしいといっておいた。それは、未利用材つまり間伐材を利用する場合一キロワットあたり三二円という補助金でペイするからだというものである。問題は、ペレットの供給を持続的に維持できるかどうかである。その点は燃料供給の安定が鍵だと八月五日付では報じているけれど、その手立てが論じられていない。オーストリアで燃料ペレットが大量に出る背景には、木造建築ブームがある。その点を次に考えてみよう。

CLTが国を救う

この節の見出しのような大げさな言いようはぼくの好むところではない。しかし、すこしうつむき加減で言ってみた。

真庭市の銘建工業を紹介する際に、この会社はCLTを作っている集成材メーカーだといっておいた。集成材というのは丸太を薄板にするかチップにして貼り合わせたものである。ベニヤ板は、丸太をかつら剥きにして繊維の向きを交互に貼り合わせた物である。パーティクルボードは、小さく粉砕した木片を加圧して貼り合わせた物である。均質な剛性がえられるので、スピーカーボックスなどに使われる。そして、一番よく目にするのが柱や梁に使われる集成材である。一戸建ての建築現場で、木造建築の場合ほとんどが柱や梁に集成材を使っている。この集成材は、板を同じ木目の方向を合わせて貼り合わせた物である。無垢の木は、ねじれたり曲がったり狂い易い。それを一インチくらいだろうか、薄板に引ききって十分乾燥したものを貼り合わせた物である。こうすることで狂いのない木質構造材ができる。これを使って、軸組み木造一戸建て住宅が建設されているのだ。もちろんお金持ちは、速水林業などに一戸分の木材を注文して無垢の材木で家を建てているだろうが、街を歩いていて目にする木造一戸建ての場合は、ほとんどが輸入材で作られた集成材を使っている。

この集成材に対してCLTというのは、クロス・ラミネイティッド・ティンバーの略語で、板の繊維の向きを交互に直行させて貼り合わせた物である。こうすることによって飛躍的に強度が増すのである。

「CLTはもともと、一九九〇年代、ドイツの会社で考え出されたものだったらしい。しかし、その会社には製材部門がなかったため、その技術は一九九八年、オーストリア南部のカッチュ・アン・デア・ムアという小さな村にある製材所が採用した。そして、オーストリア第二の都市、グラーツにあるグラーツ工科大学の協力を得て技術に改良が加えられていった。ＣＬＴで壁を作りビルにしたところ、鉄筋コンクリートに匹敵する強度が出せることがわかったのである。それは、高層ビルは鉄とコンクリートで作らなければならない、という常識を覆した。そこからオーストリア政府の動きは早かった。木造では二階建てまでしか建てられないとしていたオーストリアの法律が二〇〇〇年に改正されたのだ。いまは九階建てまで、ＣＬＴで建設することが認められているという。

以後、それまで石造りが基本だったオーストリアの町並みが木造へとシフトしていく。ＣＬＴ建築は、単に強度に優れているだけでなく、夏は暑く冬は寒い石造りや鉄筋コンクリートよりも快適な住環境を提供した。オーストリアの片田舎で生まれた技術は、ヨーロッパ各地に伝播。生産量は七年間で二〇倍五〇万立方メートルに増え、ヨーロッパにおける建材生産量四〇〇万立方メートルの八分の一を占めるまでに成長した。ロンドンには、なんと九階建てのＣＬＴビルまで登場している。

日本と同じ地震国であるイタリアでも、急速にＣＬＴが普及し始めているのだ。イタリアにある国立森林・木材研究所が、地震に強いことを実験で証明したからである。実は実験は日本で行われた。二〇〇七年兵庫県三木市にあるＥ―ディフェンスと呼ばれる世界最大規模の耐震実験施設、そこで七階建てのＣＬＴ建築を持ち込み、阪神淡路大震災と同じ震度七の揺れを加えたところ、見事に耐え切ったのである。

三〇〇人以上が犠牲になった二〇〇九年の中部ラクイラ地震の後、イタリアでは、大半の建築物がＣＬＴで建てられるようになったという。ミラノには近々、一三階建てのＣＬＴ建築も登場するとのことだった。火事への備えも万全、耐火の試験も重ねられ、ＣＬＴ建築の一室で人為的に火災を発生させたところ、六〇分経っても、炎は隣の部屋に燃え広がらないどころか、すこし室温が上がったかなという程度だったらしい。何から何まで驚かされる。私たちはいつの間にか、木造は火事や地震に弱いと思い込んでしまっていたのである。「いま、ヨーロッパでは逆に、ＣＬＴこそ、高層建築にぴったりの建材だと考えられるようになっている」（『里山』一〇八―一一〇頁）。

このオーストリア、ひいてはヨーロッパで普及しているＣＬＴが、バイオマス燃料のペレットの生産を増やしている。暗黒の地下資源に依存しない太陽の恵みの地表資源で熱も電気もまかなおうという新しい革命が起こっているのである。それにもかかわらず日本の取り組みは遅い。木を育てる山は材料と燃料の資源の無限の宝庫である。この宝庫を活かす戦略が見えてこないのが日本の現状である。未利用木材の場合キロワット時あたり三二円という買取り価格が大手の企業のバイオマス発電に踏み出すきっかけになっているが、そこにも落とし穴がある。「二〇一一年四月以降林野庁は、補助金の支払基準を伐採量から運び出し量に変えた。間伐材の利用拡大で山を維持し、伐採した木材を山に放置させないためだ」(『日経新聞』夕刊、二〇一三・八・一七)。ここにもどうも間伐に対する思い違いがあるようである。

間伐といえば、背の低いひょろひょろの劣勢木を伐って森に光を入れるのだという人がいる。よく考えてみるとこれがおかしいことがわかる。山にいっせいに植林したとすると、威勢のよい苗木はすくすく育って、できるだけ枝を伸ばして光を受けようとする。光を多く受ければ受けるほど光合成が盛んになってますます成長する。そんな優勢木が大きくなって森を塞ぐと、劣勢木は優勢木のおこぼれで光合成をするしか仕方がない。その劣勢木を伐ったからといって森に光が入るわけではない。間伐を必要以上に強調する必要はない。またこの記事に「日本の山は傾斜がきつく伐採作業がしにくい」とあるが、これも補助金頼りの森林組合の泣き言を鸚鵡返ししたもので、ドイツ南部、オーストリア、スイス、北イタリアのアルプス地域の林業地帯は日本に劣らず急な傾斜地が林業地帯になっている。だからこそ八輪ホイールの作業車が開発されたりしているのだ。不安定なキャタピラー型の建機をすこし手直ししただけの林業機械はドイツ語圏ヨーロッパでは許されないのである。日経新聞二〇一二年一一月一五日付に愛知県産材の将来を論じた記事がある。誇らしげに愛知の林業を紹介している。「一台で枝払いや切断ができる高性能林業機械」の紹介があるが、なんと恐ろしいことにキャタピラー型の重機を改造したものが、「高性能林業機械」だそうである。

『象』71号でも指摘したが、今では、山の木を切り倒すのに伐り旬を守らない。伐り旬というのは、秋分の日から春分の日までのことである。山の木を伐るのは秋冬にと決まっていた。そして木を切り倒す方向は、山の斜面の峰に向かって倒すのが当たり前であった。今では、木を斜面の下に向かって切り倒している。これが不都合なことは簡単にわかる。峰に向かって伐り倒せば木が地面と衝突するときの衝撃は小さい。しかし、下に向かって伐り倒すと大きく弧を描かなければならないから運動量が大きく地面にぶつかったときに大きな衝撃を受ける。これでは、丸太に大きな傷をつけかねない。また、かつては、立木を伐ったらその場に半年なり一年放置して、葉枯らしを行ったものである。伐った木を根元を切り株に乗せてその場に放置するのである。そうして葉がすっかり枯れるまで待つ。そうすることで、山で自然乾燥が進む。さらに、葉枯らしを済ませた木は、筏に組むまで臨時につくったダムに溜めておく。その間に水枯らしが行われる。水で枯らすというのは形容矛盾のようだけれど、枯らすという言葉には樹液を抜くという意味がある。樹液と真水と入れ替えるのである。樹液をそのままにしておくと木は狂い易く、その上に製材をした後の木肌が美しくない。きれいに水枯らしをした木は製材しても赤みが美しい。銘木秋田杉はそうして水枯らしをしたものであった。ダムができて、その補償で道路が建設されるとトラック輸送が当たり前になって水枯らしもなくなり、伐り旬も守られなくなった。日本林業は長い間に培った知恵も科学的林学知識も放棄しているのである。ここに日本林業の宿痾がある。日本の林業は持続可能な林業をどう維持するかである。そのことをもう一度考えてみたい。

間違いだらけの日本林業

見出しの「間違いだらけの日本林業」というのは、村尾行一著『間違いだらけの日本林業―未来への教訓―』(㈱日本林業調査会、二〇一三。引用するときは『間違い』と略記する)の表題から借りたものである。ぼくにはこんな口はばったいことをいう資格はない。この本は序の巻から玉の巻とエピローグから構成されている。序の巻の林学に志した事情から四の巻までは、日本林学・林業に対する批判的検討に当てられている。玉の巻が、近代ドイツ林学・林業の紹介に当てられている。なんだか、免許皆伝の極意書か遺訓みたいである。

日本林業の批判的検討に関しては、71号で参照した荻大陸の『国産材はなぜ売れなかったのか』と中身が重なっているところが多い。荻が空気売りや東濃檜ブランド確立の背景を調べて回ったのは、大学院生時代に助手の村尾について回って調査したからである。いわば、村尾と荻は、兄貴分と弟分、上品に言えば指導教官と弟子ということになる。日本林業の問題点の指摘に関して重なるところが多いのは当たり前といえば当たり前だけれども、村尾の方が歯に衣を着せない厳しさがある。例えば、植林するとき苗木を生産してそれを植林地に植える際に苗木生産者から苗木を買ってくるのだが、その苗木生産地の苗木生産の方法が林学から見てとんでもないものだということを指摘するのに当たって、村尾は産地を明記して批判している。三重県の久居、静岡県の浜北、愛知県の稲沢を挙げて批判している。穏便に済ますことができないくらい怒り心頭に達しているのだろう。日本林業の問題点については、荻の本によって触れたからここでは、ドイツ林学・林業について村尾の本を読んで学んだことを書いてみたい。もちろん岸修司の『ドイツ林業と日本の森林』に立ち返ることもある。

ぼくは、71号でエコノミストの梶山恵司にならって、ドイツではフォレスターが森林管理・施業して小規模山林所有者の利益を図っている旨のことを書いた。これは訂正しなければならない。村尾は言葉遣いに難しい人らしく、フォレスターとはいわない。フォアスター(Förster)と表記している。英語みたいなドイツ語は許せないのだろう。それ以上に森林管理・森林施業に携わる人を十把一からげにフォレスターというのが許せないらしい。この本を読んではじめて知ったことは、ドイツでは、森林を所有しているからといって、木を植えたり切ったりすることができない。資格を持った専門家を雇って施業をしてもらわなければいけないのである。日本でも小規模所有者は森林組合に頼んで施業を代行してもらっているが、森林組合の作業員に専門的資格制度があるわけではない。日本でも二〇一三年度から林野庁は「フォレスター——森林総合管理士——」の認定制度を発足させた。地方自治体の職員に一定の検定試験を課して、地域の林業の牽引者を作る仕組みである。これはいかにも付け焼刃の軽薄なものである。ドイツでは、森林施業を専門家に頼まなくてはいけないというときの専門家とは何か。

ドイツの林業人とは何か。76号〔山海往還その1〕では中途半端な紹介に終わった林業人の実態について、村尾の説明を引用しておく。

「これからドイツ語圏の林業人養成制度を説明するが、紙幅の関係上、林業人教育が最も発達したバイエルン州のそれに重点を置いて紹介する。なおドイツ語の職階名と学校名の邦訳は私の仮訳に過ぎないことを断っておく。

ドイツ語圏林業人には厳格な職階制度がある。概して職階は、六だが、バイエルン州には九つの林業職階がある。

同州における各林業人の職階とそれぞれの職階に就任するために学習しなければならない学校とを上級から順次列記すると、次のとおりである。

①高等林業人（高等森林官）ミュンヘン大学（現ミュンヘン工大）
（独占的職種は国公私の営林署長・営林局課長・局長から本省森林局課長・部長・局長・大学教授）
②準高等林業人（準高等森林官）ヴァイエンシュテファン専門大学校林学部
（典型的職種は営林署次長など高等林業人の補佐役）
③上級林業人　ヴァイエンシュテファン専門大学校林学部
（典型的職種は甲種営林区主任）
④中級林業人　ローア森林学校高等科
（典型的職種は乙種営林区主任）
⑤林業マイスター　ローア森林学校普通科
（林業士から昇格する職階）
⑥林業技術士　ローア森林学校技術科
（森林組合の指導者、機械化営林区の主任）
⑦林業士　各地の森林労働（者）学校
（日本でいう林業作業員）
⑧小規模林家・公有林従業員　ケールハイム森林農民学校
⑨狩猟区主任　ローア森林学校狩猟科

①の高等林業人の典型的職種は営林署長だがこの職はきわめて大きな権限を持ち、職業としての社会的地位も高い。ドイツでは医師と同等の社会的地位にある。ぼくがこの職種の中で一番注目するのは、⑦の林業士である。「日本でいえば、林業作業員（林業労働者）だが、その質においては雲泥の差がある。

第一の特徴は、学校教育年数が長いこと、また大卒・専門大学校卒が多いこと。

第二の特徴は、造林から運材、防災・風致造形・環境保全もこなす多能工であること。人によっては製材から木工までの技術を持つ。

第三に、多能工でありながら、個々の作業分野での技術水準が高い。例えば、〈東濃檜〉の創造者で、日本で最も生産技術の高い桑原木材（愛知県犬山市）のトップ製材工に比肩するほどの製材の腕を持つ林業士を、バイエルンでもオーストリアでもスイスでも南チロルやドロミテ（ともに旧オーストリア領・現北イタリア）でもたびたび見かけた。

林業士になるためには、四年制の小学校を卒業した後、六年制の林業系実業学校に進学して林業に関わる理系および文系の座学と実技の教育を受ける。これを修了した者のうち成績優秀なものは三年制森林労働学校の入学試験を受け合格すれば森林労働学校生徒として半人前ながら林業人の仲間入りをする。つまり、林業系職業教育を前後九年受けてから、その後国家資格試験に合格して初めて林業士になれるのである。ただし、林学系以外の大学の卒業者と林学系専門大学校卒業者で林業士を志望する者は、森林労働学校の学習年数が二年間に短縮される。生活費を含む森林労働学校費は国公私の雇用主体が負担する。

（この後森林労働学校の主要履修科目が紹介されている。多岐にわたる専門的学科がある。）

（国家試験に合格すると）林業士の資格を取得する。林業士の主たる就職先は、国公私有林の他、造園、土木、防災、風致造形がある。就職後、さらに上級の教育を受けることによって、林業マイスター、自然・風致保全士等に昇進できるほか、林業専門大学校進学資格を取得できる。

以上のごとき林業士（林業作業員）養成課程はひょっとすると日本の林学系大学教育よりもハイレベルではないか、といい出したくなる衝動を押さえかねて困っている。だから日本の官民林業関係者がドイツ・バーデンのロッテンブルク林業専門大学校卒程度の林業人を〈フォレスター〉と誤解したのも無理からぬことである（『間違い』二五七―二六〇頁）。71号で紹介した日吉町森林組合の湯浅勲が林業界で注目されている林業人であるが、彼は林業の専門的教育を受けたわけではない。高校卒業のあと都会で機械関係の技術者として働いた後、三五歳で故郷にUターンして森林組合で働くようになったのである。まったくの素人である。本人の努力もあっただろうし、森林組合の先輩の指導もあったおかげで注目されるようになったが、ドイツの林業作業員に比べて専門的知識や技能が劣るだろうことは推測がつく。それでも日本の林業界で注目されるというのであるから、日本の林業の実態は推してしるべしである。

ドイツでこれだけ丁寧に林業人を養成する仕組みが作られている背景には、ドイツの現代林学の思想がある。ぼくは、日本が森林資源に恵まれていながらそれを活用しないところに問題があるといってきた。森林の成長量に見合うだけの伐採利用をすればいいのだが、日本の成長量利用率が三〇％に満たないのだ。オーストリアでは八七％に達している。それで森林が減少しているわけではない。持続可能な林業が続いている。日本も有り余る森林資源を活用して持続可能な林業に転換を図るべきだと思っていた。ところが、村尾は、ドイツ現代林学は「単なる〈保続〉とか〈持続可能〉といった狭義なものを原則とすべきでない。それを止揚すべきものである」と指摘する。彼は、ドイツ近代林学史を反省しながら現代林学について、「ディーテリヒは、〈森林の多様性こそ林業の原則とすべきだ〉とした。ならば、保続すべきは、単なる木材収穫だけではなく、森林の多様性である。しかし、森林のあれこれの機能の保続ならともかく、総体としての多機能性の保続とは、いかなるものか、と考えると思考停止せざるを得ない。実務的次元でも多機能性の保続とはいかにすれば実践できるか。思えば〈保続とは、木材収穫保続〉と規定していた前期ドイツ林学は幸福だった。〈収穫保続〉だけなら、最も素朴に林積成長量以内に木材収穫を抑制すればよく、林業の木材栽培業化によって十全に発揮できる」（『間違い』二三八頁）と述べている。ぼくの考えは、素朴な木材収穫保続説であった。では、現代ドイツ林学の新しい到達点とは何か。それは、「まず、〈森林の多機能性〉とは何か。それは、森林生態系の動態の異名ではないか。つまり、森林生態系の動態を人間が選択的に利用することであって、まさに〈人間・森林系〉を総体として把握した概念になる。ケストラーが造林を〈森林保育〉と把握し、〈人間生存圏の保育（Landschaftspflege）〉の一機能としての森林保育、と断言したことは、この〈人間・森林系〉の総体の根本的あり方に基本的指針を与えたわけである。ドイツ語圏林学が、このような次元に達した以上、もはや林学は、単なる〈保続〉とか〈持続可能な〉といった狭義なものを原則とすべきではない。それを止揚すべきものである」（『間違い』二三八–二三九頁）。この考えによると、日本の林業で、長期伐か短期伐か、あるいは、一斉伐採か択伐か、または、条伐りがよいかどうかというようなことはそもそも問題にならない。「合自然的かつ近自然的自由形の施業と利用」（『間違い』二三九頁）が原則になる。森林の生態系を破壊しない限りで森林を利用すればよいことになる。そのために、高度な教育によって専門的な人材が養成される仕組みをドイツ語圏は整備したのである。

自由形のような林業で林業が生業として成り立つのかという心配が林業家から出てくるのは当然である。しかし、71号で見たように、ドイツでは、林業クラスターは、化学、電機、機械産業クラスターに匹敵する国内総生産の一翼を担っているし、十分な雇用も生み出している。日本でも理念の確立と制度の充実で林業クラスター（日本では、公式のクラスター統計は出ていない）が国内総生産の十数パーセントを担うことも不可能ではない。

山は宝の山

原子力に頼るわけにいかないとなって、急に代替エネルギーを担ぎ出すのだが、ソーラーパネルでも風力発電でも大規模技術を後生大事に担ぎ上げるが、もっと小規模なものを分散して活用するという発想が出てこないことに不満を感じている。冒頭で紹介した最近の木質バイオマス発電にすこし不満を抱いたのは、燃料資源の供給をどうするかという問題を念頭に置いていないことだと指摘した。

76号で岸修司によりながら、ドイツの家庭では、都市部以外では薪ストーブで家の暖房をまかなっている話をした。木質資源をエネルギー源として活用するのなら、農山村の暖房エネルギーを各家庭か小さな地域暖房に活用するという技術的選択もありうるのではないだろうか。豪雪地帯の冬の雪下ろしは、コストのかかる作業である。木質燃料を使った融雪装置を屋根に設置すれば経常コストを安くすることができるはずである。新聞記事を読んでそんなことを考えた。

燃料資源の確保は、山の木を伐ることである。木を伐っても儲からないという林業家の嘆き節はもういいかげんにするべきである。

日本の山には膨大な森林資源がある。71号で参照した梶山恵司著『日本林業はよみがえる』で確認してみると、日本の山の森林蓄積量は立木でおよそ四四億立方メートルある。これは、林業先進国ドイツのおよそ三四億立方メートルより多い。しかし、ドイツでは丸太材積でおよそ六二〇〇万立方メートル生産しているのに対して、日本はおよそ一七〇〇万立方メートルしか生産していない。森林の成長量に対してドイツがそのおよそ六〇%を伐採しているのに日本はおよそ二五%しか伐採していない。

その理由は、山の木を伐っても売れないからということである。その根拠として一九六〇年から始まった丸太輸入の自由化によって安い外材が入ってきたからだということが挙げられた。これが常識になっていることを71号で指摘した。そして、それは木材供給業者の不道徳が原因であることを、空気売りの例を出して説明した。商売として成り立つ林業を日本で確立することは、時間と政策的勇気がいるけれど実現可能である。例えば、地域の学校など公共建築物を、CLTの梁や壁など構造材に使う木造に限るという政策的選択をすればよい。そして、床や内装は無垢の板を使うというふうにすれば、木材の需要は飛躍的に伸びる。また机や椅子も木製にすればよい。学校の机や椅子が無垢の木製であれば、肥後の守を持てばためしに刃を入れたくなるのである。これは、意外に情操教育上意味のあることかもしれない。

当然、木で公共建築物を作り、調度を木製品に変換することに対して大きな抵抗があるだろう。新建材を作っている化学メーカー、アルミサッシを作っている住宅関連メーカーなど、政府に大きな圧力を加えることができる企業は猛反対するだろう。だが、わずかに売れ始めた中国や韓国への木材輸出に希望を託すよりずっと将来性がある。ＣＬＴの供給を増やすことは、木質ペレットの安定的供給につながり木質バイオマス発電、あるいは、暖房給湯システムの安定的運用につながる。

そして、木を使うという考えは、林業を活性化させるだけでなく、森の多様な機能を人が生きるうえで活用することになる。それには、現代ドイツ語圏林学の思想を学ぶ必要がある。ドイツ語圏林業の「人間・森林系」の発想は、教育にも大きな影響を与えている。直接林学から導かれたものではないが根底で通じるものがあるのは、森の幼稚園である。

森の幼稚園

『間違い』の中に「森の幼稚園」の話が出てくる。一九五四年にデンマークではじまった「森の幼稚園」。ドイツでも「一九九一（平成三）年、二人の幼児教育女性専門家ケルスティン・イェップセンとベトウラ・イェーガーが幼児教育専門誌〈遊びと学び〉に〈扉も壁もない幼稚園〉なる論文を寄稿した。同時にやはり女性専門家ウルズラ・フリートリッしがデンマークの事例を精力的に調査した。こうした活動に立脚して彼女ら並びに賛同者たちが〈森の幼稚園〉の社団法人設立を申請したところ一九九二（平成四）年に認可された。そこで翌一九九三（平成五）年、デンマークに隣接するシュレスヴィヒ・ホルシュタイン州の〈クラインガルテン〉発祥の地であるカッペルベルンにほど近いフレンスブルクに、ドイツ最初の〈森の幼稚園〉が誕生した。後は一瀉千里、二〇世紀末には約四〇〇の〈森の幼稚園〉がドイツに誕生した（『間違い』一九三頁）。「森の幼稚園」では、「保母らの主導による〈お遊戯〉とか〈お歌の合唱〉とかがない。園児たちは自分のしたいことを森の中で自由に行う。木登りも薪・小枝への着火も刃物使いも自由にやらせる。喧嘩になっても保母らは決して鎮圧しない。当事者同士あるいは園児仲間による和解を静かに見守っている」（『間違い』一九四頁）、という具合である。そして卒園後の子供たちは、「認識能力、動機付けと自発性の領域、忍耐・集中領域、授業の協働の領域、社交的行動領域、美的領域、身体領域のすべてにおいて普通幼稚園出身者より優秀である」(『間違い』一九五頁)、ということである。この部分を読んで、デンマークでもドイツでも自然を活用するのが上手なのだなと感心した。この背景には、日常生活において森を尊び、それを生かすセンスが発達している、ということがあるのだろう。奥には森林保護の精神や林業の社会的評価の高さが潜んでいると考えるのが妥当だ。

森は、子どもの教育に大きな働きをするだけでなく、都会の労働者のレクリエーション効果をももたらす。近年、森林浴などといって森の癒し効果を喧伝する向きもあるが、それもあっていい。しかし、もっと大切なことは、林業の労働過程の人間的要素である。単純な時間が流れる工場やオフィスの労働はストレスが溜まる。オフィスの雰囲気を和ませるためにグリーンなどと言って、鉢植えの樹木をリースするところが多い。しかし、虫一匹ついていない鉢植えの樹木を見て「自然が近くにあっていい」などというのは、とんでもないことである。刻々変化する光と影、季節毎に変化する風景のなかで働くことは、精神的に極めてよい。オフィスのグリーン鉢植えとは雲泥の差である。ストレスの溜まる仕事からの解放を求めて、最新の心理学を応用してコンピュータでプログラムを組んだ仕掛けを大々的にノンストップで浴びせかけるディズニーランドのようなテーマ・パークでは、とてもおよびがつかない、驚きと感動が山や森ではまっている。わざわざカネを出して人工的ワンダーランドに行く必要はない。

木を伐り出す量が増えれば、また木を植える必要が出てくる。そのとき、近自然林業の原則に従って、針葉樹以外の広葉樹との混交林にすれば、森は多様な林相になり豊かな環境に戻る。木を伐り出した後の植林のための地ごしらえに焼畑を採用するとコストも安くなる。焼畑で栽培した赤カブがとても旨く高い価格がつくという話は、荻の本にも出てきたが、村尾は、島根大学地域開発研究会の研究例を受けて、焼畑造林とそうでない普通造林を比べ地ごしらえからほぼ下刈りをしなくてもすむ一〇年間のコストを比較して、普通造林がおよそ一八の純支出になるのに対して焼畑では一〇の純収入が出ることを指摘している。伝統的焼畑は、実はきわめて合理的で経済的なのである。焼畑の赤カブは旨いから高く売れる。またほうれん草を焼畑で栽培すると蓚酸が少ないのでサラダにして生で食べることができる。近年は、サラダほうれん草なるものが市場に出ているが、これは水耕栽培で蓚酸の量を減らしたものである。これは、旨くない。色とかたちがほうれん草だというだけである。

焼畑で地ごしらえをしてそこを針広混交林にすると、どんぐりが実り、クヌギからは樹液が出る。これらは貴重な森のめぐみである。林間放牧で豚や牛を飼うと、成長ホルモンは論外であるにしろ、ストレスが少ないので抗生物質を投入することのない健康な肉や乳がとれる。下草は種類が多いので、牛や豚は好みに応じて草を選ぶことができる。これは健康によいのだ。小屋に閉じ込められて配合飼料だけで育てられる家畜が健康であるはずがない。また放牧でも、単一の牧草を植えた牧草地よりも自然の下草の方がいいに決まっている。樹液からは高価な蜂蜜が採れる。近自然の森は、材料と燃料資源だけでなく実にいろいろなものを我々に与えてくれる。TTPは農業を工業化する。これには断固反対すべきである。

時々、下草を刈る人手がないのでボランティアに呼びかけて下草を刈るイベントがニュース種になったりして、しっかり育った林で善意のボランティアが頑張っている姿が映し出される。下草を刈る必要があるのは、植林した苗木より草の方が背が高い場合だけである。その際も苗木の周辺だけ草刈をすればよいので、雑草はいかんとばかりに意地になって下草を刈り取る必要はない。


針葉樹は、数年に一回新芽が出て古い葉が落ちるが、それがなかなか分解されにくいことは、71号で紹介しておいた。それに比べて落葉広葉樹は、毎年葉が落ちるのでスポンジの役目を果たして雨を吸収するから表土が雨で流れ出すのを防ぐと、もっともらしくいわれる。しかし、針葉樹の林では、下草が茂るから、それが雨を受け止めて表土の流出を防いでいる。親の敵みたいに下草を刈る必要はないのである。ブナのような広葉樹はアレロパシーという他の植物の生育を妨げる物質を出すので、広葉樹の森は裸地である。枯葉が雨で表土が流れるのを防いでいる。それに対して、針葉樹の森では、下草が表土の流出を防いでいる。ぼくが時々歩く紀伊半島の熊野古道沿いの人工林の根元は、シダが密生している。これが、はげしく降る雨が表土を洗い流すのを防いでいる。

山は宝の山である。これを最大限生かす道を切り開くことが今後のぼくらの歩む道である。毎日のように電力会社は、電力供給不足が起こらないように努力していますとキャンペーンを張っている。そして化石燃料の調達に努力しているが、なかなか難しそうだと匂わせている。原発再稼動しか道はないよと国民に暗示をかけているのだ。これは一種のマインドコントロールである。日々の太陽光線のめぐみを最大限活用する森林資源の活用に目を向けないのは不自然だといえる。山の資源の活用を妨げる勢力には、原子力村以外にセメントメーカーや新建材メーカー、アルミサッシメーカーなど手ごわい圧力団体がいるが、そこを何とか突破しなければいけない。

おおいに山の木を伐って、材料と燃料の資源として活用すべきである。その場合、近自然林業の原則を忘れてはならない。山の木を伐って樹皮や枝、木っ端などをボイラーで燃やして製材した木の乾燥に使っても、豆ガラが豆を煮る悲劇にはならない。

日本人は自然を大切にする国民だという自己暗示からそろそろ目を覚まして、いかに自然環境を痛めつけてきたかを反省すべきときである。

林業の話は今回で打ち止めにして次回は、川を下って海に出て漁業のことを考えてみたいと思っている。

山海往還　その3

山から海へ

今回から海に下って、漁業を考えるつもりである。二〇一三年の夏に、名残りの山を見に高山線に乗ってみた。ここも鉄道で移動しようとすると不便なところである。観光で高山に行くことが目的なら、特急電車はそこそこ便数もある。しかし、鈍行で移動しようとすれば、不便である。この高山線沿線では、かつて飛騨萩原で毎年夏に合宿をしていた。東洋史の谷川道雄さんと一晩語り明かすのが楽しみであった。そのころは車に便乗して行っていたので、鉄道の不便さを感じることがなかった。

さて、夏の終わりの暑い日に、飛騨金山にふらりと行った。飛騨川とそこに注ぎ込む馬瀬川の合流するところである。大雨から一日あいだをおいた日で、下流の木曽川は濁っていても、飛騨金山まで来ると雨の影響もなかったかのごとくきれいに澄んだ翡翠色の水が流れていた。馬瀬川といえば、何度かアユが日本一旨い川としてチャンピオンになった川である。

暑い夏の日に汗だくになってうろうろ歩いたあと、帰りの電車の待ち時間に駅前の喫茶店に入った。駅前から街道に出て、山の景色を見ながら歩いた。疲れとのどの渇きを癒すのが目的であった。かつては林業の盛んな土地なのに家々の窓という窓、玄関の入り口という入り口はことごとくアルミサッシ製である。なんとなくげんなりして、これでは林業がすたれる筈だと思った。店に入ると店主は忙しそうに書類を綴じていた。その傍ら、奥さんと、集まりにお茶を出すか出さないかでどうしたらよいものだろうかと相談していた。この店は、近くの白山神社の祭りの世話役なのだろう。店の玄関に「町代」の札がぶら下がっていた。この土地では、町内会長といわずに町代というらしい。コーヒーを飲みながら店主の仕事が終わるのをゆっくり待った。店に入って目に飛び込んだのが、内装にふんだんに木が使われていることであった。喫茶店のテーブル席とは別に小上がりの座敷もあった。テーブル席と座敷を仕切る障子を見ると、集成材の建具であった。よく店内を見渡すと、集成材が多く使われていた。店主が一段落したので、この建具の素材は土地のもので建具を造ったのは土地の人かと聞いてみた。あまり自慢できそうにない顔をして、そうだと答えた。建具であれば無垢の柾目、柱であれば無節のヒノキとくれば自慢できるのだがという雰囲気であった。役物信仰が深く根づいているのであろう。ぼくが、集成材は今後の日本の林業の救世主になるから大いに活用するといいのにねといったら、間伐しても売れないからなかなかうまくいかないのだと、悲観的な答えが返ってきた。この飛騨金山のすこし名古屋よりの駅の前にバイオマス発電所があって、大きな看板を掲げていた。これなども地域の振興に役立つのではないかと水を向けてみたら、あれも県の補助金事業だからあまりうまくいっていないという答えであった。いずれにしても、山の資源を活用することに関して積極的な意見は聞かれなかった。77号で岡山県の真庭市の銘建工業の試みのような活気を感じることはできなかった。銘建工業の試みが根づくのは難しいのかもしれない。銘建工業が熊本の製材メーカーと組んでCLT生産とエネルギーの地産地消に取り組んだのだが失敗した、といううわさを聞いた。銘木信仰が強い土地では、いかに画期的なCLTでも受け入れられないのであろう。

間伐で杭や足場になる材を売ってしのいで、大きく育った銘木で一山当てるというばくちみたいな金儲けの仕方からなかなか抜け切れないかもしれない。神社や寺の建て替えというと、銘木が求められる。宮大工は、集成材で神社や寺を建てようとはしない。しかし、銘木となるとそうそうあるものではない。いきおい銘木泥棒が出没するのである。新聞の三面をにぎわすことがある。泥棒は、けしからんことに山に奥深く入って銘木を盗んでくるというような律儀なことをしない。人気の少ない神社の森の樹齢を重ねた木を盗んでくるのである。罰が当たりそうであるが、もしかしたら、ありがたい神社や寺に使うのだから、帳尻は合って罰は当たらないのかもしれない。

紀伊長島で考えたこと

飛騨金山に行ったのは八月の終わりと九月の初めであった。それに続いて港に行こうと思い立って紀伊長島に行った。予定も立てずにふらりと行った。残念なことに漁師はマグロの稚魚を獲りに出かけて港は閑散としていた。みやげ物と二階で食事を出す店の親父が、店の前で暇そうにしていたので少し話を聞いてみた。干物を売っているが、サバは四〇〇グラム位のものが獲れるかと聞いたら、自慢そうにそんなのは当たり前だと鼻息荒く答えた。しかしそれはあまり値のつかないゴマサバである。ゴマサバは福岡県の人は実によく食べるが、中部や近畿では人気がない。他にどんなものが獲れるのだと聞いたら、おまえが知っている魚なら何でも獲れると威勢良く答えた。熊野灘に面して入り組んだ海岸線の天然の漁場に恵まれた紀伊長島は、魚種が豊富で漁業が盛んなところである。しかし、みやげ物屋の親父が鼻息荒く自慢するほど景気がよいわけではない。ここの漁港にセリに出かける若い友人にふだんから話を聞いているから、威勢のいい話と裏腹な現状があることがわかっている。

これから書くことは、一四年の正月のドキュメンタリー番組を見ての印象だから正確さを欠くかもしれないが、興味深いものがあった。紀伊長島を基地とする一隻の底引き網漁船がある。底引き網漁は、海底の生態系を根こそぎ破壊するので漁業資源の枯渇につながることは、三陸沖のキチジ漁を例に72号で紹介しておいた。さて、紀伊長島の底引き漁船であるが、それを導入した船長の話によると、以前は巻き網でアジやサバ、マグロを獲っていたが、獲りすぎて資源が枯渇してきたので、将来がないと考えて底引きに転向したというのである。この判断に合理性があるかどうか疑わしい。その底引き網漁の様子をテレビカメラが収めていた。一度漁に出ると何度か網を入れ引き上げるのだが、あがってくるのは、小さな底魚ばかりである。網を上げると船の上で魚種にしたがって分類している。コストのかかる漁の仕方だということがよくわかる。アカザえびだの、メゴチだの、のど黒だのがわずかずつ網に入っていた。それぞれフランス料理屋、てんぷら屋、日本料理屋で高く売れるものであるが、まとまって獲れないことには価格もつかない。底引き網で一網打尽にするから稚魚も入っている。これを紀伊長島港ではなく尾鷲港に持ち込んでセリにかけるのであるが、たいした金額にならない。巻き網で獲りすぎたから底引き網でというのは、新しい資源枯渇を招くだけのように見えた。資源管理を本気で考えるべきなのに、本末転倒の打開策だといわざるを得ない。たぶん底引き網に転換する際に巨額の補助金と低利融資があったのだと推測している。

元気のいいのは養殖業だけ？

「近大水産養殖課程の卒業証書」を添えたマグロを出すレストランがあるということだ。このマグロは、完全養殖のものである。養殖したマグロからとった卵から人工孵化させて育てたものである。ヨコワといわれる天然のマグロの稚魚を養殖したものではない。それゆえ、資源の枯渇が心配されている本マグロの資源を守ることができる。近畿大学は魚の養殖技術の開発のパイオニアである。現在では、いろいろな魚の完全養殖を目指す研究が、近畿大学や水産総合研究センター（独立行政法人）のみならず、企業も積極的に行っている。このような完全養殖を目指す研究が盛んなのは、魚の資源が年々減少しているからである。その原因は、漁業資源の成長量以上に獲ってしまうことにある。地球規模での魚食の増加、人口の増加が挙げられる。養殖は大手の企業も参入する儲かる商売になっている。養殖技術の新しい開発が行われると、新聞などで大きく報じられることになる。

日経新聞に夏場に品薄になるブリを養殖して市場に出す試みが報じられている（二〇一三・七・二〇、朝刊）。どうも納得がいかない感じだ。冬のブリは脂が乗っていて旨い。こんなものを夏には向かないと考えていた。だからこそ、ヒラマサが夏に珍重されるのである。さっぱりした平政なら夏の舌に合うのである。なんでも脂が乗っていればいいというのは、どうも問題である。トロサバなどというまがまがしいサバが出回っている。何のことかと思えば、養殖の真サバのことである。冬の八戸の脂の乗ったサバは旨い。だからといって年中ギトギトに脂の乗ったサバを食う必要があるのだろうか。

毎年夏の土用のころになると、ウナギ報道の狂想曲が始まる。ウナギの稚魚シラスの漁獲量が激減している。

かつて、二〇〇〇トン以上あった日本ウナギのシラス漁獲高は、近年では数トンというレベルである。高くても土用だから食べたいという消費者の声とともに産地偽装の報道も混じる。ウナギに限らず天然の稚魚から育てる養殖は、子供を生む前に育てて食べてしまうのであるから資源が枯渇するのは目に見えている。ウナギは、一生に一回だけ産卵するサケやアユとは違うことがわかっている。ウナギの合計特殊出生率がどのくらいかしらないけれど、まさか日本女性の一・三前後というようなことはないだろう。もし一回でも二回でも生んでくれれば資源は枯渇せずにすむはずである。これを卵を生ませないまで食べてしまっては、資源が枯渇するはずである。もちろん、すこしは養殖ウナギを放流しているらしいが、養殖池ではほとんどがオスになってしまうらしい。資源を維持するためには、資源の成長量以上の消費は控えるべきである。かつては、天然のウナギを魚屋に注文して家で焼いて食べるのを楽しみにしていたが、近年は禁欲している。先日も魚屋で注文していただければ入りますよといわれたが、ウナギを食うのはどうも道徳的に問題だからといったら、魚屋のおかみに笑われた。今ではウナギを食べるのは懐具合の問題ではなく、道徳の問題になっている。

先号で林業に関して、森林生態系の許す範囲で森林資源の活用をするのが現代林学の王道である旨を書いたが、漁業でもその点は変わらない。林業や漁業は、自然の生態系にゆだねるしか生きる道はない。農業は、生態系を破壊することで生産量を増やしてきた。農業の特徴は、土を耕すことにある。土を耕すということは、地下の菌類やバクテリアが作り出す生態系を破壊することである。そのおかげで植物が必要とする栄養素が失われる。その代わりに人為的に肥料を施す。また、植物にとって害になる敵を滅ぼすために農薬も使う。もちろん、例外的に福岡正信の自然農法や木村秋則の無農薬・無肥料のりんご栽培もある。これらは、地下の生態系ネットワークに依存した農業ということになる。農業に対して、林業は土を耕すことをしない。地下の菌根菌と植物の共生関係が肥料も農薬もなしに林業を成り立たせる。川や海にも複雑な生態系があるのだろうが、そう簡単に模式図ができるほど仕組みがわかっていない。

例えば、有明海の干拓に伴って作られた防潮堤と堰が、有明の漁業に悪影響を与えたことを経験的に漁業者が感じたとしても、それを法廷で、干拓事業が、例えば赤潮の原因だということを立証するのは難しい。赤潮の発生を一切の反証を封じて干拓事業だけにその原因を求めることは難しいだろう。
漁業でできることは、経験的に記憶しているかつての豊かな生態系の時代の環境を取り戻すことしかない。科学的に立証できないからといって生態系を破壊してよいというものではないだろう。

漁業は生態系のめぐみの範囲内で

日経新聞に国内市場で本マグロがだぶついているという記事があった（二〇一三・六・一五、朝刊）。その事情を新聞記事にそってまとめてみると、鳥取県の境港で巻き網漁船の大量漁獲によってマグロの供給量が増えたというのである。どうしてこんなことになったか。日本海で巻き網漁船のマグロの水揚げが本格的に始まったのは二〇〇四年。それまで獲っていたイワシやアジが激減して、マグロを集中してねらうようになったのだ。山陰旋網漁業協同組合（境港市）は「夏にマグロがないと水産関係者は仕事にならない」と話しているとのことである。その結果、かつては、平均一〇〇キロ以上、昨年は六〇キロ、今年は、二〇キロ台。境港の水産関係者は自分で自分の首を絞めているのと同じである。巻き網業界は、二〇一一年からマグロ水揚げ量を毎年二〇〇〇トン程度にする自主規制を導入したが、二〇〇四年以降この水準を越えたのは二回だけ。二〇一二年は五八三トンだった。マグロ資源の研究者は、「いまの漁獲枠では実質上獲り放題。三歳魚はこの時期から産卵期にはいることもあり、獲り残すように漁獲枠を大幅に減らすべきだ」と指摘している。この境港のマグロの乱獲に日本漁業の縮図を見ることができる。

72号で、八田達夫・高田眞著『日本の農林水産業』によりながらノルウェーと日本の漁業の比較をした。ノルウェーでは、漁業従事者の年齢が、三九歳未満が四割、四〇～五九歳未満が四割、それに比べて日本では、四〇～五九歳未満が三割、六〇歳以上が四割。ノルウェーでは若い人が多い。また、漁業従事者の平均年収が、ノルウェーでは九〇〇万円、日本では三〇〇万円以下。そして、ノルウェーでは年の半分弱が休暇である。この原因は、漁獲規制のあり方にある。ノルウェーでは個別漁獲枠規制であるのに対し、日本ではオリンピック方式である。

先ほどの境港のマグロを例に考えてみると二〇〇〇トンの総枠が決まるとそれに達すると禁漁になるから我勝ちに獲ってしまう。二〇キロ台のセリで値がつかないものまで獲ってしまうのである。セリで値がつかない相対取引きで捨て値で売らざるを得ない。一〇〇キロを超える釣りものであれば、卸値キロ当たりで安く見積もって五〇〇〇円弱、それが、二〇キロ台の夏場の巻き網になると数百円。高く見積もってキロ五〇〇円とすると、二〇キロのマグロは一万円、五本で五万円。一〇〇キロ以上が、キロ当たり五〇〇〇円とすると、一〇〇キロのものは五〇万円になる。五万円と五〇万円とでは大きな違いである。個別割当であれば、一匹当たりの浜値の一番大きいのを狙うからセリにもかからないような二〇キロ台を獲ることがない。資源枯渇の大きな要因は漁獲制限の間違いによる乱獲である。

オリンピック方式が乱獲につながるという反省に立って、資源保護のために個別割当制度を採り入れた先進的な地域もある。それを、日経新聞二〇一一年一〇月一九日の朝刊の記事から紹介しておく。漁業先進国では当たり前になっている個別割当方式を日本で初めて採用したのが、佐渡島南部の赤泊地区である。ここは、甘エビで有名なところである。甘エビの資源枯渇に危機意識を持ったこの地区は、二〇一〇年に個別割当方式を採用した。これによって、すこしずつ改善が見られている。わずかとはいえ改善の見られたことの要因に、燃料の消費が減ったことがあげられる。個別割当方式だと、オリンピック方式のように我勝ちに漁場にいく必要がないからである。いきおい燃料消費が少なくなる。この地区で個別割当方式を採用するに当たって、専門家の意見を採用している。その専門家の中に三重大学の勝川俊雄がいる。彼の意見は次号で聞いてみることにする。この個別割当方式がなかなか採用されないのは、漁業協同組合では、個々の漁業者の利害の調整がうまくいかないという問題があるからのようだ。日本の漁業資源を守るためには、法的強制力を持った資源管理が必要なのではないだろうか。72号にも書いたが、秋田のハタハタは、漁業協同組合の強力な働きかけで、一時は幻といわれたハタハタの資源復活に成功した。ハタハタが産卵のために浅い海におし寄せるときに一網打尽に獲れるだけ獲っていたのであるが、産卵期に獲れるだけ獲ってしまえば資源が枯渇するのは目に見えている。そこで、資源が守られる枠内で獲るようにしたら着実に資源は復活した。その原則を守らないと、ニシン御殿だけ残ってニシンが寄り付かなくなるという悲喜劇を繰り返すことになる。個別割当方式による資源管理という問題以外に環境の整備が急務であることも忘れてはならない。

水環境の整備

海にとどまらず川や内水面も含めた魚類や海藻などの

水生生物の生息に不可欠な環境の整備が必要である。

海で魚が獲れなくなったからといって、養殖だ！　というのは問題である。養殖の技術進歩には勢いがある。熱帯魚屋に行くと人工海水を作るもとが売られているそうである。熱帯魚の生息環境に合わせた海水が作れるということである。これは、内陸養殖場の人工海水用のものを消費者用に小分けしたものである。ヒラメでも、アワビでも稚魚・稚貝のうちは内陸の工場で養殖する。天然の海水には雑菌などが含まれているので、人工海水の方が安心して使える。また繊維メーカーの開発したフィルターが進歩したので、人工海水の循環でいつも清潔な海水が得られる。なんだか、野菜の工場生産みたいなことが魚の養殖でも急速に進んでいる。将来人間が宇宙船で地球外の惑星に殖民するときに必要な技術を開発しているのかと錯覚しそうである。さきにも書いたが、乱獲し、魚がすむ生態系を破壊しておいて獲れなくなったからさあ養殖だというのは、筋違いな気がしてならない。なんとしても生態系の回復と資源管理をきっちりして天然の漁業資源の回復を試みるべきである。魚は、魚島を作るくらい繁殖力の旺盛な生き物である。

海・川の生態系を回復するといっても、そう簡単でないことは理解しているつもりである。ぼんやり見る人のためだろうか、テレビ画像で熱帯のさんご礁の映像が流されることがある。まあ、なんといろいろなかたちと色をした魚がいるものだと感心する。おまえは何でそんな衣装を身にまとっているのだと聞きたくなるくらい変なやつがいる。解説で環境に適応するために変化したのだと聞くと、なるほどなと感心し、それだけ海洋の生態系が複雑なことにも思いがいたる。そうすると、川や海に生態系を回復させせようとしても気が遠くなる。川や海の生態系には素人にはわからないことが多すぎる。それでも高度経済成長期以前に湧いたのではないかと思われるくらいの魚を思いっきり獲っていたころの川の護岸と海岸の様子を現在と比較すると、一目瞭然である。

川の岸はコンクリートで固められ水生小動物が生息できない環境になっている。海はといえば、熊野川の新宮側の海岸線がやせ細って狭くなっている。三保の松原が世界文化遺産に登録されそこなって大騒ぎし、何とか登録にこぎつけたが、その問題点は海岸の消波ブロックであった。風景を台無しにしている。波に砂がさらわれて海岸がやせ細ったから、消波ブロックで海岸線を何とか守っているのである。波が砂をさらうのは当たり前で自然なことであるのに、それを補償する砂が川から供給されていたのである。ところが、大きな河川という河川に巨大ダムがつくられたから日常的な砂の供給がなくなって海岸線がやせ細った。また工業立地に適したところでは、海岸を埋め立てたので、干潟がなくなった。これも海の能産性を奪うものである。

漁業復興にとって現在必要なことは、国土の能産性を取り戻す土木事業である。土木は、文字通り土と木を活用する事業である。コンクリートはできるだけその利用を避ける必要がある。土には、岩から砂までが含まれる。川の護岸のコンクリートによる法面をはがして生態系を復活すべきだし、海岸の消波ブロックも最小限にすべきである。できるだけ近自然工法による自然環境の再生を公共事業として行う必要があるだろう。国土の能産性をできるだけ復活させて川や海の能産性を高め、漁業資源の拡大をはかるべきである。その上で、漁業資源の管理を徹底して、漁業資源の再生産を妨げない限りの漁業に移行する必要がある。

自然の資源を獲りつくしたから、それでは、最新の知見と技術を使って養殖にかけようというのは間違っている。最大限自然の漁業資源を維持しながら、その上で養殖を補助手段として使うべきである。ぼくが養殖に批判的だからといって、それをやめてしまえといっているわけではない。もし人類が狩猟・採集経済に戻ったとしたらこの地球が養うことができる人口はわずかである。としても現在の九〇億人になろうとしている人口を狩猟・採集経済だけで養えるわけではない。現在の人口を養うためには、栽培農業も牧畜も養殖漁業も不可欠である。しかし、自然を破壊しておいて、野菜の工場生産だ養殖だというのは筋違いであるといっているのである。

今回は、新聞などで見知ったことを元に印象を連ねてきた。次号では、専門家の議論を参考にもう少し詳細に漁業問題を考えてみたいと思っている。

山海往還　その4

水産業の現実

75号の「十津川再訪」から始まったこの「山海往還」は、林業と漁業が日本の基幹産業になりうることを明らかにしようとして書き進めてきた。日本の森林成長量は年間八〇〇〇万㎥ある。これを活用すれば、材料資源も燃料資源も十分得られるだろう。また日本の排他的経済水域（ＥＥＺ＝exclusive economic zone）は、世界で六番目に大きい。国土面積が六一位であるのに対して格段に大きい。そしてその海域は、世界三大漁場の一つである北太平洋海域に含まれている。後の二つは、北東大西洋海域と北西大西洋海域である。とりわけ、太平洋側の海域は、隣接する排他的経済水域がないので隣国との摩擦もない。きわめて恵まれた漁業資源環境をもっているといってよい。

ところが、日本の漁業の近年の動向を水産庁のデータでみると、この数年の日本の海面漁業の漁獲高は四〇〇万トンあまりで推移している。戦後の漁業最盛期の漁獲高は、一九八四年のピーク時には一二八二万トンあったが、遠洋、沖合い、沿岸漁業とも減少傾向にある。遠洋というのは、ＥＥＺの外での操業。沖合いは沿岸とＥＥＺの境界の間。沿岸というのは、無動力船か十馬力以下の小型船を使った操業をさす。一九七六年にアメリカがＥＥＺを設定し、多くの国がそれに従い日本も七七年に設定した。当初は、他国のＥＥＺで操業するのに入漁料を払って遠洋漁業を続けていたが、各国が自国の漁船を優先させて日本の漁船を締め出したので、日本の遠洋漁業は徐々に衰退した。一九七〇年代には、遠洋で三〇〇万トン程度の水揚げがあったものが、二〇一〇年には四八万トンに激減している。総務省統計局の『日本の統計平成二十五年版』によると、日本の魚介類（生鮮・冷凍、塩干、燻製、その他、缶詰、飼料用）の国内生産量が四七四万九〇〇〇トンで、輸入が四八四万トンである。今や日本は、水産物も半分を輸入に頼る国になっている。

日本はかつて水産王国であり、魚を獲る技術もそれを加工する技術もすぐれた先進国であった。日本の多くの水産専門家が世界中の港に行って、獲れた魚の付加価値をつける技術を指導した。数の子もカラフトシシャモもアンコウの肝も捨てられていたが、それが商品になることを教えたのは日本の水産関係者である。

また獲れた魚の鮮度を保つ技術も教えた。釣りで捕獲した魚を船のデッキの上でばたばたさせて死なせるのを野締めという。魚を野垂れ死にさせると生臭みが回るし魚の繊維が壊れて肉質がドロンとなる。そこで昔から日本では活け締めという技術が採用されてきた。刺身やすしネタとして使う日本の魚食文化では、生臭みのないしゃっきりとした身を好んだ。活け締めというのは、いきている魚の首のところに鉤を打ち込んで一挙に絞め殺すやり方である。場合によっては丁寧に尻尾に切れ目を入れて血を抜く。これよりもっとすごい技術は、生きている魚の尻尾からピアノ線を骨の真ん中に差し込んで一挙に延髄を抜き取るやり方である。これで格段に魚の生臭みが無くなり鮮度を長期に保つことができる。フランスの高名な料理人が日本に来てすし屋に誘われて驚いたことがある。目の前で生魚を扱っているのに店にまったく生臭さがないのである。清潔な白木のカウンターに生魚が出されても生臭さが無いのに驚いたという話である。もう何十年の前の話である。この料理人は日本にも店を出すくらい日本びいきである。

かつて日本は、魚を獲ることでもそれを処理・調理することでも最先進の技術をもっていた。しかしいまや、半分を輸入に頼っている。アジの開きも白身魚の粕漬けもしめサバも輸入品が巾を利かせているだけでなく、輸入品の方が品質がよい。

78号で、天然の魚が獲れなくなったからといってさあ養殖だ、というのは本末転倒だと書いておいた。なぜ、遠洋は別として、ピーク時に沖合いで六〇〇万トンの水揚げがあったものが、二〇一〇年には二三五万五〇〇〇トンに減少したのか、それを究明することなく、水産庁も含めて漁業関係者が、温暖化による海水温の上昇だとか海流の変化だとか、自然現象にその原因を求めて、日本の漁業のあり方、つまり社会現象を反省しない姿勢に疑問を感じて警鐘を鳴らす漁業関係者の本をすこし読んでみた。

勝川俊雄と片野歩の警鐘

勝川俊雄は、三重大学の生物資源学部の研究者で、著書に『日本の魚は大丈夫か』（ＮＨＫ出版新書、二〇一一年。引用に際しては『日本の魚』とする）がある。片野歩は、マルハニチロの買い付け専門家で、とくに北欧の漁業事情に詳しい。彼のものには、『日本の水産業は復活できる！』（日本経済新聞社、二〇一二。引用に際して『復活』とする）と『魚はどこに消えた？』（ウェッジ、二〇一三。引用に際して『消えた』とする）がある。『日本の魚』は昨年の末に読み始めたのだが一気呵成といかず数頁読むと嫌になって放り出すということを繰り返し、読み終えるのに長い時間がかかった。新書でたかだか二〇〇頁あまりの本である。読み辛い本ではない。そこに指摘されている日本漁業のあまりの惨状に読み進めることができなかったのである。これで免疫ができたので、片野の本は何とか途中で挫折せずに読み進めることができた。72号で、八田達夫・高田眞『日本の農林水産業』に収められた片野の文章によって、およそ日本の漁業の問題点は学んでいたので、勝川の本もすいすいと読めるはずだったが、深刻な問題点をほったらかしにしている日本漁業の惨状を次々と突きつけられると、読み進む意欲が失せたのである。勝川と片野の指摘は、漁業資源の管理がなっていない、それを科学的に管理すれば日本漁業は復活し、水産物の輸出国になれるというものである。また獲ることから加工、流通までの水産業の有機的一体化の欠如をも問題にしている。

勝川は、3・11後の東北の水産業の回復に関して、「水産業は、魚を獲る人だけで成り立っているわけではありません。魚を加工したり、冷蔵したりする人がいて、はじめて魚の値段がつくのです」(『日本の魚』三四頁)と指摘している。魚が押し寄せたからといって獲れるだけとっても、それを加工して冷蔵・冷凍する設備が無いと捨て値で売ってしまうしかないのである。そんな魚は養殖用の餌のためにミンチにされるだけである。揚げる浜にある設備の容量の範囲内でしか魚を獲っても意味がない。また、今日の魚の消費の仕方を考えると、加工もきわめて重要な役割を占めている。今日の家庭でまるごと魚を買ってきて出刃で下ろして調理するというようなところはほとんどないといってよい。これは、家庭の調理能力が落ちたというより、集合住宅の狭い台所で生ゴミを何日か保存しておくことが不可能だということや、共稼ぎの家庭で家に帰ってから調理するのに手間の掛かる魚の下ろしまでやっていられないという事情がある。そうすると、魚は、切り身になっていて家で焼くなり煮るなりの調理がすぐできなければならず、そのために浜で新鮮なうちに加工する設備が必要になる。東北の港で津波に設備が流されてしまった後、船と網さえあれば漁業が復活するというわけではない。製氷機と冷蔵・冷凍設備並びに加工設備も必要である。こうした有機的連関が用意されてはじめて東北の漁業が復興するのである。獲ることから加工までどれを欠いても漁業が成り立たないのは事実であるが、その中でも獲ることがやはり一番大切だろう。獲れなければ加工も流通もないのだから。そのためには資源管理が大切であることはいうまでもない。

資源管理

勝川にしても片野にしても口をすっぱくして日本の資源管理がなっていないことに警告を発している。まず、ある魚種の獲得資源量を精査してその範囲で獲るようにすることが必要である。獲得資源量とは、来年もまた魚が戻ってくるように親魚を残して子孫を残すようにする範囲内での量である。78号で、境港の巻き網業者がイワシやアジが獲れなくなったからといってマグロを巻き網で獲るようになったことを紹介しておいた。二〇〇四年から本格的に始まったマグロ巻き網漁は最初は平均一〇〇キロを超えるマグロが獲れていたが、二〇一三年には、平均二〇キロ台になった。これは漁師が自分で自分の首を締めているようなものだと指摘しておいた。マグロは三歳魚から卵を産むようになるので、それ以降捕獲するようにすれば資源が維持されて、また魚体が大きくなればキロ当たりの魚価も高くなる。その事情を勝川は、次のように説明する。一歳の三キロのヨコワ（クロマグロの稚魚）を一六二万本獲って、総量四八五六トン、キロ当たり五五〇円、総額二七億円の売り上げを得るより、六年待って七歳の九七キロの成魚四七万本、総量四五九〇トン、キロ当たり五〇〇〇円、総額二二八〇億円の方が儲かる。ヨコワ一六二万本、成魚四七万本というのは、六年間に生き残る率を三割と計算しての結果である。「いい方をかえると、利率が百倍つく六年の定期預金をすぐ解約しているような状態です」（『日本の魚』八二頁）と、その愚かさを指摘している。

なぜ、日本では、資源管理がこれほどまでずさんであるかを疑問に思っていたところ、勝川の本で教えてもらって納得がいった。資源管理の濫觴は「江戸時代にさかのぼります。一七二四（享保九）年に、江戸幕府が、〈磯は地付き、沖は入合《いりあい》〉と定めたのが、現在の漁業制度の起源といわれています。江戸時代の漁業は、船は人力で、網も小さく粗末であったために、海の中を泳ぎ回る魚を乱獲しようと思っても、技術的に不可能でした。乱獲の恐れがあったのは、磯で採取できるウニやアワビのような定住性の根付きの資源のみでした。磯で採取する資源については、地域コミュニティに排他的利用権を与える（地付き）一方で沖の魚は誰でも自由に操業ができた（入会）のです。ここで磯とは、和船をこいで艪が底につく深さですから、せいぜい水深数mの範囲内です。……明治時代以降、漁場の適正管理を図るために漁業法が制定され、何度か改正もされました。しかし改革に対する漁民の抵抗は強く、〈権利者と縄張りだけ決めて、あとは漁民の自主管理に任せる〉という政策の基本となる考えは今でも変わっていません」（『日本の魚』五一―五二頁）。日本の漁業においてはコモンズの悲劇が繰り返されている。ハーディンのコモンズの悲劇は、市場を正当化する仮説で、共同体規制の正当な評価を欠如したものであるからそのまま鵜呑みにはできない。共同体規制の下におかれた入会が市場経済の荒波にもまれると、コモンズの悲劇が引き起こされるのである。漁民の、言い換えれば漁業協同組合の自主管理も、高度に発達した漁獲技術と市場経済が組み合わさると、その効力を発揮できなくなるのである。境港のマグロ巻き網漁は、まさに現代的コモンズの悲劇の一例である。

では、どうしたらよいか。科学的根拠に基づく資源管理としてＴＡＣ（Total Allowable Catch）総漁獲量制限を政府が罰則を伴って施行することが必要である。漁協の自主管理に任せていては、資源の枯渇を防ぐことはできない。ノルウェー漁業の経験が興味深い。ノルウェーは「つねにソ連の軍事侵攻の危機にさらされていたのです。ノルウェーの沿岸部は、フィヨルドという入り組んだ湾で形成されています。フィヨルドは、水深が深く（ところにより一〇〇〇ｍを超えます）、地形が複雑なために、潜水艦でこっそり上陸するのに、うってつけなのです。ノルウェーは、ソ連の潜水艦からの上陸を妨げるという国防上の理由から、すべてのフィヨルドに漁村を置いて、人を住まわせることにしました。そんなわけで、ノルウェーには、無数の小規模漁村が存在して、強い政治力を持っていたのです。

ノルウェー漁業が補助金依存体質から舵を切るきっかけは、北海におけるニシンの乱獲でした。北海のニシンは、ノルウェーにとって最も重要な資源の一つであり、一九六五年のピークには　二〇〇万トンもの水揚げがありました」（『日本の魚』七七―七八頁）。一九七〇年代に数トンにまで落ち込んだニシンの漁獲高は、厳しい資源管理の結果、現在では六〇万トン位まで復活している。最盛期の半分くらいだが、生産額で見ると最盛期より格段に額が増えている。「〈量で勝負の漁業〉から〈質で勝負の漁業〉へと見事な転換を成し遂げたのである」（『日本の魚』八〇頁）。

ここで日本のニシン漁の衰退を片野の『消えた』で確認してみよう。「明治時代から一九五七年にその魚群が消えていってしまうまで、ニシンは、北海道の水産業を支えていたといっても過言でないでしょう。一八九七年の水揚げは、九七万トンと、実に一〇〇万トンに迫る量を誇っていました。……しかし、一八九七年をピークに減少し始めたニシン漁は、その後も減少が続き、極端な右肩下がりでニシンは消えていきました」（『消えた』七〇―七一頁）。一九五〇年代末にニシンが獲れなくなって数の子の価格が急騰し、数の子は黄色いダイヤといわれるようになった。水産業者は、捨てられていた北米や北欧の数の子に目をつけて、それを塩数の子にする技術を教えて日本に輸入するようになった。数の子は、熱を加えるといちじるしく硬くなって食材として役に立たなくなる。日本では、干し数の子という加熱しない処理法をとってきたので、食感がいい数の子を食べてきた。一種の生食である。魚を生で食べる習慣が少ない欧米では、熱を加えるといちじるしく硬くなる数の子を捨ててきた。干し数の子を製造するのは手間が掛かるので、簡便に生産できる塩数の子にして輸入したのである。輸入され始めたころの塩数の子はくたくたで食感が悪かったが、時間がたつとともに技術が進歩していまでは数の子らしい食感の得られる輸入物の数の子が出回っている。なお、数の子は、北西大西洋海域のものが上物で、北東大西洋物は食感が劣るから正月用の数の子にならない。これは、松前漬け用に加工されている。塩数の子は色が一四金か一八金みたいに安っぽくきらきらしている。それに比べて干し数の子は、純金の山吹色をしている。なかなかお目にかかることはない。

ぼくは、乾物を扱う商店の親父というのはどうしてこんなに愛想の悪い人が多いのだろうと不思議に思っている。乾物を扱っている間に人間もうるおいがうせるのだろう。名古屋の桜山というところに乾物を扱う店があった。歳をとって車の運転に自信がなくなったといって今年の初めに店を閉めた。そこの親父が曰く、近年だんだん干し数の子を作る職人が少なくなって、干し数の子が手に入らなくて困っている。干し数の子は伝統的に北海道で生産されていたが、北海道でニシンが獲れなくなって干し数の子を作ることができなくなったというのである。しかし、細々でも生産されていたというのは、わずかでもニシンが近づくと獲っていたことであり、本来なら資源保護のために完全に禁漁にすべきであったが、それができないところがノルウェーの資源管理との違いである。ニシンが獲れなくなった要因として「①〈乱獲〉、②〈水温の変化〉、③〈森林の伐採〉等の理由が考えられており、近年では、これらの要因が複合的に関連しているといわれています」（『消えた』七〇―七一頁）。（引用では乱獲と元を生かすが、そのほかは、濫獲という言葉を使う。獲りすぎという意味では、濫の文字がふさわしい）。

これら以外の理由を挙げることには、漁師の責任を回避しようとする動機がうごめいていると思われる。他の要因があるとしても、濫獲が要因の一つであるならそれをまずやめるという選択をなぜとらないのか、海水温の変化という漁師の力の及ばない要因や、森林伐採という漁師に責任のない要因を持ち出すことによって資源減少の責任を回避しているとしか考えられない。まず、資源回復のために禁漁を続けて、それでも資源が回復しなければ、海水温の変化や森林伐採という要因に目を向けるべきではないだろうか。近年のいろいろな魚の資源減少の要因に地球温暖化による海水温の変化や潮流の変化をことさらに持ち出す傾向があるが、それは、濫獲の責任を回避する言い訳に過ぎないのではないだろうか。

ノルウェーのニシン漁回復の話は、高く売れる質のよいものを選択的に獲れば、量に頼らなくても漁業は儲かる商売になる、というよい見本である。境港のマグロ巻き網漁業と好対照を成している。ＴＡＣによる資源管理がうまくいくかどうかは、個別割当方式を採用するかどうかにかかっている。そのことに関して、72号で書いておいたが、ＩＱ（Individual Quota）という漁師ごとに漁獲量を割り当てる方式がある。これの変形としてＩＴＱ(Individual Transferable Quota) あるいは、ＩＶＱ（Individual Vessel Quota）というのがある。前者は譲渡可能個別割当で、後者は個別船舶割当てである。この個別割当制度を採用していないのは、漁業先進国の中では日本だけである。日本のやり方をオリンピック方式という。ある海域でＴＡＣが設定された場合、解禁になると一斉に漁船は漁に出て、早い者勝ちで魚を獲る。例えば、ある海域でサバ一〇〇〇トンの漁獲枠が設定されるとする。十人の漁師がその海域で操業できる権利を持っているとすると、我勝ちに獲らないと誰かが多くとって総枠の一〇〇〇トンになってしまう。そうなれば、禁漁になるから悠長に構えていられない。斉に出て魚群に出くわすと獲れるだけ獲るのである。豊漁だと大漁旗を掲げて意気揚々と漁船は港に帰ってくる。しかし、われ先に獲るから、ちいさな魚体も獲ってしまうし、大漁旗を掲げて港に帰ってきても氷が不足したり、倉庫が一杯だったり、加工設備の許容量を超えてしまうと、せっかく獲った魚は鮮魚としては価値の低い冷凍モノになるか、飼料用のミンチになるかである。もし、個別割当で、一人当たり一〇〇トンの漁獲枠を設定すると、漁師は、値のつかない小さな魚を獲ろうとしないし、いっせいに出かけて浜で供給過剰になることを避け、他人が漁に出かけるときは休漁してゆっくり自己の個別割当の範囲内で一番儲かるやり方で魚を獲るようになる。これがいいことが自明の理であるのに、なぜそれが採用されないのか。

漁業規制のあり方

資源を管理して持続可能な漁業を続けるためには、TACを設定し、その下で個別割当制度を適用して、徹底した管理を行うべきである。漁業先進国で商業的に獲っている魚はほとんどTACの対象になっている。「ノルウェーなどでは、養殖魚でもなければ、TAC制度のない漁獲対象魚を探す方が難しいぐらいです。〈ノルウェー二四種類、アイスランド二十五種類〉」(『消えた』七六頁)。日本でTACの導入に反対する漁業者の言い分に、日本では魚種が多いというものがある。それは、アメリカの規制を見れば言い訳にならないことがわかる。アメリカも厳しい資源管理をしている。「そもそも米国の資源管理は、個別割当により、漁業収入が増加、一隻あたりの漁獲高が三倍弱にもなったパシフィックホワイティング(タラの一種)を初め、資源が安定して水産業に貢献しているという結果が出ており、二〇一二年には漁獲対象五二八魚種全てにTAC(漁獲枠)を設定する政策を出しました。二〇一三年の同魚(パシフィックホワイティング)の親魚の資源量は一五〇万トンと二〇年ぶりの高水準となる数字が算出されています。

米国の資源管理は共同管理などではなく、政府主導の厳格な資源管理政策に基づいて漁業を持続させています。水産業で成功している多くの国々は、とっくにやり方を変えています。早急に日本も変えていかなければなりません」(『消えた』三五頁)。TACを設定し個別割当を決めても、それを守らせる仕組みが厳格でないと、不正を働いてでも利益を挙げたいというのは洋の東西を問わない。かつてイギリスの漁船が不正を働いてサバを獲って利益を挙げていたが、二〇〇五年にEUの査察が入り、イギリスにも不正を防止する仕組みが導入されて北欧のサバの資源量が回復に向かっている。個別割当を厳格に管理する装置が導入されている。一つは、水揚げ量の厳格な管理である。水揚げの漁港で船ごとに水揚げ量を計量し、その結果はネットで当局に送信される。もう一つは、衛星通信漁船管理システムの導入である。これは、VMS(Vehicle Monitoring System)というもので、船の動きを探知するシステムである。これの搭載を各漁船に義務付ける。どの海域でいつ操業しているかをリアルタイムで確認することができる。もし船がしけで遭難しても、容易に位置を探知することができる。ノルウェー、アイスランド、EUでは、漁船へのVMSの搭載は常識である。日本の近海でもそれを搭載した船舶が航行しているが、漁船への搭載となると抵抗がある。この抵抗について片野は次のように指摘している。

「〈VMSは沖合漁業が悪いことをするので鈴をつけようとするもの。指定漁業だけを義務化するのは不公平〉というものもありました。水産庁は、〈沖合漁業はいかにも違反しているような誤解を避けるためにも、VMSを導入して順法操業を明らかにして信頼関係を構築してほしい〉と説明しています。VMSは、違法区域で漁獲すれば、証拠が残ります。中には、〈信頼してくれないのか!〉というような意見もあるようですが、信頼するとかしないとかの問題ではなく、禁漁区での漁獲など不正をしてしまう可能性を排除することが結局は資源回復につながり、漁業者が中・長期的に恩恵を被ることをわかってもらわなければなりません。科学の発達により、世界の漁業環境とその実態は大きく変わっているのです。海上投棄を阻止するためのカメラも含めて漁業を管理することが、漁業者だけでなく、水産業の発展につながるのです」(『復活』一〇六頁)。ここで「指定業者だけ」とあるのは、日本でTACを設定している魚種を対象とする漁師のことである。それは、サンマ、スケトウダラ、マアジ、マイワシ、マサバおよびゴマサバ、スルメイカ、ズワイガニの七種類だけである。マグロ漁師もマダイの漁師も自主規制をしているのになぜ我々だけが政府の規制の下でVMSを搭載しなければいけないのかという不満である。なるほどTAC規制があまりにも少なすぎるという問題がある。日本の漁業対象魚種およそ三五〇種におよぶなかでたった七種類だけである。アメリカの五二八種のTAC規制を考えると日本のTAC規制はあまりにも少なすぎるといわざるを得ない。この七種類に限ってTACを設定したのは、「①漁獲量が多く経済的価値が高い魚種、②資源状態がきわめて悪く緊急に保存及び管理を行うべき魚種、③我が国周辺水域で外国漁船による漁獲が行われている魚種〈以上、農林水産庁資料より〉」(『消えた』四五頁)であるからだ。では、千葉沖から北海道南部までのキチジはどうか。底引き網で資源枯渇の危機に瀕している。それを無視する水産庁の姿勢に問題がある。余談であるが、底引き網は、海底の資源を総ざらいする上に環境を破壊するので禁止するべきである。オランダの漁師がシタビラメなどの底魚を取るのに、電気ショック漁法を採っている。大きな金属の網を底魚のいる海底近くに沈めてそこで高圧電流を流すのである。びっくりしたシタビラメが躍り上がったところを網ですくうのである。これを、現在最先進の漁法でオランダの漁師が採用している。そこでフランスの漁師が怒っているというニュースをフランス2で報道していた。(二〇一四年五月一三日)。底引き網より環境負荷が少ないかもしれないが、それでいいのかどうかわからない。

厳しい規制こそが、漁業資源を復活・維持して漁業を重要産業にする秘訣である。そのことを、勝川も片野もかんで含めるようにいっている。果たして漁業者と政府にそれが通るかが問題である。資源管理こそいま喫緊の課題だというのは間違いないだろう。

環境整備

勝川と片野の議論の中心は、資源の科学的管理を行うことで日本の漁業を復活させることができるという点にある。日本の漁業資源の管理のあり方を考えると異論の余地はないと思われる。彼らの懇々と説いてきかせるような議論は、いま本気で日本の漁業を見直さないと漁業が衰退してしまうという危機意識に裏打ちされている。その議論に加えて、漁業資源の環境整備の問題を考えてみたい。

かつて、漁業資源に恵まれていたころの日本の海岸には、随所に干潟があった。この干潟こそ漁業資源の揺籃であり、宝の山なのである。ところが、戦後の開発は、これらの干潟を次々と埋め立ててしまった。佐藤正典によれば、「日本にもともとあった干潟の約半分は失われてしまったと見積もられています」(佐藤正典『海をよみがえらせる—諫早湾の再生から考える—』岩波ブックレット、二〇一四。引用に際して『海を』とする)。この本によると、東京湾の干潟は九〇%以上、伊勢湾で約六〇%、瀬戸内海では五三%の干潟が、また大阪湾の干潟は、戦後だけで九二%が失われている。干潟がいかに揺籃として大きな役割を果たしているかは多弁を要しない。その干潟を埋め立てて農地、コンビナート、港湾設備にしたのは、米だけは守るが、それ以外の第一次産業という生産性の低い産業は見捨てて競争力のある工業で立国すればよいという考えが支配的であったからだ。比較生産費説による自由貿易こそ日本の生きる道だというご託宣が経済学によって与えられたのである。これが日本の漁業や林業を衰退させたとすると、経済学の塗り重ねてきた罪は重い。

いま新たな干潟の危機が訪れようとしている。愛知県は全国一のアサリの生産量を誇っている。豊川河口の六条潟という干潟がある。ここは三河湾のアサリのチガイが育つところである。このチガイを三河湾の各所に放流して大きくなるのを待ち春に漁獲するのである。大きくなった各地のアサリが産卵すると、プランクトンになった幼生は、潮に流されて六条潟にたどり着き、チガイに育つというサイクルが出来上がっている。ところが愚かなことに豊川上流に設楽ダムを建設するというのである。ダムができると砂の供給が止まり、潮の流れにも影響を与える。民主党政権でいったん見直すことになった設楽ダムは、安倍政権下で建設にゴーが出たのである。愛知県知事の大村もその罪は重い。

さて、その干潟であるが、残された干潟を少しでも維持して、あるいは再生して海の能産性を取り戻す行動に出なければならないのに、諫早湾の堰止めは時代錯誤的蛮行である。いったん立てた計画は、申し送り申し送りで継続され、見直されることなく事業が遂行された。そのおかげで数少ない貴重な干潟が失われ、有明海全体の生態系も破壊しつつある。

干潟という陸と海の境界線、ティヤール・ド・シャルダンの言う生命の誕生の場所が3・11後危機に瀕している。干潟あるいは浅瀬に地下水が湧く場所がある。大分の日出《ひじ》ブランドに城下カレイというめっぽう値のはるカレイがある。これはマコガレイ、別名モガレイの地域ブランド名である。北海道南部から広く本州、九州に分布している。それなのになぜ、城下ガレイがブランドになるかというと、地下水が湧き出る汽水域に生息しているからである。したがって、何も大分だけが旨いマコガレイを産出できるわけではない。地下水が湧き出る汽水域があれば絶品のマコガレイが獲れるのである。ずいぶん前のことであるが、岡山で初夏に食べたことがある。実に旨いのに上品である。汽水域は、貴重な漁場である。しかし、大震災の後津波に備える国土強靭化の掛け声とともにとてつもない高い防波堤を海岸に張り巡らせようと政府は目論んでいる。現に、東北ではそれが進みつつある。高さ一五メートル以上の防波堤をコンクリートで築くとするとその基礎は地下深くまでおよぶものと思われる。そうすると地下水脈を破断して海底に湧き出る地下水が途絶え、海底の汽水域が失われる。これほど愚かなことはない。

こんなことを大臣がいうと、マスコミの袋だたきにあって職を失うはめになるのかもしれないが、ぼくは失うものがないので平気でいうが、陸前高田の一本松をレプリカで作ってよく頑張った記念にしているというのはあまりほめたことではない。クロマツを防災林に利用していたが、クロマツは、根を広く浅く張るので、津波にはとても耐えることができない。朝日新聞の二〇一四年五月五日の朝刊の記事に、飲料大手のキリンがアグリビジネスから撤退したが、残っているノウハウを使ってクロマツの苗木を大量に生産して防災林用に提供しようというものがあった。この記事には、「宮城県海岸部にあったクロマツの防災林は津波の被害を抑える役割をになったが、ほとんど壊滅した」とある。これはとんでもない誤った認識である。なぎ倒されたクロマツは、津波に乗って巨大な破壊力となって、家を壊したのである。もし、津波に耐えるしっかりした樹木であれば、水だけを通して、引く水を海に逃すときに瓦礫をせき止めて海底の瓦礫を少なくすることができたはずである。もし、コンクリートの防波堤でなく、しっかりした樹木の防波堤を築けば、地下水の遮断もなく海の環境を守ることができる。

植物生態学者の宮脇昭は、「森の長城」が日本を救うという。海岸を森の長城でつないで防災に役立てようというのである。それはクロマツの防災林ではない。彼は植物生態学の立場からその土地で昔から根づいた木を植えるのがよいという。それは鎮守の森に長く生きている木だというのである。例えば、ある地域の土地本来の森(多層群落)を海岸に再生しようというのである。高木層にタブノキ、シラカシなど、亜高木層にネズミモチ、ヤブツバキ、ウラジロガシなど、低木層にテリハライバラ、ハマゴボウ、マサキなど、草本層に、ハマエンドウ、コウボウムギ、ハマヒルガオなどを植えて多層群落を防災林にするといいという(『「森の長城」が日本を救う』河出書房新社、二〇一二)。なるほどとこの森の長城にばくが納得するのは、津波が押し寄せてきたとき木々の隙間を抜けて海水が陸地に入り込む、それは、海水の四割なり半分ということになるだろう。そしてその海水も森を潜り抜ける過程で勢いが弱まる。そして引き際には、陸地の瓦礫や車などを森がさえぎって海底に瓦礫を引きずり込むことがなくなる。コンクリートで頑丈なとりでを築いて一滴も津波を陸地にあげないという発想は、力づくで自然の力を押さえ込もうとするものである。これはとてつもない構造物を作ることになるし、「想定外」の破壊力にであったとき、堤防が押し倒されて一挙に津波が押し寄せてくる。その恐ろしさは、テレビ画像でいやというほど見せつけられた。森の長城は、地下で陸地と海を遮断しないから、地下水が海底で湧き出ることを妨げない。日本中の海で城下ガレイが味わえるということだ。

宮脇昭の鎮守の森再生には面白い話がある。鎮守の森というと軍国主義のイメージがある、というある新聞社の論説委員との論争を紹介している。鎮守の森を守り、あるいは再生することについて、宮脇は、「〈この森を切ったら罰が当たるぞ。台風でひどい目に遭うぞ〉という宗教的な祟りの意識をうまく使って、自分たちの〈いのち〉を守るために遠い昔からの鎮守の森を残したのでしょう」（宮脇昭『森の力』講談社現代新書、二〇一三、一〇九頁）。昔から土地の根づいた森を守るために神様を利用したという解釈がユニークで面白い。

林業と漁業が日本の基幹産業になる

冒頭で述べたように日本は、森林成長量が年間八〇〇〇万立方メートル、排他的経済水域は世界で第六位、この地経学的（geoeconomic）優位性を活用しない手はない。建築基準法を改正して木造高層建築を可能にすれば、木材需要は増え、それとともに木質燃料の供給が増える。また、厳しい森林管理と労働環境の整備は、林業関連の産業を盛んにするだろう。漁業資源の厳格な管理の下で資源回復をはかり、漁業も造船、船舶修理、魚の加工、輸送など漁業関連産業を盛んにする。林業も漁業も、厳しい政策的管理のもとではじめて日本の基幹産業になりうる。新自由主義のお題目を鸚鵡返しにして規制緩和しさえすればうまくいくという考えから抜け出さなければならない。林業と漁業が日本の基幹産業になりうることを考えてきた「山海往還」を、今回でひとまず終わりにしたい。

第二部　林業と森林学、漁業と海洋資源管理

続　山海往還　その1

はじめに

79号で「山海往還」をいったん閉じた。一年余り、積み残したことを書いたが、やはり、「山海往還」に立ち返ることにした。この間、安倍・黒田コンビが異次元金融緩和というてづま〔奇術〕でデフレ脱却を図るつもりであったが、急激な円安の水膨れ景気がもたらされただけで、実物経済に好景気がもたらされたわけではない。一〇月の一六日だと記憶しているが、麻生財務大臣が、民間企業はため込んだ内部留保をなぜ使わないのだと不満を述べた。異次元の金融緩和で円安効果が出たからといって、企業は将来に明るい見通しをもっているわけではない。この水ぶくれがいつはじけるか心配している。将来の実物経済の明るい見通しが立たないのが、現在の経済界の実情だ。

一九九〇年代から続く日本経済のうす曇りが晴れる見通しがなかなか立たない。失われた二〇年の間政府がとった対策は、金融緩和と規制緩和だ。これは、新自由主義の、あるいは言い換えればアメリカ型の経済的思考を日本にも適用しようとしただけで日本経済の実物レベルでの底上げにつながらない。そこで浮上したのが武器生産と輸出を経済戦略に取り込もうとするものだ。アメリカとの軍事同盟を強化する法整備を「集団的自衛権関連法」として強硬に成立させた。集団的自衛権とは、台頭する中国と覇権争いをしているアメリカに一方的に左袒して中国の台頭を少しでも遅らせようとするものである。これが日本の外交戦略として妥当なものかどうかは極めて怪しい。この法整備が国会で成立するのを待たずに、経団連が武器輸出を経済的目標にしようと決議した。実物経済の発展の見通しがなかなか立たない中で、ハトが落としてくれた葉っぱにアリが縋り付くように経団連は武器輸出に飛びついた。武器市場は日本産業界にとって沃野である。ゲーム機で培った画像処理エンジンは、誘導ミサイルにとって不可欠の技術である。この一例に見られるように日本の産業技術には、いつでもハイテク武器生産に応用できる下地が十分にある。民生用の市場で途上国の追い上げに四苦八苦している産業界にとって武器市場は本当に新開地なのである。

武器生産は、アメリカにみられるように産軍複合体を形成してそこから抜け出せないような経済システムを作ってしまう。何かと理由をつけて戦争し続けないと成り立たない仕組みに日本経済を追い込んでいく極めて不道徳な選択が、武器輸出に活路を見出そうとする選択である。

このような危険な選択を回避してまっとうな経済システムを設計できないかというぼくの目論見が、林業と漁業を日本の基幹産業にしようという妄想である。これからしばらくこの妄想を綴っていくつもりである。妄想の妄想たるゆえんは、林業、漁業の日本経済に占める位置を見れば明らかである。二〇一三年の日本経済の活動規模を表す国内総生産はおよそ四八三兆円。農林水産業はその一・二%、つまりおよそ五・八兆円である。そのうち、林業はおよそ四〇〇〇億円、漁業は養殖業を含めて一兆四四〇〇億円である。林業と漁業を合わせて二兆円そこそこである。四八三兆円のうち二兆円そこそこである林業と漁業を日本の基幹産業にというのは妄想といわれても仕方がない。しかし、林業、漁業の関連産業を考えると統計数字通りの低い比率ではない。統計数字だけ見て、芥子粒ほどの林業や漁業の振興を図るより武器を輸出してその金で木材や魚を輸入した方がらちが開くと考えるのは自然なことだろう。そうはさせないために林業、漁業のことを考えていきたい。

那智川探訪

昨年に続いて、那智川の復旧工事と那智の滝の源流の森を見たいと考えて熊野に行った。山や海を見に熊野に通うのは、修験道に関心があるわけだからではない。経済的理由からである。名古屋から熊野古道切符というのでいけば、往復の特急指定席券が付いた三重県熊野市から紀伊勝浦までの乗り降り自由の鉄道切符と、熊野交通と竜神バスの乗り放題の切符が付く。地方はバス料金が高いので一万円足らずで三日間乗り放題の切符は経済的なのである。これが一番大きな理由で熊野に足を運んでいる。

二〇一一年の豪雨災害のあとの復旧工事を見るのと、那智川の大氾濫のもとを探りたいという気持ちがあって、今年も訪れた。二〇一四年の前半は、体調がすぐれず、四キロほどやせたので引きこもり生活を過ごして体力も落ちていた。しかし、例年と変わらず一四キロほどのリュックを背負って家を出た。いつもと同じ八時五分発の特急に乗って紀伊勝浦まで行き、そこから熊野交通で那智大社の停留所に行き、参道の石段を登って、那智大社の隣にある青岸渡寺の裏手から那智の滝の源流の森が見えるところまで歩くつもりだった。バスを降りてから片道三時間くらいの道を歩くつもりだったが、思いのほかリュックが肩に食い込んで辛いので、二時間くらいでへばって挫折した。踵を返して紀伊勝浦に取って返し、その日の宿がある新宮に向かった。帰りのバスから見えた那智川の護岸・水制工事は下流半分くらいでかなり進んでいたが、恐れていたように那智川は単なる水路になりつつあった。上流半分はまだ復旧工事があまり進んでいない。宿は、去年も泊まったビジネスホテルサンシャインである。去年は、岩室のような部屋で参ったが、今年は、三階の見晴らしのいい部屋であった。朝、窓を開けると、国道に突き出るようにそびえるゴトビキ岩が朝日に映えていた。ただ部屋に入ってエアコンのスイッチを入れると温度設定が二七度になっていて、これはなんぼ何でも高すぎると思って二四度に設定し直した。これが夜中に大変なことになるとは、その時思わなかった。夜中に寒くなって目が覚めたのだが、エアコンが効いているとは思えない。二八度まで上げたが大した効き目がない。急きょセーターを着こんで寝ることにした。この部屋のエアコンは、電力だけ食うが効き目のないものだ。冷媒が抜けてしまっているのだろう。二〇一三年の十津川の宿のエアコンと同じだ。今回、去年と同じ新宮の宿にしたのは、去年、このホテルの近くの喫茶店茶房くまので、那智川の源流の森を明治以前の潜在自然植生の森に返そうと運動をしている「いちいがしの会」の岡崎吉男さんを紹介されてお話を伺ったからである。その折バタバタして、ぼくはベーグルとコーヒーの代金を払わずに帰ったので、それを払いに行く必要もあった。

翌日、那智川の源流の森を見るのに再挑戦するのをやめて、別に気になっていた、熊野川の河口から五キロほどのところにある御船島という小さな島を見に行った。これは、熊野速玉大社の神事が毎年一〇月に行われる島なのだが、一一年の大洪水で草木が根こそぎにされつるっぱげになった。四年たってどの程度植生が回復しているか確認したかった。朝、宿を出て、熊野大橋を渡って三重県側をさかのぼることにした。国道と県道は二〇一一年大災害の復旧工事でダンプカーがひっきりなしに通る。道路は片道一車線。道路わきに申し訳のように描かれた緑の塗装で、そこが歩行者が通る部分だとわかる。立て看板にここは児童の通学道だから注意してほしいとある。ぼくも、ダンプがやってくると歩くのをやめてやり過ごそうとすると、ダンプも少し反対車線側によって去っていった。歩く方も車を運転する方も気を付けながら過ごしているのだろうと考えながら歩いた。目指す御船島についたのは宿を出て二時間半くらいたったころである。

御船島については、新宮の観光ポスターで祭りの時の写真を見るだけでえた印象は、広い熊野川の真ん中に小さな岩の島があってそれを御船祭りの時に熊野速玉大社の氏子の若い衆が鯨舟をモデルにした細身の船で島を速く巡る競争をする、というものだった。ところが実際三重県側から御船島を見ると島と陸の距離はわずかしかなく、それをできるだけ速く回るのはかなりの操船術を要することを実感した。かねがね熊野川を見ながら感じていたのは、この大きな川は河口近くまで谷を削ったような地形を保ちながら海に注いでいるのではないかということである。愛知三重の平野を流れる木曽、長良、揖斐の三つの川が広い氾濫原を作ったのとは趣が違う。ここらあたりはリアス式海岸ということになるのだろうか。いつか専門家に聞いてみなければならない。さて、本来は御船島が草一本はえてない禿げになってから四年でどうなったかを確かめに行ったのがまあなんと、一休宗純の頭ぐらいになっていた。この島は岩だから表面に根を這わせる針葉樹が根付いて二・三〇年たつとかつてのような島になっているだろうと確認して、またもと来た道を通って新宮に戻った。

もう一つ気になることがあったのでバスから見るだけだが新宮から熊野本宮まで行った。大豪雨災害の前まで途中にあった、フォークリフト用のパレットを作る工場が流された後どうなったのか気になっていた。この工場では、大きな輸入丸太を積み上げているのがよく見えた。輸入材の方が効率がいいので安くつくのかなといつもバスの窓から見やっていた。一年前には気が付かなかったが、今回気を付けて見ると工場跡は太陽光パネルに変わっていた。太陽光パネルとは安直なことを考えたものだと思った。木の国だから木質バイオマスの試みでもすればいいのにといらんお節介を心の中でつぶやいた。この日はこれで切り上げ宿に帰り歩いて、宿から三〇秒の熊五郎で酒を飲んだ。

熊五郎に入るとカウンターの白菜の漬物が目に留まった。いかにもうまそうな漬物である。湯豆腐で体を温めてから白菜の漬物で飲んだ。これは今朝、熊五郎の主人が在所の本宮町、ここは熊野本宮を中心とした和歌山県と奈良県の接するところであり、そこでもらってきた漬物だという。ぼくがシカやイノシシのおすそわけかと聞くと、そうだと答えた。過疎地でのシカやイノシシ、サルの被害は日本中いたるところである。せっかく作った白菜も高菜もやられてしまう。何とか残ったものを人間様がいただくという絵柄である。土地の人は半ばあきらめ顔である。獣害が問題になると必ずメディアは、シカやイノシシの肉を消費するようにすればいいという。かつて日本でも薬食いといって、寒中にシカやイノシシの肉を滋養強壮のために食べた。ジビエといえばハイカラなフランス料理になる。それっとばかりにやれジビエだとはやし立てるが、なかなかうまいことといかない。サルを食べるのには抵抗があってなかなか進まないだろうがイノシシやシカならあまり抵抗がない。なぜ進まないかというと、野獣は市場になじまない食材だからだ。大量に安定供給される食材でないと流通業者は扱いたがらないだろうし、レストランの料理人もメニューに載せにくい。安定供給するために猟師を雇ってシカやイノシシを安定的に捕獲するとなるとコストがかかりすぎて、消費者の口元に届くときにはブランド牛並みの値段になって、とてもではないけれど消費拡大にはつながらない。また、ドングリやクリをたっぷり食べていないイノシシはうまくない。畑の白菜やダイコンで飢えをしのいでいるようではうまくない。腹を空かせて樹皮をかじっているようなシカは栄養失調である。こんなイノシシやシカはうまくないから売れない。山にドングリなどの木の実を増やしてイノシシが里に下りてこなくてもいいように環境を整えるのが一番だ。シカにはササを増やす必要があるかもしれない。天敵がいないことも問題だ。今のところ過疎地の獣害に対して決め手になる対策はない。

さて、この数年、毎年のように新宮か紀伊勝浦を拠点にして山や川を見ているが、うまい魚にあうことが少ないような気がしている。勝浦に行くと観光客目当ての飲食店がのぼりを立てて客の目を引いている。多くはマグロの宣伝である。境港でマグロラーメンに驚いたが、ここでもマグロラーメン、マグロうどんがあった。境港に行った二〇一三年以前にここにあったかどうかは記憶にない。境港の看板が強烈な印象を与えたので勝浦でも目に付いたのかもしれない。そのマグロと、遠慮がちにクジラの宣伝があるくらいだ。ぼくはクジラが大好物だからいいのだが、マグロには少し閉口する。紀伊勝浦の漁港は生マグロ水揚げ日本　を誇っている。そのマグロのほとんどはビンチョウともビンナガとも、トンボともいわれる。市場で一番人気のない魚種である。ほとんどはツナ缶になるものである。あとは、キハダ、メバチで本マグロは二月に少しというところである。地の新鮮な小魚に出会うことがない。熊五郎で新宮には漁港はないのかと訊いたら、新宮と勝浦の間に三輪崎と宇久井に漁港があるが、あそこの漁師はまともに仕事をしとらんと吐いて捨てるようにいった。もしかしたら土地の人間もまともに地の小魚に恵まれていないのかもしれないと思った。

これはどこでもそうなのだが、海に近い土地でも魚離れが進んでいると思われる。二〇〇八・九年を境に日本人の魚食は肉食にとってかわられた。そして食べる魚も骨のない魚ばかりである。骨がないといってもタコやナマコではなく、加工して骨をとったものでないと食べないのである。勢い、魚体が大きく切り身にしても見栄えがよく大きいものだけがスーパーに並ぶことになる。漁業の将来は、資源の問題だけでなく消費者の行動に大きく依存していることがわかる。このことを真剣に考えなくてはいけないと思っている。二〇一五年の三月と四月に三八六キロと四一一キロの本マグロが勝浦漁港に持ち込まれたというニュースが流れた。時期が時期だけに浜値は安かった。この時期のマグロは味が落ちる。それだけでなく、本マグロに異常な高値が付くのは年末正月だけである。高級すし店が年中大間の本マグロに目が飛び出る高値を付けるのは、相場に疎い素人をごまかしているとしか言えない。

話が変わるが、数年前のことである。昼に寄った新宮の寿司屋で、お通夜の日などは助六などの注文が多いだろうと訊いたら、ここらではそんなものは食わないよ、葬式の時でも魚の大鉢盛だといった。へーと驚いた覚えがある。あとで考えたら、たぶんここらあたりは、明治になって出された神仏分離令で廃仏毀釈がすすんで旦那寺を捨てて神道に鞍替えした人たちが多いのだろう。そうだとすると、通夜だ葬式だといって精進を通す必要がない。この土地は古来修験道の盛んなところであるが、修験道は平安時代から寺門の傘下に置かれ、また明治の初めに修験道禁止令が出たこともあって、この土地の人たちは修験道に思い入れがあるのだろうと思われる。

木材の過去と未来

さて、何度も見慣れたスギ、ヒノキの人工林は、手入れが届かず風で倒れた割りばしのような木がもたれかかっている。それを見ると、林業の現状を嘆かざるを得ない。平成二六年版の森林・林業白書では、「育てるから利用する」をうたい文句にしている。森林蓄積量を人工林だけ見ると、二〇〇七年から二〇一二年の五年間に二六・五億立方メートルから三〇・四億立方メートルに増えている。年間成長量は平均でおよそ九〇〇〇万立方メートルである。最近の年間伐採量がおよそ三〇〇〇万立方メートルであるから年々蓄積量が増えている勘定になる。二〇一五年では、一億立方メートルくらい人工林の蓄積量が増えていることになるだろう。今後ますます森林資源の活用が必要になってくる。そうすると伐採した後の山をどのような植生にするかという問題を考えておかなければならない。拡大造林時代のようにむやみやたらにスギ、ヒノキ、カラマツの単相林にするわけにはいかない。これからの日本林業は、生態系を考慮した林業に変わらなければならない。林業の今後を考える際には多様な木材の活用を考慮に入れる必要がある。これまでは、林業といえば、もっぱらスギ、ヒノキ、マツを有用な材と考えてきた。針葉樹だけでなく広葉樹の活用も視野に入れることで多様性を視野に入れた林業の在り方を考えることができるだろう。その際、これまで木材がどのように利用されてきてそれがどう変わってきたか、考えておく必要がある。

木材といえば、材料資源と燃料資源をまず第一に思い起こす。材料資源としては、建築用材や家具、什器などの用材があり、燃料資源としては、薪、炭がある。土木用の土留めや杭などもある。そして、産業革命で石炭の利用が進み、そののち石油の利用が進むとともに忘れられたものに化学材料がある。産業革命以前では、農業では殺虫剤として木酢液が、造船には防腐剤として木タールが使われていた。木灰は、各種あく抜きに使われた。動物性繊維のあく抜きには木灰が使われ、いわば苛性ソーダやアルカリ石鹸の代わりをしていた。ヨーロッパではガラス製造に木灰が大量に使われ、繊維を染める染料は、多くは草の根や葉、樹皮などであった。皮革産業ではブナからとられるタンニンが皮なめしに使われた。タンニンといえば、日本では、柿渋からとられるタンニンが、和紙を防水包装材にするのに使われてきた。番傘の色はタンニンの色である。塗装材としては日本では漆が大きな役割を果たしてきたが、今では見る影もない。染料は多く草木からとられた。いわば産業革命以前では、木材は産業のコメのような役割を果たしてきたのである。しかし、それらの利用はほとんど代替材にとって代わられて木材に出番が少なくなっている。建築構造材は鉄筋コンクリートや鉄骨にとって代わられたし、内装材は壁紙にとって代わられた。家具はパイプや化粧合板にとって代わられた。什器の木製は今ではほとんど見る影もない。握りずしや盛り合わせの寿司を盛る木桶は、昔は漆塗りの木製であった。傷むと塗りなおして使っていたものであるが、プラスチックの桶に代わってそれが当たり前になった。安いしランニングコストもかからないからお寿司屋さんは木製の寿司桶など使わない。もし使うような寿司屋があるとすると、我々ではお目にかかれないような眼の飛び出る高級店しかないだろう。あらゆる場面で、木が姿を消して化学合成品に席を譲っている。それを懐古趣味で嘆いても仕方がない。問題は、豊富な森林資源を活用する手を見つけることである。なによりも建築用材が資源活用の大口であるだろう。とりわけ、ＣＬＴによる中層・高層建築の拡大が森林資源の活用につながり、それが林業の再生に直結する。内装材に広葉樹を活用することも大切である。そうすれば、針葉樹の単相林から針広混交林に日本の山をすることができる。イノシシやシカも山で暮らせることになるだろう。林業は息の長い産業だというけれど、早ければ四、五〇年で立派な山になる。そんなに長い時間がかかるわけではない。気候変動枠組み条約パリ会議を受けて、二酸化炭素の排出を抑制するためにも政府も林業の振興に力を入れるといっているがこれが一過性のものでないことを期待したい。

　近年急速に研究開発が進んでいるのが、ナノセルロースファイバーである。これはまだ呼び名が決まっていないので、セルロースナノファイバーともマイクロセルロースファイバーともいわれる。これは、たとえば車のボディにとって金属にとってかわる可能性があることで注目されている。セルロースは、日本の山にそれこそ山ほどあるので、原料に困らない。今後注目される産業分野である。

　次号からは、産業革命以前のヨーロッパの木材利用と森林管理の事情を見ていくことにする。それとの比較で、江戸時代の日本の森林管理の事情も見ていく。日欧の歴史的比較は、今日の林業の在り方の違いを浮かび上がらせるうえで大きな示唆を与えてくれるであろう。ドイツ林業のきめの細かい森林官理制度と、日本の森林組合と林業家に任せきりの林業制度との違いも、歴史的経験の違いを背景にしたものだ、ということが浮かび上がるはずである。

続　山海往還　その2

天竜川流域

二〇一五年の冬、熊野に行ったとき、体力の衰えを実感したので、できるだけ普段から出歩こうと考えて、二〇一六年二月二二日にふらりと天竜川流域をバスで観察して回った。浜松から遠州鉄道で西鹿島まで行きそこからバスで天竜川とその支流を上った。この時期であるからスギは少し赤くなって今にも花粉を飛ばすぞといわんばかりの態勢をととのえていたところである。花粉症の人間にとっては、見ただけで鼻がむずむずする色合いである。花粉症の時期になるとジャーナリズムは、花粉を出さないスギの品種改良や、花粉を飛ばす雄蕊だけを枯らす農薬の開発などというネタを流す。針葉樹の単相林を大規模に造っておいて、気に入らないから生殖能力を奪ってしまえというのは乱暴な話だ。どこか優生思想にも似ていてうすら寒い気がする。西鹿島は林業が盛んなころ、大きな料亭もあって大いににぎわったことを、駅前の喫茶店の女将に以前聞いたことがある。天竜川流域は林業が盛んなところで、静岡県立天竜林業高校が、二〇一四年に天竜高校に継承されるまで存在した。最後の林業高校と言われた。この流域で有名なのは秋葉山である。バスは秋葉山の手前で東に大きく振れて、天竜川本流から外れ春野車庫まで行った。秋葉山は火の用心の神さんで全国に末社がある。途中で川沿いに本田宗一郎が通った小学校という碑がバスの窓から見えた。天竜川の東側にはかつて森村というのがあって今は森町になっているが、これは遠州森の石松の出身地である。しかし、今では森の石松は有名人ではなく観光資源にならないとみえて、石松出身地という観光案内が目につかなかった。バス道が幹線道路だとすると、そこから山に入る林道はよく整備されていた。あとは、林地の中の路網、つまり施業用の機械、タワーヤーダやハーベスタが入る道が整備されれば、生産性が上がるのにとみた。林地に路網がないから、間伐材や風で倒れた木が放置されたままであった。この日はあまり歩くことがなくバスを乗り継いだだけである。

せっかく浜松まで来たから、なじみの料理屋に寄った。六、七年ぶりかと思う。浜松に仕事で通うと必ずのように寄っていた店である。ここのご主人は研究熱心な人でよく漁業のことを研究しているし、店に出す魚の扱いが丁寧でよい。基本的には遠州灘と浜名湖の地の魚を中心に出している。かつて一週間に一回訪れると、二、三週間しか顔を見せない旬のものを出してくれた。ぼくはアユの塩焼きが好きだが、ここのご主人は、川のアユを信用していないので河口の海から川に上る稚アユしか出さない。天然のアユは顔つきが違うといって、いかだに焼いたアユを出してくれた。春先サイマキもいかだに焼いてくれた。今回久しぶりに訪れて聞くところによると、近年さっぱりアユが遡上しなくなったということである。それにもちガツオもさっぱりだといっていた。カツオを刺身で食べるとわかるが身が柔らかい魚である。それが近海ものだと身が引き締まって別の魚かと思うくらいの触感がある。普通のカツオの刺身が一皿七五〇円とするともちガツオなら一五〇〇円はする。別格の扱いである。もちガツオというのは三河、遠州地方の言い方で紀伊半島ではけんけんという。よその土地で何というか知らない。この近海もののカツオがさっぱり揚がらないのは、黒潮の流れが変わったからか資源の状況が変わったからか、よくわからない。日経の築地情報は、去年も今年もカツオは不漁で五月二日現在、去年の四割から七割高いと報じている。日本のカツオ漁は近海操業を中心にしていたから、比較的小型の船である。八〇〜二〇〇トンくらいだろうか。黒潮が陸近く蛇行してくれれば、釣ったカツオをその日のうちに漁港に持ち込み市に卸すことができる。これがもちガツオである。ところが近年、漁業専管水域の外の公海上で台湾が母船式のカツオ漁法によって大量に獲るので、資源が枯渇しているかもしれない。二〇〇〇トンクラスの母船を中心に操業しているのである。久しぶりに浜松のなじみの料理屋に寄って最近の魚事情がうかがえてよかった。

孟子は資源節約派か

林業を考える際、現在ではもっぱら建築用材を思い浮かべるのだが、石炭と石油が広く活用される前の産業用材料資源とエネルギー資源はもっぱら木材であった。先号も少し触れた産業革命以前の木材がどのように使われて今何が残っているかを考えてみたい。ヨーロッパの事情については、もっぱらヨアヒム・ラートカウの『木材と文明』（山縣光晶訳、築地書館、二〇一三。引用に当たっては、『木材』から得ているので、いちいち引用を明示しない。この本を読んで、子供のころに歴史の段階区分に旧石器時代、新石器時代、青銅器時代、鉄器時代という利器の素材による区分を教えられた記憶があるが、実はその間ずっと木の時代だったのではないかということだ。

この本からは実に多くのことを教えられたが、一つ気になることがある。中国を取り上げたところで『孟子』の巻一一「告子章句上」からの引用がある。『木材』の三一二頁だが、およその内容は、牛山というところが今やはげ山になっているが、本来は木々が茂っていたのにそれを今のような状態にしたのは、行き過ぎた森林の収奪だ、という趣旨である。小林勝人訳注の岩波文庫版で下巻の二四一頁にある。ラートカウは「中国の精神史(中国の砂漠化)を説明するのは困難です。中国でもすでに古代から森の価値を評価するすべを心得ていました」(『木材』三一二頁)といっているが、きっと戦国時代の思想家、つまり東洋の古賢に敬意を払ったものと思われる。つまり紀元前四世紀には中国に環境破壊に警告を発する思想家がいたということに注目したのだろう。しかし、この注目の仕方には素直に同意するわけにはいかない。中国哲学の研究家に浅野裕一という人がいる。『孔子神話』(岩波書店、一九九七)という研究書で徹底的に孔子神話のベールをひきはがしたことで有名である。彼は、『古代中国の文明観』(岩波新書、二〇〇五。引用に際しては『古代中国』)で、中国春秋戦国時代のいわゆる諸子百家を、資源濫用・環境破壊派と資源節約・環境保護派という切り口から分類している。浅野によれば、「殷の時代、黄河の流域には鬱蒼たる森林が広がり、原野ではゾウ・サイ・ウシ・クマ・トラ・シカなど大型の哺乳類が生息し、河川や点在する湖には無数の水鳥が群舞していた」(『古代中国』二頁)。ところが文明の進展とともに黄河流域は砂漠化し、今日見られるような黄土がむき出しの景観を見せるようになった。この状況に対してどのような態度をとったかで思想家を分類しようというのである。「古代文明の急速な発達と自然の本格的破壊を自ら体験し、最初にこの問題に直面した春秋・戦国時代の思想家たちは、当然この問題に対して、さまざまな角度から思索を蓄積した」(『古代中国』六頁)。この問題意識から分類すると、孔子、孟子、荀子などの儒教派は資源濫用・環境破壊派、墨子、老子、荘子は資源節約・環境保護派ということになる。その中でも荘子は徹底しているということになる。『荘子』の外編　胠篋編第一〇の冒頭の一部を読み込んで以下のようにいう。「文明が発達し続けた結果、人類は銅山や鉄山から大量の鉱石を掘り出し、森林を伐採して燃料とし、青銅器や鉄器を生産する。そのため、上にあっては金属を精錬する煤煙が天空を覆い、太陽や月の光を遮る。山々は、開発のために樹木が焼き払われたり、燃料目当ての森林伐採によってはげ山へと姿を変える。河川や湖沼は、治水のための改修により岸辺の草むらを《（ママ）》焼き払われる。山や川が荒廃すると、気候の調和が失われ、四季の推移までがかき乱されてしまう。こうなると、ちっぽけな昆虫の類までが、その本性を全うできず、奇形に苦しまざるをえない」（『古代中国』一六九頁）。ラートカウが環境保護派の賢人を古代の中国から選ぶとしたら、荘子の方がよかった。これはぼくの憶測だが、東洋の賢人は十把一からげに自然保護派だという思い込みがあるのだろう。ラートカウは、黄土高原に注意を促して中国の歴史ではまともな林政が欠けていたことを指摘しているが、古代の思想家については粗いくくり方をしていると思われる。日本人でさえ、西洋人に向かって、そして自分にも、日本人、ひいては東洋人には自然と調和して生きてきた文明の伝統がある、といいたがる。中国の黄河流域の黄土化は見ての通りだが、日本も決していつも緑豊かな環境を保全してきたわけではない。コンラッド・タットマンの『日本人はどのように森を作ってきたのか』（熊崎実訳、築地書館、一九九八。引用に当たっては『日本人は』）によれば、日本は、七世紀から九世紀にかけてと一六・七世紀に森林の枯渇を経験している。この本の著者は、元エール大学教授で日本近世史の研究家である。この近代以前の日本林業の概説書がオリジナルな研究に基づくものではないという理由で日本の専門家からは軽視されていたそうだけれど、日本人専門研究家の手になる近代以前の日本林業史の概説書がないので翻訳したとは、訳者の弁である。二度にわたる過伐採による森の枯渇を経験した日本の歴史を直視すれば、日本人は自然と調和し自然を人事にしてきたという無意識の自己欺瞞から目を覚ますはずである。しかし、これは根が深いからなかなか実現しないだろう。和辻の『風土論』などという地理的決定論が折に触れて取り上げられる知的風土にあっては、やむを得ないのかとも思われる。

産業革命以前の木材

産業革命以前の木材の役割を考えるにあたって、まずは燃料資源としての木材を考えてみたい。産業革命で石炭が燃料資源として利用されるまでは、燃料といえば薪あるいは炭であった。つまり木質燃料だけが使われたといっても言い過ぎでない。この燃料が家庭で日常生活に使われるものとは別に産業用に使われるものが当然あった。ドイツでは、最上の薪炭材とされてきたのがブナである。マツは敬遠された。それはさておき、製塩、金属精錬、ガラス製造、製陶などで薪や炭が大量に消費された。塩は海水であれ岩塩であれ、そのままでは使い物にならない。煮詰めて結晶にする必要がある。岩塩だからといって削って使うわけにはいかない。砂やほこりが混じっているから、一度水に溶かしてそれを煮詰めて結晶にする。海水も太陽光と風で濃度を高めてそれを煮詰めて塩の結晶を作る。そのためには膨大な燃料が必要だった。金属精錬、主に鉄であるが、このためにも膨大な燃料が必要だった。ガラス製造や製陶にも原料を溶かしたり焼き固めたりするのに膨大な燃料が必要だった。ガラスは高価なものであったが、明りとりに王侯貴族、大商人たちがその権勢を誇示するために競って取り入れた。もちろん教会には聖なる光のとり入れのためにステンドグラスが採用された。日本では製塩や製鉄のために膨大な燃料が消費されたが、ガラス生産は盛んにならなかった。明りとりには障子が利用されたし、陶磁器の利用が盛んであったのでガラスに対する需要はあまり広がらなかったものと思われる。陶磁器も紙もその生産にやはり膨大な薪を必要とする。前近代の産業にとって木材は重要な燃料資源であった。

現在のバイオマスの可能性

燃料資源としての木材は石炭、石油にとって代わられることによってその必要性がなくなり、薪として使われたマツやナラ、ブナは山で無用の長物とみなされることになった。炭にすると煙が出ないから使い勝手がいいが、火力の調節が簡単なガスや電気のコンロの前では木質燃料がかなうはずがない。戸外のバーベキューでさえ携帯ガスコンロで済ます。しかし、本当に木質燃料はもう御用済みかというと必ずしもそうではない。岡山の銘建工業は製材工場の電気を自ら賄うだけでなく売電して利益を上げている。この電気はすべて製材過程で出る廃材を燃料として使った発電設備で作られている。木質バイオマスの利用の新しい情報は、西川力著『ヨーロッパ・バイオマス産業リポート』(築地書館、二〇一六。引用に当たっては『バイオマス』)に従って紹介しておこう。この本の副題は「なぜオーストリアは森でエネルギー自給できるのか」となっている。副題は少し誤解を与えるかもしれない。二〇一五年現在オーストリアの木質バイオマスエネルギーの一次エネルギーに占める割合はおよそ一四％である。徐々にあげていって、二〇数パーセントにする予定だということである。日本がこの一〇年以上一％前後でほとんど動いていないのに比べて月と鼈の差である。長く大手インフラ・プラントメーカーで働いて今は年金生活をしている友人に、木質バイオマスの可能性の話をすると端から受け付けない。木質バイオマスは無理だと決めつけている。そもそも原料の安定供給が難しい。技術的に未成熟だとか次々に難点を上げて否定する。これは現在の木質バイオマスに関する日本の世間の常識に合致している。地球温暖化対策の政府原案でも太陽光発電や風力発電の活用を力説しているが、バイオマスについては、ついでという感じで全く積極性がみられない。太陽光発電や風力発電は主に大手電機メーカーやプラントメーカーが手掛けているから発言力も強い。これに比べて、木質バイオマスは派手でないので発言力も弱い。地域から諸市民社会がぼちぼち実績を積み上げていくのがいいだろう。

　さて、『バイオマス』だが、一一章から構成されていて、その中身は、バイオマス事業にかかわる事業者の具体的な仕事の紹介である。本書の概要をカバーの広告で再現する。「木質バイオマスが地域の重要なエネルギー源として確立し、産業として成立するためには、林業家やボイラーメーカーだけでなく、それにまつわる技術、サービス、ソフト、流通、振興を図る行政部門など、さまざまな課題を遂行する人々が必要だ。実践事例を集めた本書では、バイオマス産業を支える要所の林業企業・組織をそれぞれ仕事場で取材。最先端で奮戦中の〈人〉をリポートすることで、日本での林業と木質バイオマス利用普及に必要なことを、鮮やかに浮き彫りにする」。

　自らの山から木を伐りだして残材をチップにするだけでなく、よそからも残材を引き受けてチップにしている林業家の例や、干し草やチップの乾燥を主な事業にしている木材業者が紹介される。チップやペレットは含水率一〇％以下に乾燥していなければならない。そうでないとボイラーを痛めることになる。いわゆるダルマストーブで薪を燃やすのとはわけが違う配慮が必要である。きちんと管理した燃料をボイラーに入れると、燃焼効率はこれ以上改善の余地がないくらい九〇数パーセントに達する。ボイラーはボタン一つで火力を調節できる自動式である。乾燥させるのにその熱源を何にしているかといえば、太陽熱である。太陽熱を使った乾燥システムを開発したコナ社の場合、屋根に設置した集熱パネルから太陽熱で暖められた空気をファンでチップにあてて乾燥させる。ファンを回す電気代がいるが、それは、乾燥によって得られるエネルギーの五％未満だそうだ。この集熱パネルの熱効率は七六％ということである。太陽光発電の変換効率は二〇％少々であるから太陽エネルギーを直接熱の形で利用する方が効率がいい、とこの会社はいっている。コナ社のあるアッパーオーストリア州の木質バイオマスのエネルギー供給は全エネルギーの一六％に達しているそうである（二〇一一年）。ボイラーもこれ以上改善の余地がないと思われるくらい熱効率がいいのだが、バイオマスを導入する家庭が増えているのでボイラー会社の競争が激しいことも紹介されている。オランダに本社のあるテンカーテ社は土木資材、農業資材の大手企業であるが、ここが製造している「トップテックス」という素材は、水は通さないが湿気は通すというもので、野積みしたペレットやチップを保存するのに恰好のものである。大量のチップなどを保存するのに大きな倉庫を必要としない。これはまた紫外線に強い不織布だそうだ。『バイオマス』を読んでいると、ハードとソフトの両面でバイオマスにかかわる技術革新が日進月歩で行われていて木質バイオマスの可能性に期待を寄せることができるのだが、日本の現状に思いを巡らせると気が重くなる。現在では、年間一億立方メートルの木質資源が増え続けているというのに、それを活用しないというのは不思議議だ。

続 山海往還 その3

前号の反省

かつて木材が生活、産業のあらゆる場面で使われていた。したがって、林業は重要な産業であった。しかし、今は見る影もない。林業家や山に生きる人々が山の木を活かす道はないかと考えてきた。木は、エネルギー資源でもあり、材料資源でもある。それだけにとどまらない、木は、立木のままで防風林になったり防砂林になったりする。また水源涵養林として利用されることもある。場合によっては観光資源にもなる。これらの資源としての木が、現在ではあまりにも軽視されているようである。このことを反省して、木を活かす道、すなわち木で活きる道を探るためにかつて木がどのように使われてきたかを、先号ではエネルギー資源の側面から少し検討した。

そのおり、過去と現在を比較するのに産業革命以前と以後という時代区分を採用したが、それはどうも具合が悪いことに気が付いた。旧石器時代から鉄器時代にいたるまでずっとある意味で木器時代であった。鉄器時代が現代まで続いているとすると、木が使われなくなる時代の分かれ目を産業革命とするのが適当かどうかわからない。産業革命が盛んなとき石炭産業で坑内の土留めに大量の坑木が使われた。電信、電話、電気が普及する中で大量の電柱に木が使われた。そうしてみると産業革命を画期に木が姿を消したというのは少し軽率だった。

しかし、現在、木はぼくらの周りであまり存在感を発揮していない。電柱というのは、電気柱、電信柱、電話柱などを総称して言う言葉でこれらは二〇世紀型資本主義の姿を象徴している。日本では、一九六〇年代までこれらに木を使うのが当たり前であった。しかし現在では、鉄筋コンクリート製か亜鉛メッキの鉄柱が普通である。燃料をとって考えてみても、一九六〇年代を境に木が姿を消したとしていいかもしれない。しかしあまり厳密にこだわらないことにする。

先日、アメリカのテレビニュースで、電柱に雷が落ちて木っ端みじんに砕け散る映像が流されていた。それは、木の電柱で、雨でよく湿っていたところに雷が落ちて大電流が木の中を流れ、電柱がいわばニクロム線のようになって一瞬に高温発熱して木っ端みじんになったと解説していた。木材が安いアメリカのその地域では今でも木の電柱が使われているのだということが見てとれた。

先号では、かつては木が燃料資源の中心にあったことを確認して、それが現在ではすっかりその位置を天然ガスや石油に譲っているが、将来、また木が燃料資源として復活する可能性のあることを見た。今回は、材料資源の側面から木がかつてどのように使われ、今は何にとって代わられているかを考えてみたい。時代区分については、産業革命以前以後という区分をやめて、はなはだあいまいだが、今と昔という区分を使うことにする。今回は、社会資本の材料としての木材を取り上げてみたい。なお、「資源・エネルギー」という言葉がよくつかわれるが、これは変だ。正しくは、「材料資源・エネルギー資源」というべきだろう。

鉄道枕木素材としての木材

かつて、鉄道の枕木といえばクリ（立木の時は栗、木材になった時はクリを使う。）が使われた。今では、鉄筋コンクリートの枕木が普通である。クリは極めて耐候性が強い。雨、風、紫外線にさらされてもなかなか朽ちない。鉄道の枕木という過酷な役目を一〇年から一〇数年果たす。そうはいっても枕木を取り換えるのは大変なことなので、現在では鉄筋コンクリートにとって代わられた。日本の近代化の過程で鉄道の果たす役割が極めて大きいことは誰も否定しないだろうが、その鉄道を支えたのがクリである。クリは古代以来日本列島で大きな役割を果たしてきた。三内丸山遺跡には直径一メートルのクリ材の柱跡が残っているとは、今井敬潤著『栗』（法政大学出版局、二〇一四）が述べるところである。この本には縄文遺跡に多く栗が使われたことを指摘している。

ブナ科の栗は、広葉樹の中では比較的加工しやすい材だとされている。苦労して薄板にしたものを榑《くれ》というが、これを屋根材にした。いまから五〇年くらい前、中央線を名古屋から信州に向かう沿線の建物の屋根が板葺きであることに、ある種の貧しさを感じた。信州は貧しいところなのだと実感した。板葺きといってもこの辺りは榑屋根だった。屋根といえば、瓦が今では普通であるが、神社等にはこけら葺きあるいは檜皮葺などというものや藁葺き、萱葺きなどがある。地震を恐れて金属で屋根をふくこともある。まれに石葺きもある。

さて、板葺きはこけら葺きと榑葺きだ。『栗』によると、こけら葺きは、三ミリほどの薄い板で、留めるのに竹くぎを使うが、榑葺きは三ミリから一八ミリ程度の厚い板を屋根において石で抑える。こけら葺きも榑葺きもその土地の材を使ったものと思われる。『栗』によれば、飛騨や信州の民家では榑葺きにはクリを使ったということである。耐候性が強いのが珍重されたのだろう。榑はへぎといって丸太にくさびを入れて裂き割ったものを使う。効率がいいからといってのこぎりで板にすると、すぐに腐ったり反り返ったりするのだそうだ。へぎという裂き割は、細胞を壊さずに細胞と細胞の間を裂くから板が水を含みにくく反り返りも少ないのだ。裂き割のへぎ板にはそれなりの根拠がある。栗が豊富な土地では、様々な用途にクリを使ったのだろう。

柱や板にするのにスギやヒノキが扱いやすいので、これら針葉樹が珍重される。それに対して、広葉樹は総じて癖があるので敬遠される。針葉樹は樹木を構成する細胞が甚だ単純で、引いたり割ったりするのが容易だからだろう。それに比べて、広葉樹の細胞は複雑な構造をしており、それが加工の難しさの原因になっている。しかし、現在では、木材加工機械の進歩や人工乾燥の装置が発達しているので、かつて敬遠された広葉樹の癖もあまり問題にならない。

クリは耐候性が強いのが持ち味だ。だから建築物の土台に使われることがあった。築三〇〇年などという大庄屋の屋敷の土台にクリが使われていることが解体ニュースで話題になることがある。ぼくの知り合いの実家に招待されたとき、その家の母屋の大黒柱がクリであることを教えられた。クリは、時間がたって乾燥すると軽い感じを与える。今でもクリの什器や家具は独特の趣があってぼくは好きだ。ただし、薄いものは乾燥すると少しの衝撃でかけやすいので、扱いに注意しなければならないのが難点である。

さて、社会資本の資源としての鉄道枕木のもとの栗だが、古代以来日本の山にふんだんにあったからといって、それらは天然のものとは限らず、栽培されたものであった。『栗』によれば、栗の木は縄文時代にはもうすでに栽培されていた痕跡があるということだ。

日本の鉄道は、官営事業として、一八七二年に新橋・横浜間が開通したことに始まる。鉄道建設には巨額の投資資金が必要なので、財政規模の貧弱な明治政府は鉄道の民営化を図る。したがって、鉄道はその初期においては民間資本の株式会社で経営されることになる。しかし、鉄道網の経済的、軍事的重要性から国有化論が何度も出てきて、ついに一八九二年に鉄道敷設法、一九〇六年に鉄道国有法公布によって鉄道営業距離が急速に延びた。一八九〇年の営業距離二二五一キロが一九一〇年には八六六一キロ、一九四五年には二七〇〇〇キロに延びる。(三和良一・原朗編『近現代日本経済史要覧』東京大学出版会、二〇〇七)。その急速な延びに際して、枕木はどのように供給されたのか。

インドは、世界でも有数の鉄道営業距離の長い国である。しかし、その鉄道が人とモノを運ぶのに鉄道網として国内を有機的に結びつけたかというと、そうではない。植民地インドでは、鉄道は、イギリス人の格好の投資対象であった。テンでバラバラに鉄道計画が立てられ、それがインド政府の保証で債権が発行されたから、イギリス人にとっては安全な投資対象であった。軌道幅はバラバラ、線路の有機的連絡はない。総じて内地から港につながる線路が多かった。いかに鉄道の営業距離が長いからといっても、それが鉄道網として活きていなければ意味がない。日本の鉄道国有化は、有機的鉄道網の形成に大きな役割を果たしたものである。

山口明日香の仕事

山口明日香という人の著書に『森林資源の環境経済史―近代日本の産業化と木材―』(慶應義塾大学出版会、二〇一五。以下『産業化と木材』)という本がある。日本の近代化と木材の関係を経済史の立場から論じたものとしては、極めて珍しいのではないかと思っている。林学系の人であればそのような視点に立つことがあるかもしれないが、一般の経済史の研究としては珍しい。あとがきを見ると、慶應義塾大学で杉山信也氏のもとで専門的訓練を受けたとある。ユニークな研究ができたのもなるほどと思った。

この本は、近代日本の産業化の過程で利用された木材を、おもに枕木、電柱、坑木、パルプ用材を取り上げて分析している。ここでは枕木を取り上げたところを参考にして筆を進めたい。急速に鉄道営業距離が延びたので、それに枕木生産が追いついたかという問題がある。『産業化と木材』によれば、二〇世紀に入ると枕木市場は急拡大して、とてもではないが、クリで枕木を賄える状況でないことが分かる。枕木は、クリが最上で耐用年数がおよそ一二・三年もつが、ヒバやヒノキもそれにならぶ。ものの本によると、ヒノキやヒバの方が長いというものもある。北海道では、これらの樹木に恵まれないので、シオジ、セン、カツラ、ナラが利用されたとあるが、これらは先の材に比べてずっと耐用年数が短かった。クリなどが長くても一二・三年というが、そのたびに枕木交換をしなければならないということである。いったん鉄道網が出来上がると、しょっちゅうどこかで枕木交換の保線作業をしているということになる。これではいくら山に木があっても追いつかないのではないかと心配になる。

この膨大な枕木を鉄道院（一九二〇年に鉄道省になる）はどのように調達していたかという疑問に対して、『産業化と木材』は枕木供給の仕組みを究明している。当初は、政府の官林払い下げと製材品の買い上げの通達によっていたが、それでは間に合わなくなって、一般競争入札になる。しかし、枕木の需要の増加によって良材が少なくなると粗悪品も混じるようになり、指定業者との随意契約に代わっていくことが分析されている。その中で、名古屋の長谷川商店の例が個別分析の対象となって、枕木供給の具体的分析がなされている。長谷川商店は、岐阜県加茂郡の出であるが、明治になって、名古屋に支店を置き、そこを拠点にして発展した店である（『産業化と木材』七四頁）。この長谷川商店の経営分析を通してどのように利益を上げていたかが明らかにされている（七八頁）。

枕木流通の個別分析としてはオリジナルのものだろう。さらにそれにとどまらず、枕木の資源枯渇に直面した鉄道省がとった対策にも言及している。「……、一方で鉄道国有化前後から懸念されていたクリ・ヒノキ・ヒバなどの枕木適材が不足した。それ以外の樹木の枕木利用が拡大した。たとえば、鉄道省の使用樹種は、第一種材（クリ・ヒバ・ヒノキ・シイ）と第二種材（北海道では防腐処理を行わずに敷設する樹種、主に北海道材）に分類されていたが、第三種材としてその他の使用可能な樹種が指定された。第三種材の指定範囲は年々拡大され、一九〇〇年に九種、一〇年に一七種であったが、三〇年代後半までに四〇種以上になった。

しかし、第一種材の耐用年数が八〜一二年であったのに対し、第三種材の耐用年数は三〜五年と短く、鉄道省は取替頻度の上昇を回避するために第三種材にクレオソート油などの防腐剤を注入して利用した」（『産業化と木材』八〇頁）とある。枕木適材が払底していたことがよくわかる。第一種材にあるヒバは、青森ヒバのことと思われるが、下北半島の天然林で育ったヒノキで、極めて年輪幅の狭い稠密な木である。東北ではヒバづくりといえば、お大尽のお屋敷である。こんな高級材を枕木にしていたとは、鉄道はぜいたくな社会資本だ。

さて、適材が不足したので耐用年数が極めて短い第三種材に施した防腐処理の薬剤がクレオソート油であるが、これはコールタールを分留して生産される薬剤。クレオソートはもともとブナを乾留した際に出てくる油分で、昔から船の防腐剤などに広く使われた。ヨーロッパでもそうである。防腐処理をすると第三種材でも処理をしない第一種材に匹敵するかそれ以上の耐用年数が稼げるとのことである。

それにしても、急速な産業化と帝国主義化は鉄道網の急拡大を招き、枕木用の木を山から伐り出しつくした。枕木の規格は、直線線路に用いる並規格で、「長さ七尺（約二一二センチ）幅六寸七分（約二〇センチ）、厚さ四寸六分（約一四センチ）」（『栗』六一頁）とある。これは国内用の枕木規格で、満州鉄道用にはもっと長いものが輸出された。一九〇〇年ころまでは、橋枕木以外にはほとんどクリが使われていたが、とても需要には追い付かなかったと考えられる。

栗は、広葉樹の中では比較的加工しやすいだけでなく育ちも早いので、「明治四〇年（一九〇七）、農商務大臣が、地方官会議の席上各府県知事に、〈栗樹造林〉の必要性を訓示し、明治四二年（一九〇九）より、クリは特殊材の一つとして政府の保護の下に、各府県とも県苗圃で養成されるようになった。クリ材不足を補うため、国家レベルで取り組まれていることが分かる」（『栗』六四頁）。広葉樹の中にあってクリは加工しやすいだけでなく、「栗は杉檜の如く栽植後四十年内外を経ざれば、一本平均一円を得る能わざるものとは、蓋し同日の論にあらざるなり。栗の如く生育繁茂する二〇年を経れば、一本一円を得るは実に容易のことなり」（『栗』六五頁）と岐阜県山林学会学芸員衣斐鉄次郎の論文「栗樹栽培法」を引用している。

このような努力にもかかわらず、一九三〇年代、四〇年代になると枕木適材が深刻な不足に見舞われることになった事実は先にみたとおりである。社会資本としての鉄道枕木用に山の木が急速に消費されたことを戦前期の産業化と帝国主義化の過程でみてきたが、戦後復興の過程でますます山の負担が拡大したものと思われる。一方で枕木のコンクリート化が進んだのも事実である。いわゆるPCコンクリートである。コンクリートにピアノ線などを組み込んで車両の荷重に耐えるようにしたものである。

このコンクリート枕木が一般化するのは、一九六四年開業の東海道新幹線からである。在来線では今でも木枕木が生き残っているけれど、新幹線はすべてコンクリート枕木だ。しかし、驚いたことに、東海道新幹線建設に使われた「枕木は一三〇万本で、うち一〇〇万本がPCコンクリート製、残り三十万本はクリの枕木であった。主に使われたのは、橋梁やレールの継ぎ目、それと東京の大井町と八重洲間であった」(『栗』六九頁)とある。橋梁に使われたのは、軽いからだろう。コンクリート枕木は重い。それから、レールの継ぎ目は熱膨張で伸びちぢみするので、その負荷にコンクリートは苦手だからだろうし、大井町と八重洲間はカーブが多いからだろう。ここには指摘していないが、引き込み線のカーブしたところとか転轍のところはやはり木枕木が多いようだ。PC枕木にはたくさんのピアノ線が入っている。あとから任意に穴をあけることができない。穴をあけるとピアノ線を切ってしまうことになって強度が落ちる。規格通りのボルト穴を事前にあけておいて、そこにしかレールを固定するボルトを差し込めない仕組みだ。東海道新幹線の建設にも木の枕木が使われたとは驚きである。

九月九日に乗り鉄、呑み鉄のローカル線の旅に出た。関西線の伊賀上野で途中下車した。ホームからレールを見ると枕木がだいぶ傷んでいるように見えたので、駅員に、次に取り換えるときはコンクリートになるのかと尋ねた。もうこの枕木は入ってこないからそうだろうといった。何とインドネシア産のラワンだというのである。インドネシアがラワンの輸出制限をしたから入ってこないそうだ。これは一本七〇〇〇円で安いのだが、やむを得ないといっていた。何とラワン材が枕木になっていたとは知らなかった。訊いてみないとわからないものだ。駅員はラワン材といっていたが、南洋の堅木を一括してラワンと世間ではいうから、枕木にしたのがラワンかどうかわからない。

マンガシロという材がある。これは、ラワンに比べて耐候性が強い。水夫がブラシでごしごしやる船の甲板に使う板である。これかもしれないが確かめていない。二〇世紀に入ってからの鉄道の急成長と、戦後の復興過程で鉄道用の木材が大量に消費されたことが山に負担を与えただけでなく、『産業化と木材』が取り上げている電柱、坑木、紙パルプなども大量の木材を消費し、山に負担をかけた。

江戸の井戸

社会資本に木材を利用する例を、鉄道枕木にみたのだが、『象』の85号で岡本信也さんが、井戸ポンプを取り上げたついでに井戸の挿絵をたくさん載せておられたので、江戸の井戸について考えることにした。よく知られていることだが、江戸の井戸は、水道の汲み口である。玉川上水と井之頭湧水から水をとり、それを自然傾斜で木樋、石樋を伝って各井戸に導き、井戸の中で一定の水かさがたまると次の井戸に向かって流れだすように水の出口が開けられている仕組みである。いわゆる長屋の女将さんが井戸端会議をする井戸である。それはふつう丸い井戸である。時代劇でときどき井桁に組んだ四角い井戸が出てくるが、それは少ないはずである。井戸は、桶の底を抜いたのをいくつか重ねて作った。多摩川の取水口では井戸は浅いだろうが、末の方に行くと深くなったと思われる。したがって、深いところではいくつも重ねるようになる。その井戸の桶は丸い方が水に強い。たぶんスギの木だと思うが、縦に引いた木を丸く合わせて竹のタガで絞めるもので、この方が板を横に組み合わせる角型の桶より水に強い。大名屋敷では、石組みの井戸であったかもしれない。この水道のために大量の樋と底を抜いた桶が必要だったことをここで問題にしたいわけではない。

江戸という都市を作るということが大量の木材の消費につながり、山に負担をかけただろうということだ。豊臣秀吉と徳川家康によって天下泰平がもたらされると、城下町が次々と建設された。これまでなかった大都市の建設が競って行われた。秀吉の大坂、家康の江戸のみならず、加賀前田の金沢、尾張徳川の名古屋など近世都市が次々と建設された。また、江戸はよく大火に見舞われ、そのたびに大量の木材が必要であった。どうして日本人は火事に弱い木造建築で都市を構成したのか、どうして石造に頼らなかったのか、考えてみなければならない。

土佐備長炭のこと

山の生業の一端を観察しようと思って、六月に高知県大月——高知県の西の端、土佐清水の近く——にある土佐備長炭の窯を訪れた。長く紀州備長炭を使っていたが、近年品質が落ちてよくはぜるようになった。偶然大月の備長炭を使ってみたら、はぜないのでいい感触を得ていた。ただ、紀州のもののように形状が整っていないという洗練度の至らなさがある。

備長炭は、紀州と土佐、日向が産地。発祥は紀州。土佐は、紀州の炭焼きが指導した。その男は子供がいたので義理の妹を連れて土佐に赴いた。結局そのまま土佐に居ついて女房、子供を捨てた。土佐では備長炭の恩人として敬われている。土佐の備長炭は、室戸と大月にある。大月には室戸から伝播したと考えられる。日向の備長炭の発祥については知らない。いずれにしても、暖流の寄せる温かい、ウバメガシがよく育つ土地である。訪ねた時、炭焼きのおやじは面倒くさそうにしていたが、名古屋で買っている燃料屋が大須にあるというと、そこにこの炭も卸しているといい、帰りには機嫌がよかった。

そこの近くの道の駅に、備長炭のかけらをツルツルに磨き上げたペンダントや箸置きがあった。大人の親指くらいの箸置きが、消費税込みで六四八円、それを見て同行した男の目がでんぐりかえった。その男が精神障碍者の軽作業施設の長をしていた時、それを請け負っていたという。手取りは一本当たり一〇円くらいだという。備長炭のかけらを何度かサンドペーパーを変えて磨き続けたという。作業代金は時給一〇円にもならなかったそうだ。材料の炭は廃棄するごみ、サンドペーパーを支給するとしても一〇円はひどい。悪名高い問屋制家内工業の搾取の生き残りだ。炭焼きと道の駅とブローカーがほとんど掠め取ったようなものだ。障碍者に仕事を与えるだけでありがたいと思えという考えなのだろうか。

終わりに

この秋、台風の雨が東北と北海道をストーカーのように襲った。東北の岩泉町の災害がひどいことを、テレビのニュースは連日伝えていた。この岩泉町は、71号で書いたことだが、竹下ふるさと創生資金一億円でマツタケ研究所を作って、専門家を招き岩手県を国内有数のマツタケ生産県にした町である。この豪雨災害でマツタケ山がどうなったか心配だ。高額林産物のマツタケは岩泉町の重要な産物であるはずだから、これが甚大な被害をこうむっていれば大変だろうと思う。

日本の人工林の年間成長量は、現在およそ、一億立方メートルある。二〇一三年統計で年間需要量がおよそ七六〇〇万立方メートルであるから、すべて国産材で賄っても蓄積量は減らない。国産比率は近年上がっておよそ三〇%である。山の宝を使うためには、大量に木材を使う仕組みをとらなければならない。木造大型建築がその道を開いてくれると考えている。

静岡県の草薙というところの運動場に天竜材が大量に使われている体育館がある、と新聞に出ていたので、八月の末に見に行った。楕円形の鉄骨金属屋根の建物で、天井を支える柱というか竪梁というのか、それが天竜材の集成ものだった。いわば、屋下に屋を架す構造になっていた。まだ、本格的な木造大型建築物でなかったので少しがっかりした。もっと木材を活用すべきだといっているが、市場の動向次第で山が荒れるのは心配だ。俺の山だから何をしても勝手だという私権の濫用には気を付けなければいけない。それには、森林管理の厳格な規則順守が必要になるだろう。山の木をまとめて売ってしまって、そのあとを太陽光パネルで覆ってしまうような愚を規制する必要も出てくるのではないかと考えている。

気のおけない同世代の友人に、大型建築物でも燃料にももっと木材を活用すべきだと話をすると、大体、相手にもしてもらえない。とりわけ、地震と火事に木造は弱い。鉄筋コンクリートでなければだめだというコンクリート信仰が根強い。なかなか、林業振興の話は世間には通らないようだ。

次号から、なぜ日本は、工業国でありながら森林被覆率が六〇数パーセントという世界でも有数の森に恵まれた国であるのはどうしてか、を考える。

続　山海往還　その4

緑豊かなわが国土

二〇一四年度版の『森林・林業白書』によれば、「我が国は、国土面積三七七九万ヘクタールのうち、森林面積は二五〇八万ヘクタールであり、国土面積の約三分の二が森林に覆われた森林国である」。FAO「STATE OF THE WORLD FOREST 2011」によると、我が国の森林率は六八・五%で、OECD諸国では、フィンランドの七二・九%、スウェーデンの六八・七%について三番目となっている」とある。森林面積を国土面積で割るとおよそ六六・四%であるからFAOの数値と少しずれる。総務省統計局の日本の統計では二〇一二年の森林面積二五〇八万ヘクタールのうち無立木地で蓄積量が〇の土地が一二〇万一〇〇〇ヘクタールあるから、それを差し引くと二三八八万ヘクタールになる。これで計算すると森林被覆率は、およそ六三%になる。無立木地も統計上は森林とみなされているから、あえて、控除する必要はないのかもしれないが見た目がだいぶ違う。無立木地とは、伐採の跡地で将来植林されるか天然更新で森林になるとみなされている土地である。日本の森林率を四捨五入して七割とみるか六割とみるかでは、国土に対する主観的イメージに大きな違いが出てくる。ところで、森林というのは、FAOの規定で〇・五ヘクタール以上の広さの土地で樹冠率一〇%以上のものをいう。樹木の高さは五メートル以上必要だ。樹冠率一〇%というのはかなりまばらな森ということになる。日本の森林の樹冠率はかなり高いとみてよいだろう。

林業のことを考えるときにいつも気になるのが山、林、森、森林の使い分けである。森林被覆率などという専門用語には森林という言葉がふさわしいかもしれないが、木を植えたり伐りだしたりする仕事を森林作業というより山仕事といった方がずっとなじむ。森林に入るというより山に入る、または山を下りる、といった方がなじむ。なかなか腹が決まらないのだが、ぼくなりの使い分けの規則を作ることにした。専門用語らしく堅苦しく使うときは森林、ふつうは山、マツ林やスギ林というように数少ない樹種で一定の範囲に群落をなしている場合を林、一定の範囲に数多くの樹種が群落をなしているものを森ということにする。しかし、ときにはカタカナ語をやむを得ず使うこともある。森林管理、作業をする人をフォレスター〔英語 Forester ドイツ語 Förster〕という場合がある。明治以降の日本の林学はドイツ林学を手本にしたので、森林管理についてフォレスターというのがよく使われるが、この言葉、ふつうの独和辞典で引いても役に立たない。州によって異なるが、ドイツでは数段階、場合によっては九段階にもなることがあるフォレスターが存在するので、いちいち事細かくいうわけにいかない、したがってフォレスターとしかいいようがない。この言葉は、ドイツ林政の制度が内包されている概念なので単一の訳語を当てることが極めて困難なのである。

tree を木と言い換えてもあまり問題は生じないが、異なる文化背景を持ったものを自国語に当てはめるのが困難な場合がある。現代フランス語にタタミという単語がある。柔道の影響だと思うが、それを動詞化したタタミゼという言葉がある。これは日本の旅館に泊まった経験から生まれた言葉だと思われる。旅館に着いて部屋に通されるとそこはくつろぎの部屋でいわゆる居間である。旅装を解いて少し散歩でもして夕食の時間に帰ってくると食堂に早変わりしている。食後に風呂でも浴びて帰ってくると何と寝室になっている。一つの部屋が変幻自在に変わるのに当てはまる言葉が何としてもないからフランス流カタカナ語にしたのである。なるべくカタカナ語を使わないようにするのだが、やむを得ない場合がある。

さて、日本の森林被覆率は、白書に従えばおよそ三分の二だ。これは、先進工業国としては珍しい。二〇世紀末の森林被覆率をイングランド、フランス、日本で比較すると、イングランド七％、フランス二七％、日本六七％である（斎藤修『環境の経済史』岩波書店、二〇一四、七三頁）。この森林被覆率の高さは何によるのか。

日本の山はなぜ緑豊かか

日本の山の緑の豊かさの原因を日本的美徳である自然との共生に求める考えがある。85号でこういう自己欺瞞から目を覚ます必要があると指摘しておいた。この思込みに対して、環境史の大家ヨアヒム・ラートカウは主著『自然と権力』（海老根剛・森田直子訳、みすず書房、二〇一二）の中で興味深い話をしている。「一九九八年に雑誌『シュピーゲル』が、当時の日本の財務官であり、〈ミスター円〉と呼ばれた榊原英資にインタビューしたとき、榊原は、投機的成長だった〈バブル〉の崩壊によってしらふに戻った経済学者として、江戸時代の古い美徳を思い出すことがいまや肝心だと説明した。〈その美徳とはどんな価値のことですか〉――『シュピーゲル』誌のインタビュアーが、そう懐疑的に問いかけると、榊原は〈たとえば自然との共生です。それは典型的に日本的なものです〉と返答した。それに対して記者が、〈なんですって。工業化の過程で日本は自然を情け容赦なく破壊したではありませんか〉と問い返すと、榊原は次のように答えたのであった。〈確かにそのとおりです。しかし、一九世紀の半ばまで、つまり西洋が日本にやって来て、私たちの国が開国する前までは、日本は素晴らしく美しい国だったのです〉」（一七〇—一七一頁）。この応答に対して、ラートカウは一七世紀前半の自然環境破壊を例に挙げて榊原の考えを紳士的にたしなめている。榊原の発言内容が、日本の居酒屋でどこかのおやじがほろ酔い加減でいっているのであれば、ラートカウは目くじらを立てることはなかっただろう。大蔵省財務官というエリート中のエリートの発言だからこそあえて取り上げたのだろう。高級官僚というのは、高い専門的知識と深い教養を備えているものだとみなされている。そのエリートの自国の環境認識があまりにも雑駁なので、一言批判したくなったものと思われる。この『シュピーゲル』のインタビューの内容はラートカウの『自然と権力』を通して、環境問題に関心のある人には良く知られていると見えて、斎藤修も取り上げている。

結論から言えば、日本の山が緑にあふれているのは、一八世紀後半、江戸時代後期に育成林業のシステムが出来上がったことによる。ここに至る歴史的経緯を次に考えてみたい。

古代の森林枯渇

杜甫の詩「春望」の出だし二行は、「国破れて山河在り、城春にして草木深し」である。国破れるとは、国家秩序が崩壊し無政府状態になることを意味し、城春にして草木深しは玄宗皇帝が逃げ出した城塞都市長安は管理する主人が不在で荒れ放題、草木がのびのびと生い茂っている状態を指す。強大な政治権力が機能し、社会的安定が保たれ、経済的発展があると、権力の奢侈と浪費、人口増と消費活動の活発化がおこり、森林に負荷を与える。自然と権力の関係の一つの法則性を示しているといえる。しかし、このことはいつでも成り立つわけではない。林業が採取＝搾取林業（exploitation forestry）の場合がそうで、育成林業（regenerative forestry）の場合は必ずしもそうとはいえない。日本の山は、これまで何度か、危機に瀕し、回復している。コンラッド・タットマン著『日本人はどのようにして森を作ってきたか』（熊崎実訳、築地書館、一九九八。引用に際しては『タットマン』）によれば、縄文時代の日本人は、森の基本的特徴を変えるまではいたらなかった」(一三頁)。しかし、弥生時代になると「森林消失は、農地の開拓にともなって徐々に進展し、目立たない形で始まった。しかし、七世紀にアジア大陸から大規模建築の技術が導入されると、途方もない建築ブームが引き起こされ、木材伐採が異常に増加する」(一三―一四頁)。七世紀を挟む奈良・平安時代が第一の日本の山の危機である。

次が、一六世紀、豊臣、徳川政権による天下統一の時代である。大きな都市建設を誘発して山の消滅が広がる。タットマンのこの本の対象は古代から徳川時代までであるから近代以降は対象になっていないが、二〇世紀前半の戦争の時代と敗戦直後に過伐の時期があったといっている。日本の山は、有史以来三度の大きな危機に瀕してきたのである。

86号で、縄文時代にも栗の植林の痕跡があるといっておいたので、縄文時代が単純に採取林業の時代だというわけにはいかないが、そうかといって、日本には縄文時代以来育成林業の環境にやさしい文明があったというつもりはない。日本の――日本と便宜的に使うが、そう単純に遥か昔から日本が存在したと考えているわけでない――人口と山の荒廃の関係を、タットマンの大くくりの年表を示すと次のようになる。七世紀を挟む時代に人口はおよそ五〇〇万人、一一世紀にはおよそ六五〇万人、一六世紀末にはおよそ一二〇〇万人、一七世紀末にはおよそ三一〇〇万人、一九世紀末にはおよそ三三〇〇万人である。この推計人口は、論者によってさまざまであるが、長期的に人口が増加したこと、および政治的安定の長期化が人口増大に結び付くことを示唆している。いまのところはタットマンの推計を一つの試算として提示しておく。

七世紀を挟む時期に日本の山は荒廃の危機にさらされたが、それは、畿内の王権が隋、唐の都城建設をまねて立派な都城を経営したことに由来する。古墳時代の陵墓でさえ、たとえば、今の堺にある仁徳天皇陵は、――考古学者は科学的根拠がないという理由で大山陵というが――面積で世界一大きい墓だといわれている。これを造営するだけでも膨大な土留めの木材が必要であったろうと推測される。そして、奈良盆地に拠点を構えた王権はそこに都を造営した。その中で最も大きいものが平城京である。もともと奈良盆地は、日本檜の原生林で、都の建設にうってつけの土地であった。平城京の姿をしのぶのは、今では仏教寺院しかないが、かなり大規模な都城であったと思われる。平城京の東、佐保川の南、若草山のふもとに東大寺伽藍がある。大仏殿は、創建当時より小ぶりになったとはいえ、世界最大の木造建築として有名である。この東大寺伽藍の配置図を見ると、「南大門を入ると左右に七重、高さ三三丈——およそ一〇〇m——の東西両塔が回廊をもってそびえる」（奈良六大寺大観　東大寺一、一一頁）とある。大仏殿でさえ膨大な木材を使用しただろうし、高さ一〇〇メートルの塔といえば、名古屋のテレビ塔と同じ高さだ。これを木造で作るとしたらとてつもない量の材木が必要になる。三重塔でも五重塔でも仏塔というのはてっぺんの宝珠を高く持ち上げるための建築物で宝珠から下は全くの構造物である。展望台にたくさんの人を招く現代のタワーとは機能が異なる。平城京と東大寺伽藍の造営に要した森林資源を想像すると、大変だったというより無理をしたな、という気がする。八世紀末、都は京都盆地の長岡京、平安京へ移る。これらもまた森林資源の枯渇につながった。この事態をタットマンは、六〇〇年から八五〇年の建設ブームで、「九万ヘクタールのヒノキばかりの原生林が皆伐されたことになる。択伐であればこの面積はずっと大きくなるだろう。寺院の需要を満たすだけでこれだけの森林が必要であった。この中には神官や貴族、天皇とその官僚に向けられる木材は全く含まれていない」（『タットマン』三八頁）。南都、北都の造営に奈良盆地と京都盆地とその周辺の木を伐りつくし、木材は不足するようになった。「九世紀後半から十世紀にかけて、必要な木材を得るために伐採大のチームが各地に送られた。大堰川流域の更なる奥地（嵐山のずっと奥——筆者）、アクセスの難しい紀伊、木材資源の豊かな四国の吉野川流域、日本最大の森林地帯である木曽川水系の美濃・飛騨・信濃がそれである」（『タットマン』三八—三九頁）。京の都が千年の都になったのは、都を移したいと思ってももはや木材がないからだ、そうタットマンは推測している。そして平安京内部でも、「板葺きの屋根は断念されただけでなく、木製の壁はしっくいに代わり、美しい木の床はなくなって、粗い板張りの上に畳が敷かれるようになった。また、建物自体も小さくなり、骨組みに使われる木材も小振りになった」（『タットマン』三九頁）。古代天皇制は、森林資源を食いつぶすとともにその勢力を失い、武士の世の中に交代することになるとは、タットマンの説である。しかし、古代の天皇制は、列島の森林資源を枯渇させるほどの力をもっていなかった。破壊しつくしたのは、奈良盆地と京都盆地だけで済んだ。この後、寺院建築にみられる記念碑的建築物は鎌倉で造営されることになるが、奈良の寺院ほど略奪的ではなかった。この次に山の枯渇が深刻な問題になるのは、豊臣氏と徳川氏の天下統一後の都市建設ブームである。

天下統一と森林枯渇

豊臣氏の天下統一から徳川氏の政権の前半期は、山の略奪の激しい時期であった。タットマンは、一四六七年から一五七一年までの一〇四年間に建設された町の数を一一一、一〇年あたりの建設数を一〇・六としている。これに対して、一五七二年から一五九〇年までの一八年間の町の建設数を九〇として、一〇年あたりの建設数を五〇・〇としている。織田信長が、天下を手中に収めるかと思われる時期から、秀吉の絶頂期にすごい勢いで都市建設が進んでおり、膨大な森林資源が収奪されたはずである。そして、この都市建設が城下町であると、権威主義的、記念碑的建造物である天守閣が競って建設される。これも構造材を多く要する建築物である。秀吉は、権力を握ると、ますます記念碑的建造物に執着するようになる。例えば、奈良の大仏殿より規模が大きいといわれた方広寺の建設に当たって、次のような事実がある。「一五八六年に秀吉が方広寺の建設を始めたとき、当時東海地方の大名であった徳川家康は、寺院のなかでもっとも大きく、もっとも重要な部材の一つである棟木の提供を引き受けた。家康の伐採夫は富士の裾野で十分な大きさと品質をそなえた大木をなんとか探しだし、それを伐倒して長さ八〇尺を超える素材にした。この材は注意深く川を下って、駿河湾へと運ばれ、そこから船で大坂に行き、大坂からは淀川を遡って京都まで輸送された。この事業では三ヶ月間で延べ五万人日の奉仕労働と金貨一千両が投じられた」(『タットマン』七四頁)。

秀吉の山の資源の調達は、古代の天皇権力の比ではない。北海道を除く日本列島の隅々にまで及んだといってよい。タットマンによると、秀吉は、伏見城の建造と淀川航行用の船の建造に適した杉材を、東北の久保田に配した臣下の秋田実季に求めた。久保田、いまの秋田は、スギの良材の産地である。秀吉の「全国規模の森林開発は一時の衝動で達成できるものではない。秀吉の統治自体がそうであったように、特有の注意深さで事を運んだ」(『タットマン』七五頁)。特有の注意深さは、秋田実季に対する木材徴達が徐々にきめ細かくなっていることによって知られると、タットマンは記述している。彼によると、一五九三、四年の要求が、船何艘分という大雑把なものであったのが、一五九五年には、八二〇間(長さ)で要求し、それが、一五九六年以降は、立法間という体積になっている。徴達量が厳密になっているのである。

秀吉に続いて、家康も膨大な木材を消費した。タットマンは「名古屋城の木材使用量は約二〇万石、江戸の千代田城は五〇万石以上と推計されている。駿府城は建築されて数カ月で炎上し、すぐに再建されているから、おそらく名古屋城と同じかそれ以上の木材が使われたであろう。この三つの城郭が約一〇〇万石（二八万立方メートル）の逸材を消費したとすれば、それは約一一〇万立方メートルの立木に相当し、ヘクタール当たりの立木蓄積四〇〇立方メートルの針葉樹原生林が二七五〇ヘクタール伐採されたことになる。蓄積の劣る山林なら、伐採面積はその何倍にもなるだろう」（『タットマン』七八頁）と述べている。この推計は大まかな目安以上のものでないと断っているが、目安としては役に立つだろう。

徳川幕府は、有望な木材資源を自己のものにしようとする荒業に出るようになる。飛騨高山は、有名な観光地で、古い街並みとかつて天領であった名残の陣屋が観光資源になっている。この高山は、天領になる以前は、金森氏の領地であった。幕府は金森氏を移封し、良材が豊富に獲れる飛騨高山を天領にした。詳しい経緯は知らないが、時代小説にみられる幕府の陰謀を想起させる。

ついに、豊富にあった森林資源も枯渇し、持続的な資源確保を、本格的に考えなければいけない時代がやってくる。一七世紀前半の山鹿素行は、「生産を永続的に繰り返しながら公共の利益のために森林を管理しなければならないと主張した」（『タットマン』九一頁）。もはや、権力にものをいわせて木材を徴達することができない時代になった。

消極的管理の時代

一七世紀前半の過度な森林伐採は、資源の枯渇を招き、それだけにとどまらず、河床に土砂がたまり下流域に洪水の被害を大きくするようになる。領主や幕府も山の保護に気を遣わざるをえなくなる。いわゆる留め山、留め木などの立木の伐採禁止など消極的森林保護政策に出ざるをえなくなる。枝一本腕一本、木一本命一つなどという恐ろしい禁制が語り伝えられたりしている。また、大きな横引きの鋸は製造が禁止された。斧で森の木を伐ると大きな音がこだまするが、鋸は盗人には都合がよい。ドイツでもまず森泥棒が鋸を使い始めたとは、ラートカウの記述するところである。

この消極的森林保護の時代の思想家に興味深い主張がある。斎藤修の『環境の経済史』（二〇一四、岩波書店）は、熊沢蕃山の『宇佐問答』から、「静かなる時運にあたりて、文武の教えなければ、国郡の主も人に君たる道をしらず、栄華のおごりを事とせり。其上に仏者の奢りをきはめ、無道至極して、天下の山林を伐りあらしたれば、郡国の浅き山は忽ちつき、吉野熊野木曽路土佐等の深山も日本国の材木を出だすことになれば、田畑と心得て、材木に仍而露命をつなぐもの幾千万と言数知らず」(『環境の経済史』八八－八九頁)という言葉を引用している。ここでぼくが注目するのは、「そのうえ仏者の奢りをきはめ」という言葉であるが、蕃山よりもう少し後の西川如見という思想家の言葉も斉藤は引いている。そこでも「そのうへ寺院堂塔、いにしえに十倍せり」(九〇頁)という寺院批判がある。蕃山のような儒者が寺院勢力を批判するのは、儒教対仏教のイデオロギー闘争の一側面である。儒教から見れば、仏教は忠信孝悌のような世俗的道徳を軽く見て出世間《しゅっせけん》〔世俗の煩悩を絶ち、悟りの境地に入ること〕をよしとするが、これは、統治、政治的安定にとって迷惑なことになる。この仏教批判がイデオロギー闘争の一環である限り観念論にとどまる。しかし、山や川が荒れて自然災害の危機が迫っているときにひときわ大きな寺の建物を見ると仏教批判は観念論にとどまらず現実的批判になる。

中学や高校の教科書で教えられた廃仏毀釈というのは、一八六八年のいわゆる神仏分離令といわれる一連の法令がきっかけで起こったものだとばかり思っていた。仏像を壊し、経典を破る様子を描いた図も教科書に載っていて、乱暴な伝統文化の破壊だと思った。しかし、廃仏毀釈は、明治になって突然現れたものではなく、地域的な偏りもあり、それほど事例も多くないが江戸時代にもあった。幕府の寺請け制度は、キリシタン取り締まりに端を発したものであるが、江戸時代に戸籍管理の役割を果たし制度化された。人々は、誕生、結婚、移動などの度に特定の旦那寺の檀家であることを登録証明してもらい、それに対してなにがしかの布施を寺に納める。これが寺の安定的収入になっていたのである。伊勢参りの際に必要な通行手形の発行にも必要だった。農民は年貢を納め、町人の家持ちは運上を納めるのが江戸時代の納税システムである。納税義務のない長屋住まいの庶民は、家賃に家持ちの運上分が含まれているから間接的に納税していたことになる。そのうえ、寺に布施を納めなければならないとなると税金の二重取りだという不満がたまる。不況の時にはこの不満は爆発する。儒教の排仏論が理論的支えになって、廃仏毀釈の暴動になったのだろう。

森林資源の枯渇が現実的なものになるにしたがって、山の保護が学者、領主、幕府から出てくることになる。

これらは最初は観念的なものにとどまるが、徐々に経験に基づいた林業書という形で姿を現すことになる。

育成林業の時代

深山まで分け入って良材と見れば伐り倒してくるという採取林業が行き詰まると、必要な木は人間の手で育てるという方向に向かう。これが育成林業であるが、この育成林業にとって必要なものは具体的な育林の技術書である。これらが、山林書といわれる林業書である。農書の一部として書かれたものから林業を専門に取り扱ったものまで、数多くあらわされた。早い時期のものとしては、一七世紀末に刊行された宮崎安貞の農書『農業全書』があり、そこに農業の一環として林業技術が取り上げられている。その後、様々な山林書があらわされる。多くは、各藩の担当役人や幕府直轄領の代官のものであったりする。それらについては、徳川林政史研究所編『森林の江戸学』（東京堂出版、二〇一二）の「林政書と山林書」の項で紹介されている。江戸時代の山林書については、徳川宗敬の『江戸時代に於ける造林技術の史的研究』（西ヶ原刊行会、一九四一）が基本文献のようである。タットマンも、山林書に関しては徳川宗敬のこの著書によるところが大きいと記している。

山林書の多くが藩や幕府直轄領の実務家である担当役人の手になるものが多いから、近世育成林業がトップダウン型で行われただろうと考えることは事実に合わない、と主張するのが斎藤修である。一八五九年に刊行された大蔵永常の『公益国産考』から、「百五六十年ほど巳前、吉野郡へ薩州屋久の嶋より杉の実を取り来たりて蒔きつけ苗を拵へ谷々の山へ植弘めしニ、深山ゆゑ成木して今は此一郡より板にわきて諸方へ商ひ、又柱やうのものに伐りて谷川を流し、吉野川にて筏となし、末ハ紀州の海辺まで出し、船につミて諸国へ商ふ事、幾万両いふ事あげてかぞへがたし」という文章を引いて、大蔵永常が市場志向派であるとしている。

吉野林業は、以前にも触れたが、町の大商人が、吉野の中小山持ちから土地を借りて集約的林業を営んだ地域である。小作林業といっても農業の小作と少し様子が違う。現地の施業は土地の山持ちに任せて、利益をわけ合う仕組みを採用した。よい林に育てれば、現地の施業を任された山持ち＝山守にそれだけ収入が増える仕組みである。吉野の杉は、樽材として京阪神の醸造家に重宝された。酒や醤油のような液体、味噌や漬物のような水分の多い商品の保管、運送には樽が使われた。

スギは、円錐形に成長する。樹冠は太陽の光を多く受けて光合成を盛んに行う。樹冠に光を遮られた下の枝は、無用のものとして自然に枝を落とす。これを自然落枝という。自然落枝のあとは、雨で腐って死に節になる。このような材は、板にしても樽材に向かない。死に節は、ぽろっと落ちてそこから水が漏れる。山守は丁寧に光合成をあまりしなくなるような下の枝を払っていく。そこは幹が育つにつれて、幹の組織が巻き付き生き節になる。これなら、節が抜けて水を漏らすことはない。この下枝を払うのに、鋸や鉦を使うと切断面の組織を大きく損なうので、死に節になる。よく切れる鎌を使うのである。このような施業は、市場を介したボトムアップ型の林業ということになる。斉藤は近世育成林業がトップダウン型とボトムアップ型の組み合わせであることを主張している。

タットマンの論調がどちらかといえばトップダウン型に主軸を置いていることに、斉藤は批判的である。このことは、ヨーロッパとりわけドイツの森林管理と日本のそれを比較すると見えてくる。ドイツの森林管理は、トップダウン型である。それに対して日本は、トップダウンとボトムアップのミックスである。日本の場合、木材資源の枯渇に直面して領主と百姓の利害は一致したから、百姓の側からの市場動機が山を大切にする実践に結び付いた。ドイツの場合、領主と農民の利害は反目しあっていた。ドイツでは、ヨーロッパではといってもいいが、貴族のスポーツに狩猟が欠かせなかった。それは、また重要な社交の場でもあった。森の中でシカを馬で追うのは極めて難しい。犬を森にはなって、森の獣を牧草地や畑に追い出し、それを馬に乗った貴族が追いかけて仕留める。領主・貴族は狩猟のために森を必要とする。農民は森を切り払って牧草地や畑を少しでも増やしたいと思う。領主はトップダウン式に森を維持管理しようとする。領主と農民の利害は対立する。この関係は、現代の森林管理に関しても厳しい国家の規則が敷かれている事情につながる。複雑なフォレスターの制度、せまく限局された一斉伐などにそれをみることができる。現代の森林施業論に返るときに改めて触れるが、現代のドイツでは、州によって違いがあるが、森林の一斉伐は一か二ヘクタールに限られているということだ。日本では、ほとんど制限がないといってよい。日本の林業では、私権の濫用が平気でまかり通っている。

斉藤の議論によれば、上からの管理と市場経由の利害関心が組み合わさって、近世日本で育成林業の体制ができた。これが、なぜ、日本の森林被覆率が高いかという問いに対する答えである。

タットマンは、『日本人はどのように森を作ってきたのか』の結論部分で、「外国人は〈一部の日本人もそうだが〉、日本人の自然を愛する性向を好んで口にする。近世の森林回復もこの自然愛によるものだろうか」（『タットマン』一八九頁）ときわめて紳士的な表現で問題を立て、この本が全体で明らかにしたようにそのような自然愛とは異なる諸事情が近世育成林業を成立させ、今日の日本の森林被覆率の高さのもとになっているという。日本人としては、汗顔の至りだ。

終わりに

まだまだ、林業に関して、現代の施業論、木材流通論など論じなければならないことが多くあるが、山にとどまりすぎた。次号では、川を下って海の魚に会いに行く。相変わらず日本の漁業は危機的な状況にある。二〇一七年一月一四日の朝日新聞朝刊に長崎県対馬の漁船が規制を無視してクロマグロを水揚げしていたと報じている。上対馬町漁業協同組合のマグロ水揚げ量は年間一－四トン程度が続いていたが、昨年は一〇〇トンに急増。「承認を受けていない船が我も我もと漁に出てしまった。漁協としての管理が甘かった」という。何というずさんな資源管理だと暗澹たる気持ちにならざるを得ない。

続 山海往還 その5

干潟の消滅

一六世紀から一九世紀にかけて、日本の人口はおよそ倍に増えた。とうぜん、耕地や住宅地が増える。平坦な国土であれば、森を切り拓いて新たな土地を得るだろう。しかし、日本の地質的環境では、河口の低湿地しか広い場所は残っていない。いきおい低湿地を干拓する形で新たな土地を手に入れた。新田が、干拓地へ干拓地へと広がっていった。これは干潟の減少につながった。近代になって、干拓から埋め立てへと進むにつれて、海の干潟は姿を消していった。都市建設と産業化のために、山の木を伐りつくし、海岸の干潟をも埋め立ててしまった。東京湾や伊勢湾、瀬戸内から膨大な干潟が消えた。これが海洋資源にとってどれほど大きな損傷につながったか想像に難くない。

先号で、山の危機と回復の歴史を見てきたが、山をおりて海にたどり着くと、海の危機が目の当たりに迫ってくる。果たして回復の可能性があるのか心配だ。このことを念頭に置きながら、日本漁業のことを考えていきたい。

日本の漁船漁業の戦後のおおよその姿を、二〇一五年版の『水産白書』で簡単に見ておく。養殖業を除き、内水面を含んだ漁船漁業の生産量は、一九四五年におよそ八五〇万トン、一九八四年に一一六一万トンでピークに達する。二〇一三年には、三七六万トンに激減する。一九七七年にソ連、アメリカが二〇〇カイリ水域を実施し、世界の潮流がこれに従うようになるとともにこの海域での自国船優先の政策を徐々にとるようになり、日本の遠洋漁業は、一九八〇年代を境に急速に衰退していく。

魚介類の国内生産量が四二九万トン（養殖を含む）、輸入量が四〇八万トンで合計八三七万トン。この八三七万トンから輸出六八万トン、飼肥料一六三万トンと在庫マイナス一六万トンを引くと、食用国内消費仕向量が六二二万トンになる。二〇一三年の食用魚介類の自給率は、およそ六〇％である。国内食用消費の内訳をみると、生鮮・冷凍が二三七万トン、塩干・燻製・その他が三五二万トン、缶詰が三三万トンである。これが日本の漁業の現状である。

消えた魚屋

この三〇年ほど、ぼくは魚屋に困っている。家から車で一五分ほどの範囲内の魚屋が次々と廃業して、魚を手に入れるのに難儀している。少し遠いが、飲食店相手の専門店に時々顔を出すと昔と様子が違う。沿岸の釣り漁師が獲って丁寧に扱った魚が少なくなっている。養殖ものが多い。飲食店には、安定して入手が可能で歩留まりのいい魚が喜ばれるのだろう。歩留まりといったが、養殖のタイの中には、どういう飼い方をするのか知らないけれど、天然ものに比べて頭の小さいものを作る業者がいるらしい。この手のものは、可食率が高いので飲食店に喜ばれるのだそうだ。養殖技術の進歩には、驚くばかりだ。

もう一軒、むかし公設市場に入っていたが、市場がなくなると同時に独立した魚屋になったのがある。名古屋でも屈指の高級住宅街にある魚屋で、ものに間違いがない。しかし、聖徳太子を握りしめていっても、何種類か、気に入ったものをほしいと思うと聖徳太子一枚では心もとない。年金暮らしでは、この店には縁がない。

町に魚屋があったころは、伊勢湾、三河湾の地の小魚が季節に応じて食卓をにぎわしたものだ。初夏になると、カタクチイワシの活きのいいのが並ぶ。フライにするとビールのあてにもってこいだ。また、一年に一回は食卓に載せたいトビウオも盤台に並ぶ。この魚、塩焼きにすると上品な味わいがあって実にうまい。夏になると三河湾のアカシャエビが出る。これは素揚げにするとまたビールが進む。こんな楽しみがすっかりなくなった。わびしい限りだ。アイナメは、高級魚になってしまったのか、お目にかかることが少なくなった。メバルもなかなか食卓にのぼらない。

食生活の変化

二〇〇八年か九年を境に、日本人のタンパク質の摂取量は肉の方が魚より多くなった。日本の食卓が魚食文化から肉食文化に変わりつつある。嗜好の変化、住環境の変化があるのだろう。何しろ、魚は骨があるからといって嫌われる。鶏にも牛にも骨があるが、消費者の手に届くときには骨がない。もちろん魚も、流通段階で骨なしになって消費者の手に届く。いきおい、たくさん獲れる大きい魚が選択される。小骨ばかりのトビウオなど流通に乗りにくい。一番人気は、マグロである。また、回転ずしや和食屋の刺身の盛り合わせにノルウェーやチリのサーモンが欠かせない。トロサーモンというのだそうだ。骨のない切り身の魚か、鶏、豚、牛の肉が好まれるようになった。

売れるのが多獲性の大型の魚ということになると、地の小魚をとる漁師もいきおい力が入らない。売れないから獲らない、獲らないから売れない、地魚をめぐる状況は縮小再生産の悪循環に陥っているように見える。

消費者の行動の変化には、都市における労働者の働き方の変化も影響している。共稼ぎが多くなって、いわゆる専業主婦というのが少なくなっている。当然、食事の準備に十分時間をかけている暇はない。NHKの「きょうの料理」という番組で、むかしは、一流の料理人が出演して、丁寧に料理の作り方を教えていた。といっても、彼らは日本人の食生活を改善するための啓蒙活動をしていた。ご飯に青菜の煮たもの、それにみそ汁に漬物、そんなことではいかん、もっと脂肪とタンパク質を摂れというので、アジのフライやイカのリング揚げを教えた。丁寧に下ごしらえから料理を作る方法を教えていたが、現代ではそんな悠長なことは通じないから、手っ取り早く簡単にできる方法を指南している。最近の「きょうの料理」を見ると、手抜きだなあと思ってしまう。

デパートの地下食品売り場は、生鮮食品より調理済みの総菜の占める割合がずっと高くなってしまった。いわゆる中食の時代である。これも、専業主婦に家庭を任せきりにしてきた生活様式が失われたことの反映である。しかし、これは何も今に始まったことではない。

京都の町、西陣に近い方の市場をのぞくと、むかしから、総菜がよく並んでいた。焼き魚や煮魚、野菜の煮たものなど京言葉でいうおばんざいが並んでいた。家内工業の多い街では、女も男と一緒に働くから料理に手などかけていられないのである。大阪でも大阪駅西の福島地区は、昔から機械工具を扱う小規模の卸業者が集積したところである。家族と少数の使用人（かっては従業員といわずにそういった）といった小規模の商売である。そこによくはやる関東煮き屋があって、夕食の時間になると、どこからか鍋をもって関東煮きをまとめて買いに来る。これなども中食である。

ものを食う人間に二種類の人種がある。一つは、何を食っても頓着しない人種である。どうせ消化されればなんでも一緒、という科学主義的啓蒙主義者である。ぼくの知り合いに教養豊かな高級インテリがいる。そのインテリは、食うものにこだわることを馬鹿にして何を食っても消化すれば一緒だと宣った。この手の人種は、ハンバーガーをコーラで流し込みビタミン剤とサプリがあれば生きていけるたぐいである。

もう一つは、食い意地の張った人種である。この人種の中には三種類ある。家庭で料理をしない時代は、空前のグルメ状況を生み出した。雑誌のいたるところにグルメ情報、テレビはグルメ番組満載である。グルメというフランス語はなかなか日本語に置き換えにくい。フランス語には、食い意地の張った人種を表す言葉にグルマン、グルメ、ガストロムという三つがある。

グルマンというのは、大喰らいのことである。ブリア・サヴァランの『美味礼讃（美味の生理学）』に牡蠣なら一グロス一四四個は食べるという記述がある。この手合いがグルマンである。訳せば健啖家ということになるのだろうか。

その次が、あの店がよいという評判を聞くと並んででも食べる。懐に余裕のある階層だと、予約を取るのに一年待ちというたぐいの高級店に予約を入れる。あの店に行った、あの店にも行ったということが自慢の種になる。こういう手合いがグルメであり、この手合いが消費しているのは、料理ではなくて情報である。

もちろん、グルメは今に始まったことではない。サヴァランは、フランス革命の混乱の時アメリカに逃れ、とった杵柄《きねづか》でレストランをやり、フランスが落ち着いた時期を見計らって、パリに戻り街場のレストランを開いた。これは、高級料理を宮廷、貴族の厨房から市民社会に開放した濫觴である。デンマーク映画で「バベットの晩餐会」というのが評判になったことがある。グルメ映画というのでメディアが盛んに取り上げた。設定は、パリコミューンの混乱を逃れてユトランド半島のプロテスタントの教会に身を寄せた女性料理人を主人公にしたものである。映画の中の回想に、評判の料理人バベットの料理を食べたくて通うグルメが出てくる。

日本では、一六五七年の明暦の大火（振袖火事）以降、江戸でうどん屋や蕎麦屋がはやり、一八世紀に入ると寿司屋、仕出し屋が市中いたるところにでき、その世紀の終わりごろには、料亭が出現するようになった。その双璧が深川洲崎の升屋と浅草山谷の八百善であった。この事情は、川上行蔵の『日本料理事物起源』（岩波書店、二〇〇六）が記すところである。升屋や八百善には、文人墨客が足しげく訪れたということである。料理屋の番付表も出たそうだから、グルメブームのはしりということになる。ただし、このグルメは、江戸や大坂など大都市の一握りの金持ちに限られたことで、今日のような一億総グルメ化、猫も杓子もグルメというのとはわけが違う。今こそグルメ時代である。

最後にガストロノムがくる。これは先ほどのサヴァラン、日本でいえば、村井弦斎のような人物である。村井弦斎は啓蒙家であるが、いささか道徳説教家くさいところが鼻につく。このガストロノムは、食材の知識にも調理法にも通じており、自らも調理もし、場合によっては食材の生産もする。日本語で、グルメとガストロノムを訳し分けるのが難しい。どちらも食通とか美食家と訳されたりする。それらの訳語にフランス語が持っているニュアンスの違いは現れない。したがってこの二つはカタカナ語を使うしかしようがない。

都市化、共稼ぎの広がりによって、食材の消費構造が変化している。この点を考慮にいれて魚の消費の在り方を考えなければならない。

料理人の役割

ここで料理人というのは、料理屋で包丁を握る人だけをいうのではない。中食、外食が増える中で各種食材や総菜を開発製造する人々も料理人という。また、専門家教育の調理師学校だけでなく町の料理教室の先生も料理人である。

専業主婦が家事を一切担う生活様式は、過去のものである。女性が仕事を持つようになると家事の省力化が不可欠になる。家電製品がそれを担ってくれる。掃除や洗濯は機械任せにするのが容易だが、料理はなかなか難しい。そこで、中食や外食がはやるのである。とりわけ昼の食事は、仕事柄外食に頼る人が多い。そうなると、各種飲食店でランチを提供する。大都市では競争が激しいから、料理人もメニューだけでなく食材の開発までしなければならない。

弁当はよく熱を通す必要があるから、フライ物が多い。いつまでもアジフライとイカのリング揚げというわけにいかなくなると、新しい食材の開発が進められることになる。脂ののった白身のフライを食べて、これは何かと聞くとギンダラという。いつの間にか、メルルーサという輸入食材がギンダラという名前であたらしく総菜に加わる。こういうことは日常茶飯事である。コンビニ弁当を開発するコンビニの料理人、大手仕出し屋の料理人も大きな役割を果たしている。少し高級なデパ地下の総菜売り場は、大手の料亭が中食を提供する。

近年は、大きな小売店が、鮮魚だけでなく、総菜の販売に力を入れている。関東圏では魚力、関西圏ではくらコーポレーションなどが有名である。後者は、網ごと買い付け、今まで市場性がないという理由で土地でわずかに消費されるか廃棄されていたものまで、付加価値をつけて販売している。鮮魚店の中食化が進んでいる例である。

また、大手水産会社の仕入れ係は、世界中からこれといった食材を輸入する。これらの料理人が今日の食生活で果たす役割は大きい。彼らが日々、新しい総菜の調理法や食材を開発している。彼らのビジネス感覚に適合的な魚が重宝される。世界中から有用な食材が輸入される。カレイの煮つけに北大西洋のからすがれいが当たり前のように使用されている。

資源の枯渇問題

ジャーナリズムは、季節ネタのように、ウナギのシラスが減ったと書き立て、サンマが獲れなくなったといい、マグロが小さくなったと騒ぐ。資源枯渇問題は、濫獲、海水温の上昇、潮流の変化など、社会的諸力、自然環境の変化などいくつもの要因がある。

二〇一七年二月六日の日経新聞朝刊は、日本近海でクロマグロの密漁が横行していると報じている。漁業協同組合の資源管理が甘い、もっと政府の管理を強化すべきだという意見を載せている。『象』の75号で書いたことだが、二〇一四年に鳥取県境港を訪れた折に考えた境港旋網漁業協同組合のクロマグロ資源管理は杜撰だ。

漁業資源も森林資源もそうだが、伝統的に日本では、資源管理をボトムアップ式でやってきた。それに比べて、ドイツの森林資源管理はトップダウン型だし、北大西洋東側漁業資源管理もトップダウン型だ。日本ではなかなかトップダウン型にならない。このことも注意深く考えてみなければならない問題だ。

今年も春になったので、伊勢湾、三河湾のコウナゴ漁を楽しみにしていた。ところが、去年に続いて今年も禁漁を決めたそうである。試験的に網を入れたところ資源の枯渇が著しいとのことである。やむを得ない決定であろう。神戸に住む友人にそのことを伝えたら、姫路では今年はイカナゴ祭りを中止するとのことである。イカナゴ＝コウナゴの資源枯渇問題には、濫獲だけでなく海水温の上昇が絡んでいるかもしれない。資源枯渇問題は世界的な現象である。複雑な問題が絡んでいるのだろう。

漁船の問題

漁業を考えるうえで無視することができないこととして、漁船の問題がある。名古屋から紀伊勝浦に向かう紀勢線の途中に紀伊長島を通る。この辺りは海岸線を通る。いつもの景色の中に造船所が見える。漁港の近くには造船所なり鉄工所がつきものである。境港の近くには少なからず造船所や鉄工所があった。境港はカニのかご網漁、イカ漁、悪名高いマグロ巻き網漁が盛んなところである。これらの漁に従事する漁船の修理に造船所、鉄工所が必要である。ぼくが泊まったホテルの隣の部屋に住んでいる男は、北海道からきて鉄工所に勤めているということだった。

漁船というのは、魚を獲る作業にとっていわば土台をなしている。漁船は海や川の上で作業する漁師を乗せるものであるだけでなく、漁具を装備し、獲った魚を保存する容器の役目も果たす。港と漁場とを往復する運搬・移動手段でもある。この漁船を作る過程に関しては、先に挙げた諸問題と少し様子が異なるので、どう考えていったらよいか正直なところ分からない。しかし、漁港の近くに立地しているということで、地域との関係が深いから無視することはできない。できれば考えてみたいと思っている。

最近興味深い本を読んだ。濱田武士著『弁甲材の経済と産業システム—国内唯一のブランド造船材の盛衰、昭和40年代の姿—』（日南地区木材協会、二〇〇九）と『伝統的和船の経済—地域漁業を支えた「技」と「商」の歴史的考察—』（農林統計出版、二〇一〇）である。和船の技術とその材料の木材についての研究である。この山海往還の趣旨によく合うので興味深く読んだ。この本は、造船と地域の関係を興味深く描き出している。折に触れて参考にすることになるだろう。

漁業問題にどこから切り込むか

魚をめぐって、消費者の行動、料理人の在り方、小売りを通してうかがわれる流通の問題、漁師の魚の獲り方、資源管理の在り方、環境変化の問題、どこから切り込んだら全体が見えるか。なかなか難しい問題が立ちはだかっている。この山海往還の連載で、林業の場合も山で生きる人の生業としての林業がどうしたら成り立つかを考えてきたのと同じく、漁業も海で生きる人たちの生業がどうしたら成り立つかを考えてきた。つまり、あまり資本主義的な林業や漁業を考えていない。

余談であるが、かつて、仕事のあと仲間と一杯やりに行くとき、チェーン店にいこうとすると、ぼくは資本主義の店は嫌だといって仲間に入るのを断った。そうすると若いのが、あほな年寄りは資本主義社会に生きているくせに資本主義は嫌だといっている、と馬鹿にした。資本主義の対抗概念は、社会主義や共産主義だけではない。個人主義や家族主義もれっきとした資本主義の対抗概念である。ぼくが好きなのは、家族経営か、雇人が少数の店である。経営者が自ら材料を吟味して熟練の腕で納得のいく仕事をする店を、資本主義でない店という。つまり、漁業も、大きな資本が巨額の投資をして営む漁業ではなく、沿岸漁業で獲る地魚を扱う漁業がいい。そんな希望はロマンティックな夢に過ぎないと批判されるかもしれないが、そうではない。地域の生産と消費がバランスをとって循環しているのが好ましい。地域と地域のネットワークが大きな国民経済につながる。画一的巨大市場に包摂される経済が近代的で合理的な経済というわけではあるまい。

首都圏には日本の人口の三分の一以上の胃袋がある。それに応えるためには大量の魚が必要である。魚も大量生産大量消費の時代である。当然多獲性魚種が求められる。沿岸の地魚は供給量が不安定であるから、首都圏の需要にこたえることができない。首都圏のベッドタウンでも東京湾沿岸で、漁港が近く、近所の魚屋でてでかむイワシ〔手に噛みつくほど新鮮だという売りことば〕が入手できるところならいいが、そんな恵まれたところはそうはない。そんな沿岸漁業に期待をするととてもコストがかかって庶民では手が出ないということになりかねない。タイのブランドといえば、明石鯛が有名である。鳴門海峡で一本釣りの漁師が獲ったものを、明石漁港の仲買いが一匹ずつ見極めて今日得意先に持ち込むか、明日持ち込むかを決める。仲買人は目利きである。料理人は仲買を信用して仕入れる。時々、グルメ番組で、親方が毎朝市に出かけて自ら良いものを選ぶのだというシーンがある。これは、親方が魚の勉強に出かけるか、安くあげたい大衆店のやり方である。明石鯛のような手間のかかったものは、京都か大阪の超高級店でしか扱えない。もちろん航空便で取り寄せる東京の超高級店もある。一般的に、料理店の食材費は、二割から三割の間といわれている。サービスに人手がかかる結婚披露宴などは二割くらい。サービスに人手をかけない、店や什器の減価償却費もあまりかからないようなところは、三割くらい。庶民でも手が届く価格といえばそれほど仕入にコストをかけることはできない。

沿岸の漁港と消費地が近いことが大切である。そうなると、グルメ情報にある日本中の、場合によっては世界中の魚にありつくことはできない。遠隔地の魚は、塩干ものか加工品あるいは旅先でしか口にしないというのが当たり前なのだが、メディアが報じると北海道のものであれ、九州の端のものであれ、どうしても食べたくなるのがグルメである。こんな消費行動がなくならない限り、魚のまともな流通はなくならない。そうかといって、土地の魚を土地で消費するといっても、過疎化が進む地域ではせっかく魚を獲っても売れないというジレンマに陥る。

漁業問題を考えるとき、消費者行動、流通の問題、生産者の行動、資源管理の問題、どれも独立した問題でなく複雑に絡み合っている。それに生産者の行動に関しても、ぼくは魚の獲り方をよく知らないし、魚の種類による網の違いもよくわからない。これからぼちぼち勉強しながら問題を解きほぐしていかなければならない。

養殖には、立ち入って考えないことにする。今では魚の供給に養殖が無視できないのだが、まずは、採取漁業(exploiting fishing)について考えてみることにする。林業や漁業と農業との違いは前二者が採取型産業であるのに対して、後者は栽培型である。農業は土地を耕す。そのために地下の生態系が破壊されるので肥料も農薬も必要になる。しかし、林業では農薬も肥料も使わない。地下の菌類との共生で育ち肥料も農薬もなしで育つ。漁業でも釣るのに餌を使うが、海の魚を大きくするのに餌を与えることはない。今のところは採取型産業に関心があるので養殖漁業は関心の外にある。

四国の海

二〇一六年六月に、室戸岬から土佐清水、さらに愛媛県の宇和島まで、漁港と水産物の加工の実態を知りたくて少し見て回った。宇和島では名産のじゃこ天を見に行きたかった。宇和島に行くとじゃこ天屋がたくさんあって、それぞれの店で手前みそのじゃこ天を宣伝している。原料は蛍じゃことという深海性の小魚である。宇和島の田中蒲鉾という店で蛍じゃこの写真を見せてもらった。背の赤い体長一二センチくらいの小魚である。よく脂の乗った魚で、じゃこ天にするとうまい。この魚は、はやりの高級魚のノドグロに似ている。ぼくには何を好んでノドグロのような魚を珍重するのかわからない。じゃこ天は少しあぶって素のままかショウガ醤油で食べる。脂の乗りがいい実にうまいものだ。このじゃこ天、どの店でも大量機械生産もので一枚一〇〇円くらい。蛍じゃこ一〇〇%のものが一六〇円くらいであった。何軒か店をめぐって食べ比べた。揚げたてを売っている店もあった。じゃこ天一枚一〇〇円から一六〇円というのは高い。家庭で日常的にバクバク食える価格ではない。町を走っているとじゃこ天の広告が明らかに観光客相手になされていることが分かった。宇和島のじゃこ天は、観光客の土産物か、遠隔地への贈答品かである。名古屋のスーパーでも宇和島のじゃこ天が三枚一〇〇円で出ていることがあるが、これは、うまくない。きっと、原料に蛍じゃこをわずかしか使っていないのかもしれない。

じゃこ天を見る宇和島までの途中で土佐湾沿岸の小さな漁港を見て回った。小さな漁港に、数トンの小さな沿岸漁船が停泊している。漁協が集約化されたので、それぞれの漁港で水揚げされているわけではない。だが、市場性のない小さなものか少量のものが、近くの道の駅というかスーパーで売られていた。新鮮とはいえ、サバの稚魚、八センチかそこらのものを見たときには驚いた。珍味なんだろうか、獲れたから並べたというのだろうか、わからない。

高知市に、大橋通という、魚屋、八百屋などが並ぶ生鮮食品の繁華街がある。そこに池澤という老舗の魚屋がある。むかしに比べて、盤台がぼくの印象で三分の一くらいになっている。ぼくより少し年かさの女将にさみしくなったねと話しかけたら、本当にさみしくなった、「私が嫁に来たころは、料理屋相手の掛け売りではなく、現金取引だけで、一日二百万円売り上げることもあったのよ」、と昔を懐かしんでいた。カツオのたたきで有名な土佐でも、家庭での魚離れが進んでいるのだろうと思った。池澤の向かいにむかしは市場があった。そこに川魚を扱う店があって、四尺幅ほどの盤台にウナギのかば焼きがどさっと載っていた。ちょうど養殖と天然が半々くらいであった。その店で、どちらがよく売れると聞いたら、養殖がよく売れるということだった。魚の養殖問題を考えるときに念頭に置く必要がある事情である。ウナギに限らず、天然物はどれもうまいとは限らない。時期と餌の関係でうまくないものがあるのが当たり前だし、いつでも消費者の求めに応じて必要なだけ提供できるわけではない。土佐湾沿岸の小さな漁港と魚売り場を観察して、漁港に近いところでも、魚を好んで食べているわけではないことを実感した。

荒れ果てた国土

山で仕事をしていた人が、嵐のような拡大林業が終わってみて、働いてきた山を今見返してみれば、黒っぽい単色の山に、なんとも情けない思いをしている、ということは、宇江敏勝の一連の本でわかる。戦後の復興、高度経済成長期に苛められた山以上に苛められたのが川や海である。日本各地で、川漁師が生業として成り立っていたのは今は昔の話。

海も今はかなりきれいになったとはいえ、海岸、海底の形が変わったので海の能産力（fertility）は著しく衰えたところが多い。以前に書いたことだが、生産力という概念は、人間の自然から有益なもの＝使用価値を引き出す能力である。生産力が低い歴史段階では、自然は無限の可能性を秘めているものと考えられた。次号で考えるヨーロッパのニシン、タラ漁がこの事情をよく物語る。機械化、情報技術の発達で人間の生産力が自然の能産力を著しく上回るようになった現代では、生産力という概念だけでは人間と自然との関係を把握することはできない。資源管理の問題は、自然の能産力と人間の生産力の均衡の問題である。

小宮山宏という環境工学の専門家が新聞のインタビューに応えて、日本はエネルギー資源と材料資源の自給を目指すべきだという趣旨のことをいっている（朝日新聞朝刊、二〇一六年一一月五日）。インタビュー記事だからどこまで真意が伝わっているか定かではない。またぼくは彼の著書を読んだことがないので、無責任なことをいえないが、趣旨は我が意を得たりという感じである。ここ数年いいつのってきたことの同志がいたと思い、心強く感じた。

資源自給国家を目指すためには、国土の能産力を奪った戦後の公共事業を反省して、もう一度国土を作り直す土木事業が必要だ。それには、現在の人口配置も見直さねばならない。首都圏に人口の三分の一以上集積しているのは異常である。とりわけ、東京は大深度地下帝国と天空都市になり果てている。コンクリートの耐用年数が来たらどうするのだろう。メンテナンスだけでも巨額の費用が掛かるだろう。人口を分散させて大深度地下や天空まで開発しなくてよい国土の利用を考えるべきでないか。

林業と並んで漁業も生業として成り立つ可能性を考えてきたが、漁業の問題はまだまだ考えてみなければならないことが多い。次号から漁業の実態とあり方を考えることにする。

続 山海往還 その6

大きな魚は小さな魚を食う

ブリューゲルの版画に大きな魚が口から腹から魚を吐き出している絵がある。教科書などを通して何度かだれもが目にしている絵だと思う。風刺画であるから、その寓意を探るのが普通である。ぼくは、これは何を風刺しているのだろうかと思うだけで深く考えたことはなかった。原稿を構想しながら、突然この「大きな魚は小さな魚を食う」絵のことを思い出してしみじみ眺めてみた。絵の真ん中にとてつもなく大きな魚がいて、その腹を小男がこれも身の丈より大きなギザギザの入ったナイフを抱えて腹を割いている。そこから中くらいのから小さな魚までぞろぞろ出てくる。口からも魚がぞろぞろ出てきている。口や腹から出てくる中くらいの魚でも小男くらいの大きさだ。横たわって口から腹から魚を吐き出している大きな魚は馬鹿でかい。画面左側の木には、干物にするのか、中くらいの魚が頭を上にしてぶら下げられている。これも小男くらいの大きさである。それから推測すると、大きな魚は六メートルくらいあるだろうか。寓意画を見て魚の大きさをリアルに考えるのは的外れである。しかし、そんなことを思いついたのは、この魚、食欲の象徴として描かれているところを見ると、タラではないかと考えついたからである。

タラといえば、北大西洋ではニシンと並ぶ漁業資源の代表だ。「大きな魚は小さな魚を食う」というのはフランドル地方のことわざというから多分この魚はタラと考えて間違いないだろう。風刺画であるから誇張もあるので、とてつもなく大きく描かれたタラを嘘くさいとケチをつけても始まらない。ただ、日本でもヨーロッパでも近年のマダラの魚体は、平均で数キロ、四または五キロというところらしい。一〇キロを超えるタラは珍しい。ところが、フィリップ・キュリー／イヴ・ミズレー著『魚のいない海』（NTT出版、勝川俊雄監訳、林昌宏訳、二〇〇九）によると、「かつてタラの寿命は二五年ぐらいで体重が一〇〇キログラム弱ほどに達することがあった。しかし、我々の時代ではすべてのタラは若い間に釣り上げられてしまい、こうした大物は姿を消した」（二五頁）とある。ブリューゲルの風刺画に誇張があるとしても大きく見積もっても体長一メートル、体重一〇キロぐらいのタラをあんなに大きく描くのは誇張が過ぎると思われるが、かつて、一〇〇キロ弱まで成長したという話を聞くとそれほどひどい誇張とも思われない。漁業問題を考えるとどうしても資源問題が気にかかる。しかし、この連載でかつて、勝川俊雄や片野歩の意見を参考に何度か資源保護の問題に触れたので、今回は別の視点から漁業問題を考えてみたい。もちろん、折に触れて資源問題にも立ち返るつもりである。

山と海をつなぐ漁船の問題

かつて沿岸漁業で一九七〇年代まで漁業に使われていた木造の和船は、山の木を使ったから、山と海をつなぐ役割を果たしていた。この山海往還の連載にうってつけなので和船のことを考えてみたい。ここでは、当然漁船のことを中心に考えるのだが、その前に近世の和船を振り返って造船と木材のことを見ておきたい。参考にしたのが、石井謙治著『和船Ｉ』と『和船Ⅱ』（法政大学出版局、一九九五）である。鉄道とトラック輸送が日本の物流の動脈になる以前は、物資の長距離輸送はもっぱら舟運に頼った。物資の集積地大坂と大消費地江戸を結ぶ菱垣廻船、樽廻船が有名である。千石船といわれる積載重量一五〇トンくらいの船が、幕末になると二千石くらいの船が大坂と江戸を往復した。それ以外に北前船など日本をぐるりと囲む廻船就航路があり、それだけでなく、蝦夷地、さらには択捉、三宅島、八丈島、朝鮮、琉球航路もあった。これらの航路を物資を積んで運んだ回漕船を一般にベザイ船という。漢字を当てて弁才船、弁財船と書く。当然数多くの大型和船が作られたから造船業も盛んであった。船大工の社会的地位も高かったといわれている。これらの和船にどんな材料が使われていたかを、『和船I』は、瀬戸内、東海、九州、北陸、山陰に地域分けして主要部材を列記している。船の一番底に当たる部分を「かわら」とか「こうら」というが、もともと骨を意味する言葉。元来骨、あるいは竜骨の漢字を当てていた。大言海にも詳しい説明がある。今では、航の字を当てている。ある船大工が、船の大元だという意味で舟偏に元を添えた漢字を造って当てていた。いつの間にか航が普通に使われるようになったということである。このかわらには、広くマツが使われたが、九州では、クスノキも、山陰ではツガも、北陸ではモミも使われることがあった。船の側面にはスギが、場合によってはヒノキ、マツなどが使われることもあった。帆柱は、もっぱらスギであった。それらの材は、造船所の近くの山から供給されたものと思われる。石井のこの本は、和船の造船、操船に力点を置いているので、造船材の生産、流通にはあまり記述がない。江戸時代瀬戸内の船大工の間で広く使われた飫肥杉に記述が及んでいないのはそのせいかもしれない。

漁船についてもっぱら参考にしたのは、濱田武士著『伝統的和船の経済—地域漁業を支えた「技」と「商」の歴史的考察—』（農林統計出版、二〇一〇。引用に際しては『伝統的和船』）。それと濱田武士著『弁甲材の経済と産業システム—国内唯一のブランド造船材の盛衰、昭和40年代の姿—』（日南地区木材協会会長川越耐介、二〇〇九。この本は、濱田の調査レポートを日南地区木材協会が私家版として印刷したものである。引用に際しては、『弁甲材』）。漁船は漁師を漁場まで運ぶ移動手段で、漁場につくと作業台＝プラットフォームになる。そして収獲が終わると魚の貯蔵庫にも運搬手段にもなる。この漁船は、小型船なら、現在ではもっぱらＦＲＰ（ガラス繊維強化プラスチック）になっている。木造がプラスチックにとって代わられるのは、一九七〇年代以降である。濱田によれば、一九七〇年ころから漁船にＦＲＰ船が登場し、一九八〇年には木造船を追い越す。つまり、一九八〇年ころまでは小型漁船は、木造船が優位であった。木造船は、沿岸漁業の小型船に限らない。第五福竜丸は総トン数一四〇トンの木造船で、ビキニ環礁までマグロを獲りに行った。第五福竜丸は江戸時代の千石船くらいだ。

濱田が道南地区の造船業を調査したら、漁港の近くの造船所の木材は、基本的に近くの山の木であった。木造船に使われる木材は多岐にわたる。船のどの部分の用材かを省略して数え上げると、ブナ、カツラ、ナラ、スギ、ケヤキ、マツ、ヒノキ、カエデ、クリ、アカダモなどがある（『伝統的和船』五五頁）。これらは、近くの山で調達したものである。スギは、北海道に天然のものがなく、植林のものはまだ若いので、青森あたりのものを使ったということである。いずれにしても実に多岐にわたる樹種が近隣の山から伐り出されて使われていたことがわかる。まっすぐな木が重宝される建築用材と異なって、造船材の特殊性から船体の部分によっては曲がった木が求められる。例えば、船の先頭部分、水押（みよし）には、反った木が必要になる。また、船体の横から圧力がかかるのに対応するための肋骨にも曲がり材が必要になる。これらは、山で適当な木を見つけて利用したということである。ラートカウの『木材と文明』にはヨーロッパでも自然の曲がり材を調達するのに苦労した話が出てくる。濱田によれば、小型の木造船を作るのにあたって、船大工は、特殊な曲がり材を手に入れるために技能のすぐれた伐倒作業者の協力を必要としたということだ（『伝統的和船』六一―六三頁）。造船には地域の木材を使うのが普通だが、特殊なブランド材に飫肥杉がある。

造船用に特化した飫肥杉

造船用の杉材を弁甲材というのだが、その弁甲材のブランドが飫肥杉である。弁甲材の産地、飫肥林業地帯とは、元来旧伊東藩の領土であった日南市、北郷町、南郷町、宮崎市の青島地区、木花地区、田野町、清武町、二市四町、串間地区にまたがる地域のことを指す。弁甲材は、この地域で育てられたスギから、造船用に加工された材である。

当地方は高温多湿で、スギが早く成長する環境にある。そのうえ、杉の苗は、ヘクタール当たり七〇〇―八〇〇本と疎植され（近年はヘクタール当たり二〇〇〇―三〇〇〇本の植栽）、さらには、間伐後の立木間隔も二間竿を振り回せるほどの間隔にして育林されてきた。そのことから肥大成長したスギが多かった。

この地方でこのような育林がなされてきたのは、造船材を作るための山づくりがなされてきたからである。造船材は、年輪や木質のきめ細かさや節の有無よりも、長さ、直径幅、耐腐性、柔軟性そして生節が求められる。そのため、脂分や赤身部分が多く、大径のスギを作るための育林が行われてきた。弁甲材は、肥大成長したスギから造材された材なのである（『弁甲材』一〇頁）。年輪幅の大きい木は密度が小さいので、浮力が大きい。これも飫肥杉の狙いである。

弁甲材は江戸時代、藩に現金収入をもたらす大切な特産品であった。近畿以西の各地に販路を持っていた。とりわけ瀬戸内の造船所は得意先であった。江戸時代の流通を支える運輸手段は回漕船である。江戸時代後期には海路を千石船が往来していた。今でいえば百数十トン余りの船であろうか。これらをはじめ各種の船を作るのに大量の飫肥杉が利用された。木造船の衰退とともに弁甲材に特化した飫肥杉は、建築用材に向かないので市場性を失って苦境に陥った。濱田の弁甲材に関する考察には、造船の技術論にとどまらず、地域産業と流通を含んだ総合的経済的ふくらみがある。そこが優れたところである。この特質は、のちの力作『漁業と震災』（みすず書房、二〇一三）の問題意識につながっている。

弁甲材という言葉は、特殊な言葉で広辞苑には出てこない。浜田は、弁甲の名前の由来に関する定説はないといっている。一つの仮説として、川越耐介の説を紹介している。川越は、弁甲は弁財船からきているという。弁財船とは、江戸時代広く廻船を指す言葉として使われている。弁押（ベンベシ）は古文書で確認されている語で、弁は弁財船から、押は上や横から押して使う材のことであるのでもと弁押材であったものが、押から手偏が取れて弁甲になった、というのだ。弁押という用語があったということから川越説はかなり有望かもしれない。船乗りや漁業に携わる人に関して弁財天に由来する言葉が使われてきた。日葡辞書にベンザシ（弁財使）という言葉が採録されていて、「漁師頭で、主人からなすべき仕事の指図を受ける者」「また、ある地方では、農夫頭」という説明をつけている。弁財天は、今では、音楽、弁舌、財福などをつかさどる女神である。元はインドパンジャーブ地方の河の神である。最も古い弁財天の記憶が残っていると見えて、弁財天は水に近いところにまつられることが多い。日本の五弁天といえば、安芸の宮島、大和の天の川、近江の竹生島、相模の江之島、陸前の金華山を指す（『広辞苑』）。いずれも水の近くにある。船に弁天が深くかかわっていることはこれで知れる。弁財船のための甲材と考えることはできる。そこから弁甲という言葉ができたとも考えられる。紀伊半島の熊野川の筏の流送に携わっていた中森叡からの聞き書きとして舟板に使う木を「弁太」といっていたことを宇江敏勝が記録している（『熊野川』新宿書房、二〇〇七、一四八頁）。

弁が船にかかわる言葉であることは間違いない。あとは、押か甲である。人と荷物を守る覆いという意味での甲を使ったと考えられないだろうか。

この弁甲材について考えるとき参考になるのが、弁財船である。べざいせんとよむ。ベザイというのがどこから来たかという問題に対して、確たることが言えないというのが、石井謙治である。ベザイに弁済、弁財、弁才を後から当てただけでベザイの語源はわからないといっている。かれは、「ところが、『広辞苑』(第二版増訂版)をみると、〈べざい〔弁済・弁財〕(中世、運漕を司った弁済使の名が転用されもの)北陸・東北・北海道の北前航路に当たる地域で用いられた三〇〇石から千石積の和船〉という説明に関して、「辞典としては、失格だと思う」(『和船I』一五四頁)と手厳しい。彼は、資料を丁寧に漁って裏付けをとりながら議論を進めるので、典拠のない憶測を排除するのだ。余談であるが、広辞苑には第二版増訂版というのはない。あるのは補訂版である。広辞苑が弁済使が日葡辞書に出てくるとしていれば少しは批判が和らいだかもしれない。広辞苑もこのベザイには苦労していて、初版から第二版で記述を大幅に変えて、補訂版、第三版、第四版と記述を変え、五版、六版で安定して「……江戸初期から使用された代表的和船の形式、ふつう千石船というのは、この型の船。船首に尖った舳(みよし)をもつのが特徴で、菱垣廻船、樽廻船もこのつくり」という説明になっている。水、船にかかわることに弁財天が広く使われていたと考えることができる。べんざいがなまって、べざいとなることは不思議でない。また、大言海には、「べざいてん」の項目にべんざいてんの略とあるから、そうするとべざい船は、船の頭に守り神の弁財天をつけたものと考えることもできるだろう。そうはいっても、江戸時代の船大工の残したものを渉猟して論証を進める石井謙治の議論に異を挟むのは、憶測といわれても仕方がないかもしれない。

船といえば、人や物を水上で運ぶ手段である。そう定義すると、果たして山から丸太をおろす筏は船かという問題が生じる。筏はそれ自身を移動させるものである。人や物を運ぶことを目的にしない。船の範疇から外れそうだ。しかし、ラートカウの『木材と文明』には、長さ四〇〇メートル、幅八〇メートルの筏が出てくる。シュヴァルツバルトの森からオランダまでライン河をゆっくり移動してくるそうだ。筏の上には、ホテルもあったという。こうなると、筏も船だということになる(一四七頁)。日本では、急流を下るからそんなことはできない。

さて、木造の伝統的和船には耐用年数がどのくらいあるか。石井謙治の『和船Ⅰ』によれば、弁才船で平均的に二〇年くらい。一二年目くらいに大掛かりな修理をしてそのくらいだそうだ。二〇年過ぎると危険度が高まるとのことである（二三五頁―二四五頁）。もちろん、もっと長持ちさせるものもいたかもしれない。熊野川を薪炭や山の産物を河口の新宮河原町まで運んだ団平船の寿命が五年から八年という（宇江敏勝『熊野川』）。漁船は使われ方が実に様々なので一概にいえないだろうが、そんなに耐用年数が長いとは思えない。ことあるごとに修理をしたり作り替えたりしていたものと思われる。漁村の近くの造船所は、切れ目なく修理と新造船に追われていたのであろう。そこには地域の産業としての造船業があった。それが、一九八〇年代を境に姿を消した。近代化の一コマであろう。伝統的和船のことはこのくらいにして、現代の漁業のことを考えてみよう。

日本社会はどのくらいの種類の水産物を消費しているか

末廣恭雄ほかが監修した『日本食用魚介藻大図鑑』（グラフ社、一九八二）によると、市場に出回っている水産物（加工品は除く）は海産魚二一四種、淡水魚三三種、エビカニタコイカ類一二〇種、海藻六五種、輸入魚六四種、合わせて四六九種となっている。平凡社の『食材魚貝大百科』（一九九九）の帯には、一四〇〇種の海産物を扱っていると書いてある。日経新聞二〇一七年七月四日朝刊に魚を下処理せずに丸ごと格安に飲食店に卸す「おかしらや」が扱う魚は、二〇〇〇種を超えると記している。四六九種から二〇〇〇種まであまりにも差があるので見当がつかないが、日本社会では多種多様な魚介類が消費されているものと考えられる。普通の日本の家庭にあなたのおうちでは何種類くらいの魚介類を調理していますかとアンケートをとると、両手両足の指の数を超える家庭は少ないだろうが、市場を介した種類はびっくりするほど多い。

輸入品もかなりあるだろうからそれを差し引いても、かなりの種類の魚介類が日本近海で獲られているものと思われる。その魚介類を獲るのにそれぞれの獲り方があるだろうから、それを考えると漁業問題を考えるのは途方もないことだ。ぼくは山の暮らしも海の暮らしも知らないので、もっぱら本に頼るしかない。どのようにして魚を獲るのだろうか。頼りになるのは、金田禎之著『日本漁具・漁法図説　四訂版』（成山堂書店、二〇一六）である。もっぱらこの本を頼りに魚の獲り方を勉強する。

日本の漁具・漁法

年間四〇〇万トン余りの魚貝を獲るのには、様々な漁法がある。漁法に伴った漁具がある。漁具から見るとまずもっとも広く使われているのが網。その次が針を使った釣り。そして、その他さまざまな獲り方がある。筒や籠、銁など、なかにはつかみ取りというのまである。それらを少し見てみよう。

まず、最も多様な、多くの魚を獲る網漁を考えてみる。網漁というのは、海の中に大きな口を広げた網を流して魚を獲るのと網で囲い込んで掬い揚げるのとがある。前者は、船曳漁法である。船曳漁の多くは底引き網である。船曳には、大型の船で操業するスケトウダラ漁でよく知られている遠洋トロール漁法がある。トロールには、底引きと中層表層操業がある。大きな網を大馬力で引っ張って魚を飲み込み、そして満杯になった網を船に引き上げる漁法である。底引き網は、さまざまのものがいろんな海域で使われている。五トンくらいの小さな船で網を引く漁師が手で引き上げるようなものもある。天草西海でタイ、イトヨリ、エソ、ハモ、カレイなどを獲る小規模のものがある。こういう底引き網は、機船の力で網を引きずり魚を網に飲み込むやり方である。これに対して打瀬網漁というのは、網を引くのに風の力や潮の力を利用するものである。高知県の西側宿毛湾で、エソ、アマダイ、コブイカ、タビエビ、イトヨリなどを獲る漁は、船が風を帆に受けてゆっくり移動するやり方である。かつて、霞ケ浦が豊かであったころ白魚漁のたくさんの帆船が風物詩になっていた。今では観光用にわずか出ているだけである。霞ケ浦の打瀬網漁の名残である。また、潮の力で網を動かすやり方もある。伊勢湾では、海の中に潮の力を受け止める帆を張って、それで網を動かす。これは、船を使わず、長さ七メートルの丸太に潮を受け止める帆を張る。一艘の船で三つくらいの網を管理する。タコ漁に使われている。

中層、表層の魚を獲る引き網漁もある。和歌山県紀伊水道一帯で行われるとんがらし網漁というのがある。これは、シラス、イワシ漁に使われる。細長い口のとんがった袋網を表層で流して獲る漁である。こういう網を流して袋状のところに吸い込む網漁に対して、魚を追い込んでタモで掬い上げるやり方もある。その一例が巻き網である。その中に鳥取県境港旋網漁協のマグロ漁業がある。昔はサバやアジを獲っていたが、獲れなくなったのでマグロに転身した。中・大型の巻き網である。網をぐるりと巻いてそれをだんだん狭めていって、追い込んだマグロをタモで掬い獲るという漁法である。未成魚のマグロまで取りつくすので近年規制が強化された。

敷き網というのがある。網を沈めておいて、その上に魚が来るとさっと引き上げるという漁法である。琵琶湖で、フナやオイカワなど小魚を獲るのに使われる。日本海の北の方でヤリイカ漁にも使われている。敷き網の代表的なものはサンマ漁だろう。サンマの敷き網漁は棒受け網漁といわれる。表層を泳ぐサンマが棒受け網の上に来ると手繰り寄せてサンマをタモで掬い上げる。

刺し網というのがある。魚が遊泳通過するところに網を張り、網に絡めて獲る方法である。秋田県のハタハタ漁は、刺し網を使う。刺し網漁は多様な魚種で採用されており、秋田県のブリ漁、山形県のタラ漁で使われている。三重県の車エビ漁、伊勢エビ漁も刺し網漁である。

定置網漁も広く普及している漁法である。一定の海域で魚が遊泳通過するところに網を仕掛けて返しのついた袋小路になったところに追い込みタモで掬い上げる漁法である。地域、魚種によってさまざまな工夫が凝らされ、多様な形状がある。大謀網が代表的なものであるが、実に多様な形状の網がある。大敷網というのがあったが、魚を誘導する開口部が広すぎてせっかく入ってきた獲物が逃げ出すので今ではほろんだ。逃げ出しにくくしたのが大謀網である。

原始的というか、タモで直接掬い獲る漁法がある。これを掬い漁法という。愛媛県瀬戸内沿岸で、カタクチイワシ、サヨリ、コアジなどを集魚灯で集めそれをタモで掬い獲る漁法である。神奈川県のウマズラハギ漁、千葉県のサバ漁などがある。

網に次いで普及しているのが釣漁法である。釣漁法とは、釣り糸と針を使用し、餌または疑似餌を使うものである。この釣漁法は、竿を使わないのと竿を使うのとの二つに大きく分けることができる。竿を使わないもっとも単純な仕掛けのものが手釣りである。釣り糸の振動を指先で感じ取り、魚が食いついたと察知したらぐいと釣り上げるという方法である。道糸は、数十メートルから百メートルになる。いかにも原始的に見えるが、値が高く付くマダイを専門にする漁師がこの方法で操業している。大分県の豊後水道、熊本県の天草の海、瀬戸内海の淡路島近くや紀淡海峡などでこの手釣りでマダイを釣っている。この釣り方だと生きたまま傷つけずに生簀に取り込み、浜で活魚の状態でセリに出すことができる。こうすれば、網でとったものに比べて十倍以上の値が付く。高級魚のマダイだからできることである。竿をなぜ使わないのかというと、利き手の人差し指の感覚がウキの沈みよりずっと魚のかかりを敏感に判別するからである。この手釣りは、マダイ以外にも千葉や新潟県のサバ、大分県のサワラ、北海道のマス、宮崎県のフグ、新潟県のアラ、山口県のアマダイなど日本各地の沿岸で、小さな船で操業する漁師が採用する漁法である。

竿を使わないけれど手釣りに比べてずっと大掛かりなのが、延縄漁法である。数百メートルあるいは一キロにも及ぶ縄に一定間隔ごとに枝糸をつるし、数百本あるいはそれ以上の針に餌をつけて一挙に釣り上げるものである。クロマグロ、マダイ、クロダイ、ブリ、フグ、各所沿岸近海の魚種に採用されている。網に比べて、魚の身の荒れが少ないから浜で高値が付く。手釣りに比べて設備が大掛かりになるので初期投資も経常コストも高くつく。

竿を使う漁法も網と並んで一般的である。竿を使う漁法の代表といえば、カツオの一本釣りである。広く竿釣りとして知られているのは、ブリ、マダイ、アカイカなどがある。石川県のブリの電気釣りというのがあって一瞬びっくりしたが、夜電灯の明かりでブリを寄せて釣り上げる漁法である。電灯の明かりが小さい場合は海中に電灯を沈めて使うのだそうだ。

雑漁業

魚を獲るのに網や釣り針以外の道具でする漁法をまとめて雑漁業というらしい。これには様々な漁法がある。例えば、空釣り。餌をつけずに釣り針を海底に一列に並べて引きずる。そうすると底魚がそれに引っかかって釣り上げられるという乱暴な獲り方である。したがって、かなりの規制を受けているとのことだ。

セン漁法というのがある。センは茶筅の筅だろう。もっとも古くは、柴や竹の枝を茶筅か箒の先のように束ねて、水の底に沈めて、暗いところを好むウナギ、アナゴ、カニ、エビなどを獲ったものと思われる。そのセンが、筒やつぼのようなものを総称するようになって、筒、つぼ、かごなどを使う漁法をセン漁法といったのであろう。

この漁は実に多種多様で、それぞれの漁場で昔からやっていた手法を少しずつ改良しながら今日に続いているものと思われる。愛媛県のコウイカのかご網漁では、かごの形がかまぼこ型のものもあれば円筒形のものもある。漁師がやりやすいように工夫しているのであろう。タコといえばたこつぼを想起するが、北海道のたこつぼ漁では、ブナ材の箱を使うところもある。こんな雑漁業の中で実にのんびりしたサンマの手づかみ漁というのがある。佐渡島に伝わるもので、海に米俵またはすのこを浮かべて、そこから藻を垂らす。海に浮かんでいる藻に産卵するサンマの習性を利用したものである。産卵に集まってきたサンマを、俵の隙間あるいはすのこの隙間から両手を突っ込んで抱えるようにして獲るのだそうだ。俵の下にタモを入れてすくい獲る方法もあるのだが、それだとすぐにサンマが警戒して逃げ出すのであまり長くやっていられない。思いもよらぬ天からぬーと手が伸びて抱えあげられるのは、お釈迦様でもご存じあるめえという感じの漁法だ。

漁具によって獲る魚がいろいろ違うという側面もあるが、同じ魚種でも異なる漁具を使う漁獲法もある。例えばブリは、定置網でも、巻き網でもまた刺し網でも、釣りでも獲る。したがって、魚種と漁具の組み合わせは千差万別である。

『日本漁具・漁法図説』は、B5判週刊誌大の大きさで六〇〇頁もある大きな本だ。日本近海の漁法なら網羅しているかと思ったけれど、宇和海の蛍じゃこの漁法も三陸沖のキンキの漁法も紹介されていなかった。それはともかくとして、サバやタイのように産卵期にはまずくて猫もまたぐといわれる。六月のタイは、麦わらダイといって身がスカスカであるから誰も獲らない。サバも三月から五月ころは獲らないし、体力が回復する八月ころから獲るのが当たり前だ。ところが、秋田のハタハタは産卵期に浅いところによって来るのを獲るのだし、先ほどの佐渡のサンマの手づかみ漁も産卵の習性を利用したものである。これはこれで仕方がないのだろうか、そういえば、小樽のニシン漁は産卵期の漁だ。どう考えたらよいか、専門家に聞いてみなければならない。

次号では、やはり資源問題をもう一度見直して、そのうえで、地域の産業としての漁業を考えてみることにしよう。

続　山海往還　その7

サンマがまずい

二〇一七年の秋、季節のサンマがまずい。魚屋の普通の値段のサンマが小ぶりで肩の張りがない。せっかくの季節のものだからと買ってみたが、案の定、脂の乗りが悪くうまくない。二〇一七年はサンマ不漁の年なのだ。日経新聞によると「二〇一七年一一月のサンマの漁獲量は約七万トンと過去五年平均の三分の一。年間水揚げ量は四八年ぶりの不漁となるのが確実な見通しだ」（二〇一七・一二・三〇）。サンマだけではない。スルメイカも不漁である。日経新聞によるとスルメイカは、一九九〇年代以降年二〇万トン前後で推移してきたが二〇一六年には六万八〇〇〇トン弱に減った。一七年は「四万七千トンと前年に比べ、二割減り過去最低だった」（二〇一八・〇一・二〇）。北海道のサケも不漁である。なんだかこの年はおかしい。さらに、一二年ぶりに黒潮が紀伊水道沖で大蛇行した。そのおかげで、初夏の風物詩であるカタクチイワシのシラス漁が三重、愛知、静岡などで大打撃を受けた。シラス漁の時期になると、観光客目当てに生シラス丼や釜揚げ丼を出していた飲食店があがったりである。

ところが、すしネタで最高級といわれるクロマグロが豊漁である。一〇月、一一月になると新聞は、三〇キロ未満の未成魚の定置網での漁獲量が、国際的に約束した五八〇トンを大幅に上回って、一〇月上旬で七七〇トンに達したと報じた。これでは来年度の漁獲枠を減らさなければならない。この獲れすぎのクロマグロはほとんどが北海道の定置網にかかったものである。大量の未成魚が北海道に回遊したものと思われる。新聞報道の写真を見ただけであるから本当のことはわからないが、どうも、マグロがスマートである。よく脂の乗ったブリが、頭の先からしっぽの先までの長さが一メートルで大体一〇キロくらい。それに比べてマグロは紡錘形をしていて一メートルもあれば優に三〇キロは超える。どうもこの年のマグロは栄養失調のような気がする。実際魚屋に出る青森、北海道の本マグロの脂の乗りが悪い。誇張した言い方をするとぱさぱさな感じだ。この時期になると本マグロの赤身でもねっとりとした感触があるものだがそれがない。不漁のサンマ、イカと豊漁のマグロのバランスがうまく取れていないからなのだろうと思った。

捕食者と被捕食者との均衡の問題

二〇一七年の夏に三陸沖でウニの大繁殖が話題になった。結構なことのように思われるが、ウニを割ってみるととても売り物にならない痩せたウニばかりである。そして海底を観察すると海藻が食い荒らされて岩や砂地が露出したしろやけが目立つというのである。つまりウニが大発生し、餌の海藻を食いつくしてウニ自身がやせ細ったのである。捕食者であるウニと被捕食者である海藻の均衡が程よく保たれているときは、海藻も茂り、ウニの実入りもよいということになる。こういう捕食者と被捕食者との均衡とその崩壊、そして新たな均衡という事態は、自然界で一定の周期で繰り返されることである。漁業問題で豊漁の年と不漁の年が何に起因しているかなかなかわかりにくいことがある。サンマの不漁が餌との均衡の問題なのかどうかわからない。

三河湾のアサリが不漁

愛知県は日本でも有数のアサリの生産県である。このアサリが二年続けて不漁である。これには三河湾特有の事情があるといわれている。アサリの産卵は春と秋にあるが、生まれたばかりの浮遊生活の時に三河湾の潮の流れに乗って、豊川河口の六条潟に流れ着く。そこで粘液を出して砂地に絡んで豊かなプランクトンを食べて育つ。そこで育った稚貝を三河湾のアサリ漁師に分配して、各地の生育場で育てる。ここで二、三年育ったアサリは三、四月になると殻から身がはみ出すくらいに太って柔らかな旬のアサリになる。ところが台風が六条潟の上を通ると稚貝が巻き上げられてどこかに行ってしまい育つことができない。これが、愛知県産のアサリの豊漁・不漁の大きな要因だといわれている。さらに今後どうなるかわからない要因がある。豊川上流にダム建設の計画があって長らく塩漬けであったものを、愚かな県知事がゴーサインを出して建設が始まるそうである。そうすると六条潟に豊かなプランクトンが供給されなくなってアサリの生育に大きな影響が出るものと思われる。

三河湾、伊勢湾で、二年連続でイカナゴ漁が禁漁になった。試験操業で、資源が貧弱であることが分かったからである。これの原因はよくわからない。資源保護のためには慎重に対策を練るしかないのである。魚は一度に多くの卵を産むから繁殖力が旺盛だと思われるが、水中に卵を放出してそれに精子をかけるのであるから、効率が悪い。例えばイカナゴの個体の数が減ると産卵期に卵が精子に出会う機会が減り受精卵は少なくなる。そして運よく受精しても卵を捕食するものが待ち構えているから、よほど多くの卵が受精しないと種を維持することができない。大きな哺乳動物は子供の数は少ないが成長する確率が高いから種が維持できている。乱獲によって個体の数を一定の数より減らしてしまうと資源の回復は著しく難しくなる。北海道日本海側のニシンは産卵期に獲りつくしたから、資源回復が極めて困難な状況になったと考えるのが妥当だろう。

二〇一七年は名古屋の魚事情は悪く、アサリもイカナゴもシラスにも恵まれない。遠隔地からくるサンマもスルメイカも本マグロもよくない。そんな中で、マイワシだけは丸々と太ってうまい。マイワシ豊漁の年である。冒頭で日経新聞を引いてサンマが不漁と書いたが、その同じ記事に「海は数十年おきに温暖期と寒冷期が入れ替わる。温暖期にはサンマ、スルメイカ、カタクチイワシなどが増え、寒冷期になると入れ替わるようにマイワシが増える傾向にある」。海の温暖化と寒冷化の入れ替わりとは別の地球温暖化の要因があるので、今年が寒冷期に当たってマイワシが増えているといえるかどうかわからない。

人間は環境の関数か

自然現象の前には人間は非力な存在で環境の変化を運命として甘受するしかない、こういう考えはいかにも自然の大きさを自覚したような考えだけれど、環境史が明らかにする歴史では、人類が農業を始めて権力を築くようになると、自然環境に大きな影響を与えるようになる。人間は自然環境の変数になるのだ。地中海貿易で栄えたフェニキア人は、レバノン杉を伐りつくすことでレバノンの砂漠化を推し進めた。西アジアのヒッタイトが本格的に使い始めた鉄は、周辺の森を砂漠に変えた。春秋戦国時代の古代中国の思想的枢軸は、環境問題であった。強大な権力は競って豪壮な都市建設を行い、黄河流域を黄土むき出しの土地に変えた。古代以来、権力が大きな時代は、自然環境に対して人間が変数として働いてきた。この自然環境に対する変数としての人間の働きが、一八世紀半ば以降の農業革命やそれに続く一九世紀の産業革命ほど大きなものはかつてなかった。産業革命以降のヨーロッパに始まる人口爆発、そして二〇世紀の非ヨーロッパ地域での人口爆発は、現在世界人口を八〇億に近づけている。この人口爆発は地球環境に大きなストレスを与えている。

農耕を始めて以来おおよそ一万年の文明史のなかで、これほどの人口爆発はたかだかこの三〇〇年足らずの間に起こったことである。この間に人類は、自然環境に大きな影響を与えた。一例をあげると、冷媒として画期的な発明だと思われたフロンガスがある。この化合物は、化学的に極めて安定していて、よほどのことがない限り他の物質と化学反応をしないので冷媒としてうってつけの発明品であった。冷凍庫や冷蔵庫、エアコンの取り換えに冷媒が漏れても何の問題もないと考えられた。しかし、このフロンガスが大気中に漏れ出ると、空気より軽いので大気中を上昇してオゾン層に至る。そうすると強力な紫外線で分解されて、塩素が発生する。その塩素がオゾン層を破壊してオゾンホールを開け、地球上に大量の紫外線が降り注ぐようになる。これは皮膚がんの原因になるというので大騒ぎになって、代替フロンが使われるようになった。ところがこれは何と二酸化炭素より強烈に大きな温室効果があるというのでその使用が禁止されることになった。この事例に見られるように、人間の産業活動が環境の変数になっている。人間は環境の変化に耐えるだけのか弱い存在ではなく環境の変数でもあるということだ。

漁師はか弱い存在か

漁業にとって環境の変化には複雑な要因が絡み合っている。長期的な海流の変化、中短期的な海流や海水温の変化。たとえば日本近海の海水温は、南米チリ沖の海水温の変化に起因するエルニーニョ現象やラニーニャ現象に影響を受ける。また、周期的におこる捕食者と被捕食者の均衡の破壊と再均衡の問題もある。先に、三陸沖のウニと海藻の均衡の問題を見たが、サンゴ礁の海でもオニヒトデがサンゴを食いつくしてサンゴ礁のしろやけが起こる。メディアは大騒ぎするけれど、サンゴを食いつくしたオニヒトデは、餌がなくなり衰退していく、そうすると、サンゴが復活する。自然界における均衡というのは、不断の不均衡の中の観念上のというか想像上の均衡でしかない。これは経済学教科書が教える均衡価格というのと同じ現象である。

漁師にとっての漁業環境には、月と地球の関係から生じる潮の満ち干、地球の固有の運動から生じる様々な海流や海水温の変化等々がある。これらは漁師にとってはいかんともなしがたい所与、運命である。しかし、環境変化の変数としての人間のさまざまな産業活動がある。このばあい人間は環境に変化を与えている能動者である。漁師は、人間という集合体の一員としては環境の変数でありながら、個々の漁師としては、環境の関数として運命を粛々として甘受するか弱い存在である。このことを漁師という経営者、商売人の立場から考えてみよう。

事業主にとって商売がうまくいくかどうかは、一に経営手腕にかかっているとはいえ、どうにもならない景気という雰囲気があって、運任せという側面があることを無視することはできない。もちろん、経営者として、及ぶ限り合理的経営判断を尽くしたうえでなお残る運を甘受せざるを得ない。これが漁業者となると長年の経験で蓄えた知見と最新の科学的知識を駆使して漁に臨んでも、魚が獲れるときもあれば獲れない時もあるという不確定要因が大きすぎる。個々の漁師としては、運命を甘受するだけのか弱い存在に過ぎないから、いきおい、獲れるときにとってしまえという誘惑から逃れるのが難しい。個々の漁師も漁業環境の変数でもあるという自覚があれば、持続可能な漁業に取り組むという合理的経営感覚が磨かれるはずだ。日本で漁獲枠が規制されている魚種は、二〇一七年末現在で七種ある。つまり、サンマ、スケトウダラ、マアジ、マイワシ、マサバ・ゴマサバ、スルメイカ、ズワイガニである。それに、二〇一八年一月から太平洋クロマグロが加わった。クロマグロの資源保護に本格的に取り組む時代が来たかと思われる。大西洋クロマグロは資源保護の規制が効果を発揮して近年漁獲枠が年々増えている。大西洋では、未成魚の漁獲は全面的に禁止されている。ところが日本では、未成魚の捕獲は全面禁止されていない。これでは、資源保護の効果は期待できない。

シラスウナギの漁期は一一月から二月ころまで、今年のシラス漁は歴史的不漁。最盛期の一月半ばで一トンに満たない。日本の養鰻業者は台湾や中国からシラスを輸入して池入れしているが、台湾や中国でも今までにない不漁が続いている。今年の夏のウナギ報道は悲鳴に近いものだろう。

天然魚の漁獲が減っているからといって、それを海洋の能産力に頼らずに完全養殖で切り抜けようとするのにはどうしても賛成しかねる。先日もテレビのニュースで、筋肉ムチムチの養殖ダイが取り上げられていた。なんと筋肉の成長を抑制する物質をのぞいたタイだそうだ。きわめて歩留まりの良いタイが生産できるということである。目の周りの筋肉も盛り上がって奥目のタイが映し出されていた。気味が悪いとしか言いようがない。今に、かまととならぬ柵だけのマグロやタイが養殖池から水揚げされるのではないかという悪夢を見てしまいそうだ。

終わりに

今回いちど掲載を休もうかと考えた。読みためた資源問題の本を参考にするつもりだったけれど、体調が悪いので新聞の切り抜きをもとに思いつくことを書いた。二〇一七年はやせて筋肉が落ちた結果鼠径ヘルニアになり、秋に手術をした。これは簡単な手術でなんということはなかったが、一二月に風邪が元のひどい下痢で熱中症に罹った。一四日、あまりに気分が悪いので、やっとの思いで駆け込んだ病院で急性気管支炎と急性腸炎という見立てで緊急入院。転倒、転落による骨折を回避するために二四時間ベッド生活という方針のもと診療、点滴、食事、排泄の一切をベッドの上でするということになった。その方針を受けて、病院スタッフはぼくをみぐるみはいで紙おむつにしようとした。ぼくは苦しい中必死で抵抗して、ベッドサイドにポータブルトイレを置いてもらうことにした。初めて紙パンツで過ごした。数日で急性肺炎は収まり、残るのは腸炎だけ、これも十日ほどで収まったのだが、血中酸素が今一つ不足しているという理由で、酸素吸入を続けながら三〇日まで入院。家に帰ってもふらふらして伝い歩きでしか手洗いに行けない。正月一〇日過ぎてもどこかボーッとしてしっかり歩けない。とても一人で外歩きできない体調だ。

ぼくがお世話になった病院は、ベッド数四〇の地域医療に力を入れている病院である。病院というのは、病気なりけがで日常生活がおくれない人を治して日常生活に戻れるようにするところである。ところがこの病院の入院患者の六割以上は介護入院しているようであった。どうも介護施設と病院とを兼営しているようだった。このようなことが制度上どうなっているのか知らないが、そんな印象を受けた。入院当日空いたベッドの隣の住人は、自らの力で食べ物を飲み下すことができないので、一日中数時間おきに食道の吸引と口の中の洗浄を行っているようであった。苦しいと見えて抵抗するのを看護師が我慢してくれと声をかけながら処置していた。夜中も苦しそうなうめき声と数時間おきの吸引があるので、おちおち眠れない。この階は実ににぎやかな住人の多いところで、夜暗くなると間欠的に奇声をあげるのがいる。やっと九時半頃か一〇時頃になると静かになる。睡眠導入剤が効き目をあらわすのである。そうかと思うと朝八時の食事時間の一時間前から看護学校の実習生の一人が、仕事として、一時間かけて朝食時間に合うように目覚めさせる役目を果たしている。ある実習生に声を掛けたら、「さあ、これから戦いだ」と武者震いしてその住人のところに向かっていった。

　三日目に四階にベッドが空いたので引っ越し。なんと夜中の二時ころ。この病院ではぼくは一日中ベッドで過ごすことになっていて、移動するときは、ベッド移動か、ストレッチと方針が決められていた。ところがこの病院、せいぜい一人部屋にベッドを二つ入れているから、ベッドわきにストレッチを運び込む余裕はない。また、ベッドを移動させようとすると奥のベッドの場合、入り口に近いベッドをいったん廊下に出さなければいけない。ベッド移動、ストレッチ移動というのは絵に描いた餅で車いす移動ということになる。こう書くとこの病院はいかにも金もうけに走っているようにとられかねないが、そんな印象は受けなかった。看護師はじめ介護スタッフ、その他病院スタッフ、看護学校の実習生たちいずれも明るくキビキビ仕事をしていて気持ちよかった。また、食事を自前で提供しているので、温かいのがよい。お茶も三度三度熱いのを十分入れてくれる。

　夜逃げのようにして移った四階は実に静かでゆっくりできた。南側の日当たりの良いところにベッドがあったので実に快適だった。向かいの女性は、誕生日に職員にハッピイバースデイを歌ってもらっていた。なんと九八歳だそうだ。寝たきりである。その隣の女性の歳はよくわからないが、夕食になるとハンストをして職員を困らせていた。娘が見舞いに来てくれないといってごねるのである。しかし、娘は仕事のあと夜の家事の合間に病院を訪ねているのだが、それをすぐ忘れて、娘が来てくれないといってハンストをする。介護入院している住人のほとんどは重い認知症を患っている。

　新しく引っ越しをした部屋の同居人は、八八歳の老人で、足の指先が痛いからという理由で入院していた。ぼくが同居人になった翌日退院する予定であったが、帯状疱疹が出て入院が長引くことになった。見ただけでかゆいか痛いかがわかるほどなので看護師が痛くないかと尋ねても痛くないという。家に帰りたいばかりに我慢しているのではないかと看護師は疑っていたけれど、感覚がマヒしているのかもしれない。毎日奥さんが着替えを持って訪ねてくる。ちらっと見えた指先は真っ赤にマニキュアが塗られて、ハーフコートを着た足取りもしっかりしたおかみさんである。この年のクリスマス頃に九〇歳の誕生日を迎えるのだといっていた。来るとひとしきり愚痴を言って帰る。「この暮れの忙しいときに、入院なんかして」と愚痴るのである。挙句の果てに「このまま、向こうに連れて行ってもらえばいいのだ」とまで言う。「たいがいあんたはナマカワだでいかんわ」と夫に対する歯がゆさを吐露して帰る。ナマカワという名古屋弁の正確な語義を知らないけれど用例から推測すると「気概がない」とか「積極性がない」というような意味だろうと思っている。しかしこのおかみさん、口は悪いが、夫が家に帰ってくるというので二階にしまっておいたポータブルトイレを出してきて夫が帰ってきてもよい準備をしているのだといっていた。かなりの認知症が進んでいるのだが、かみさん本人はしっかりしているつもりである。曇った日にやってきて食事中なのを見て、もう夕食かと何度も夫に問いかける。自分はまだお昼を済ませていないからこれからお昼だといっている。隣の住人が家に帰ると、認知症同士の老々介護の日常が待っているのだろう。年末の一六日間の入院生活でいい経験をした。

例年、一一月末か一二月初めに様子を見に行っている那智川の水制工事も観察に行けないまま年を越した。一、二月はリハビリに精を出し足腰をもとのようにして、三月には那智川を見て回らなければならない。

続 山海往還 その8

石油が海洋哺乳類を守った

例えば海と石油という単語二つから思いつくことを述べよといわれたら、多くの人は、石油による海洋汚染を思いつくのではないだろうか。タンカー座礁や海底油田の事故の際の石油の流出による汚染など、思いつくことにこと欠かない。オットセイや海鳥が油まみれで命を失いそうになっている画像を観た人は多い。石油がクジラやセイウチ、ゾウアザラシを絶滅の危機から救ったというと怪訝な顔をする人がいるかもしれない。一九世紀の産業革命は機械化の時代を切り開いた。機械には軸と軸受けがつきものである。当然潤滑油が必要になる。それもそれまでの時代とは比較にならないくらいの量の潤滑油が必要である。文明の歴史で、車が発明されると軸受けと軸の滑りをよくするための潤滑油が必要とされた。どんな潤滑油が使われたか、よくは知らない。今でも滑りをよくするものといえば、ねばねばしたグリスを使う。このグリスを英語の辞書で引いてみると、獣脂という訳語が出てくる。たぶん、昔から羊の脂や海獣の脂がグリスとして使われてきたのだろう。

皮下脂肪をたっぷり蓄えた海獣はグリスを採るのに格好の獲物だったと思われる。そんな海獣の中で巨体のクジラは、大量のグリスを供給してくれた。近代的捕鯨の歴史は、工業用油脂を採るために発展した。それは、クジラを絶滅の危機に追いやるほどのものであった。ところが石油化学の進歩のおかげで工業用油脂を石油から合成できるようになるとクジラは見向きもされなくなった。油脂を採るために犠牲になった海獣は生き延びることになったのだ。

クジラが保護の対象になる過程は、先に述べたほど単純な話ではない。どんな野生動物でも持続的利用可能の危機に瀕すると保護の対象になる。これまで大いに利用していたものが、濫獲のせいで資源が枯渇しかけると持続的利用のために資源保護の動きが出てくる。クジラの資源保護の動きが出てくるのは一九三〇年代のことであるが、本格化するのは、第二次世界大戦後である。一九四六年に国際捕鯨取締条約が採択され、それが効力を発揮するのは、一九四八年のことである。条約加盟国の政府代表で構成される国際捕鯨委員会（ＩＷＣ）の年次総会が翌年一九四九年に開催される。この年次総会は、二〇一二年以降は隔年開催になって今日に至っている。

この総会の時期になると日本の報道機関は、日本の捕鯨に対する国際世論の理不尽を訴える記事を多くのせる。日本の調査捕鯨に反対する自然保護団体の神風特攻隊のような妨害や太地のイルカ漁の反対運動に血道を上げる保護団体の行動が報道される。これに対して、日本の捕鯨は、かつての欧米の捕鯨が油脂を採るだけで肉や皮などその他のクジラの資源を海に捨てていた皮相な経済活動とは一線を画する文化とでもいうべき奥の深いものであり、それを捕鯨という観念でくくって禁止しようとするのはどうしても納得がいかない、という日本文化特殊論を持ち出して反論する者まで出てくる。反捕鯨団体の言い分や日本文化特殊論が反証不能の感情論の域を出ないので取り合わないことにするが、捕鯨の歴史と濫獲そして保護のいきさつを考えてみることは意義があるだろう。

捕鯨の歴史

捕鯨という言葉を、さしあたり、イルカ・クジラ漁という意味に解することにする。狩猟採集生活の時代、人間は浜に打ち上げられたイルカやクジラを海からの恵みとして利用してきたものと思われる。意図的にイルカやクジラを追い込んで捕獲するようになると捕鯨が始まる。クジラ漁に関する最も古い考古学的資料については、フィリップ・キュリーとイヴ・ミズレーの『魚のいない海』(林昌宏訳、勝川俊雄監訳、NTT出版、二〇〇九)は、パリの自然史国立博物館の教授ダニエル・ロビノーの『クジラ漁の歴史』を援用しつつ次のように言っている。

「断崖の岩壁に何種類かの大型クジラの姿と捕鯨の光景が刻まれている(ホッキョククジラ、ナガスクジラ、マッコウクジラ)韓国の盤亀台の岩刻画は、紀元前五千年から紀元前三千年のものであり、原始時代に人類がクジラ漁を行っていたことを示す最古の証拠である」(三三―三四頁)。これによると今から七〇〇〇年前から五〇〇〇年前のことになる。しかし、大隅清治著『クジラと日本人』(岩波新書、二〇〇三)によれば、「朝鮮海峡の沿岸では、二三〇〇―三〇〇〇年前の青銅器時代に、十数人乗りの捕鯨船と綱のついた手投げ銛を用いて、セミクジラやコククジラなどの大型クジラを対象にした捕鯨が行われていたことを韓国蔚山市郊外の〈盤亀台岩刻画〉が証明している。これと類似した捕鯨の絵が、(略)長崎県壱岐の原の辻遺跡で発見された弥生時代中期の甕棺に線刻画として描かれている。また、三世紀後半から七世紀にかけての古墳時代の横穴墓にも同様の捕鯨の線刻画が見られる」(四七―四八頁)。同じ韓国の考古学事例の時代認定とクジラの種類が大きく異なるのはどうしてか、ぼくにはわからない。

クジラ漁というとき、これからはイルカも含めたものとする。クジラを見つけてそれを入江に追い込み、網で囲んで自由を奪い撲殺して捕獲するなり、小型の船でクジラを追いかけ銛を打ち込んで捕獲する漁は、海洋民のいるところで広く見られたであろう。それが文献資料として残っていないだけのことである。一九九一年にインドネシアを旅していた若い写真家が、インドネシアに一〇人も乗ればいっぱいという木造の船にヤシの葉の帆を立てた船でマッコウクジラを追いかけ、屈強な男が体ごとクジラに襲い掛かり綱のついた銛を打ち込む漁があることを耳にした。メルビルの白鯨の世界が今でもあるのかといぶかしんだが、もし本当なら写真が撮れると考え、インドネシアのバリ島から東に一〇〇〇キロにあるレンバタ島のラマレラというところに通って、クジラ漁を写真に収め写真家として成功するのが石川梵である。

その写真は、一九九七年新潮社の『海人』という写真集に結晶する。撮影の苦労話と、伝統のクジラ漁の民俗誌は、『鯨人』(集英社、二〇一一)に詳しい。そこには当然、日本のクジラ文化と称するクジラをスミからスミまで活かす同じ文化がある。石川が一九九〇年代の前半にクジラ漁を写真に収めたときからわずか三〇年足らずだが、インドネシアの秘境も大きく変わった。環境保護団体がクジラ漁批判の活動に押し掛けるようになったし、浜の漁師たちも船にエンジンをつけるようになった。もはや伝統的原始的クジラ漁ではなくなってきている。

さて、ヨーロッパのクジラ漁といえば、バスク人である。ピレネーを挟んでスペインとフランスにまたがる大西洋側の地域がバスクである。バスク語というヨーロッパのどの言語とも親類関係をもたない言語を話す人々をバスク人という。彼らの前にはガスコーニュ湾、さらにはビスケー湾が広がる。彼らは、タラを追ってクジラを追って大西洋の北の海を渡り歩いた民族である。彼らのことを、『魚のいない海』から引用しておこう。

「クジラ漁の最初の記録はバスク地方の漁師に関するものであり、これは一一世紀にまで遡る。この時代、バスク人のクジラと呼ばれた大型クジラは、出産のために沿岸付近にやってきた。母親クジラが子クジラに授乳しているときや、殺した子クジラが海面に浮かび上がったときが、捕獲のチャンスである。こうしてクジラ漁は少しずつ進化した。まず、岸辺の高台（監視塔）から獲物の位置を突き止める。次に、砂浜や潮間帯に仕掛けておいたワナに誘い込む。同時期に、同じやり方でノルマンディーの漁師たちは小型のクジラを捕獲していた。彼らは小型船団を繰り出してクジラを囲い込み、次に、奇声を発しながらさまざまな鳴り物を使ってクジラを岸辺や河口に追い込み、そこで最後の一撃を加えるのである。河口の付近に建つ修道院には、クジラの肉や照明用の鯨油が寄進された。まもなくバスク人は、大海に浮かぶ小舟から、先端の金属部分に釣り針のようなかえしのついたモリや鋭いヤリを使って、クジラ漁をおこなうようになった。先端の尖った、両端に刃物のついたモリやヤリは、クジラの体の奥深くにまで突き刺さった。しばらくしてバスク人は太いロープのついたモリを発明し、これを小舟に装備することで狙った獲物を逃さないようになった」（三四―三五頁）。

こうして獲ったクジラは最大限活用された。「クジラは、そのサイズから産業規模で利用できる生物一次産品の宝庫であった。現在では忘れられているが、かつてはすべての部位が利用されていた。クジラからは大量のタンパク質や脂質だけでなく、ヒゲ、骨、牙、皮がとれた。塩漬けのクジラの肉は宗教上の断食の期間でも食することができた。というのは、クジラは脂の乗ったベーコンのような魚とみなされていたからである。イギリスでは、ネズミイルカのローストは贅沢な料理であった。一五五〇年ごろ、フランスでは、ネズミイルカの塩漬け、干物、燻製食品の商売が繁盛した。また、クジラの舌は一六世紀初頭から絶品とみなされていた。鯨油は暖房用だけでなく、特に街の明かりのために利用されていた。照明用燃料としての需要は大きく、一七六九年にはパリの街灯の少なくとも三五〇〇台は、日常的に鯨油が使用されていた。マッコウクジラからとった鯨油は、高速で動く機械や、高い圧力のかかる機械の潤滑油として利用され、捕鯨が禁止される直前まで、旧ソヴィエト連邦はロケットの部品の一部にマッコウクジラの鯨油を使用していた。一方、骨は建築資材として利用され、耐久性と柔軟性のあるクジラのヒゲを材料として傘の骨やコルセットが作られた。皮からはベルトが作られ乾燥させた腸はロープとなった。化粧品や医薬品の多くはクジラから派生した製品であった。マッコウクジラの龍涎香は香水の材料として利用され、これは一七世紀には催淫作用をもたらす媚薬であった。また、鯨蝋〈能油《ママ》〉(正しくは脳油)はろうそくの原料として使われた」(三六頁)。

以上、長く引用したが、クジラを余すところなく利用しつくすというのが日本の捕鯨文化の専売特許ではないということを示したかったからである。しかし、そうはいってもある時期のアメリカ捕鯨が、油脂を採るだけであとは捨てていたこともあった。「アメリカ式捕鯨は〈アメリカ式帆船捕鯨〉ともいう。マッコウクジラは主として沖に分布しているため、一〇〇―五〇〇トンの帆船を母船とし、これに四、五隻の捕鯨ボートを搭載して出漁し、マッコウクジラを発見するとボートを下ろしてクジラを追う。そして手投げ銛で殺して、洋上の母船の舷で解体し、皮だけを甲板に引き上げ、細かく切って、甲板上の釜で煎って採油し、油を樽に入れて船内に貯蔵し、満船になると母港に帰還した。この捕鯨法は岸での処理を必要としないので、自由に遠洋に進出することができ、やがて世界の海に漁場を拡大した」(大隅清治『クジラと日本人』六二―六三頁)。このアメリカ式捕鯨をとらえて、欧米の捕鯨は油脂を採れば後は海に捨ててしまうからもったいない、あるいは冥加の悪い獲り方をしていたのに対して日本人は云々、というのはまっとうな議論とは思えない。このアメリカ式の捕鯨に比べて格段に効率の良い捕鯨方法がノルウェー式である。キャッチャーボートに据え付けた銛を火薬の力で発射してクジラに打ち込む方法が開発された。格段に効率のいい捕鯨方法である。捕鯨船が大型になり冷凍設備まで備えるようになると、南氷洋までクジラを追うことができるようになる。資源の枯渇が心配になってくる。

クジラ資源を守れ

クジラのような海洋生物であれ、森林資源であれ、人間の生活に必須の資源を提供してくれるものをこれからも持続的に利用していこうと考えると、濫用による資源の枯渇は避けなければならない。これまで、人間が自然の提供してくれる資源を次々と枯渇させてきたことは記憶されている。森の木は人間の生活に必須不可欠の資源であるが、濫用によって枯渇しそうになると、伐採の制限、あるいは盗伐禁止というような制約を課すか、持続的利用を可能にするように育成林業に舵を切ることになる。クジラも資源枯渇の危機に瀕するとそれを持続的に利用できるようにしようと試みられる。クジラはさすがに育成するわけにはいかない。つまり、クジラの養殖というのは難しい。そうすると、海洋での増殖の範囲内で利用しようということになる。こういう試みが、一九三〇年代に始まるが、第二次世界大戦の影響もあって、クジラ保護の国際的取り組みが本格的に始まるのは第二次世界大戦後のことである、とは冒頭で述べた。

ところが、クジラの利用の大きな部分を占めた照明用の灯油やマーガリンが、二〇世紀になるとクジラに頼らなくても済む技術革新が起こった。石油から灯油を作る方法が普及するにつれて灯油のために鯨油を採る必要が薄れてきた。次にマーガリンの原料に植物油が使われるようになるとクジラの油に対する需要が減った。その後の石油化学産業の発達は、クジラが提供してくれた様々な製品を代替するようになった。戦後の食糧難の克服、産業の戦後復興が本格化するまでは捕鯨は続けられたが、世界的な戦後の高度成長期を経ると、もうクジラに頼らなくてもよくなった。ＩＷＣがクジラについて資源保護を声高に叫ばなくても、クジラは安心して大海原を泳ぐことができるようになった。クジラは石油化学が守ってくれるようになったのである。

二年に一回のＩＷＣの年次総会の時期になると、日本の調査捕鯨は事実上の商業捕鯨だとか、商業捕鯨再開の準備だという批判が反捕鯨論者から出てくる。日本政府や日本のクジラ食愛好家は、日本捕鯨の伝統文化論を持ち出して応戦をする。日本の調査捕鯨に関して、レイ・ヒルボーン、ウルライク・ヒルボーン著『乱獲』（東海大学出版部、二〇一五）は「日本の調査捕鯨は論争の種であり、また、感情的な議論を誘発しがちである。調査を隠れ蓑にした単なる商業捕鯨だと考える人がいる一方で、科学的に価値のあるデータを提供していると考える人もいる。日本の調査捕鯨が個体群の存続を脅かすほどの数を捕獲していないことはたしかだろう。したがって、調査捕鯨に関する主な懸念としては、次のことが考えられる。最初に動物の権利という観点から、どんなクジラも殺すのは悪である、というもの。次に、これが商業捕鯨再開の端緒になるのではないか、というものである。しかし、多くの科学者がもっとも問題視しているのは、日本がモラトリアム〈IWCにおける商業捕鯨の一時停止措置〉の決議をないがしろにする口実として科学調査を利用しているのではないか、ということである」(一八頁)。三月末に調査捕鯨船が五カ月ぶりに下関港に帰ってきた。クロミンククジラ三三三頭を持ち帰った。今年は、妨害にも遭わずに済んだということである。課題はクジラ消費をどう増やすかということだそうだ。

ぼくは、クジラ食好きでは人後に落ちないつもりだが、調査捕鯨を隠れ蓑に事実上の商業捕鯨をしているくらいがいいと思っている。本格的に商業捕鯨を再開すると資源保護の観点から信用できない。ウナギも太平洋クロマグロも本気で資源保護に取り組もうとしない現状では、そういわざるを得ない。

資源を守るというのは、モノの使用価値、有用性をこれからも持続的に利用し続けたいという欲求の表れである。その使用価値を手に入れるのにコストがかかりすぎ、他の代替物が安く手に入るのであれば、資源保護の関心は薄れる。そもそもその資源を利用しなくなるのであるから保護の対象にもならない。そうすると、環境保護論者の自然環境に手を付けるなとする原理主義だけが残ることになる。こういう運動の中から割りばしは森の木を切るから使うなという無意味なことを言う者も出てくる。育成林業の立場から見れば、森の木を切るのは必要なことなのだ。

ウナギを守れ

二〇一七年一一月から一八年三月までが一七年度の本格的シラスウナギ漁の期間である。一七年度のシラスウナギ漁は歴史的不漁である。一三年度を下回るかもしれない。一三年度に不漁だと騒いだ時でも二トンはあった。厄介なことに、養殖池に入れる国内漁獲分の量は五・二トン、漁獲量はおよそ二トン、この差はどこから出てくるか謎である。申告量のごまかしが一番大きいのだろう。シラスを獲る漁師は、できるだけ売上高を少なく申告し、養鰻業者はできるだけ仕入れ価格を大きく申告する。所得申告の黄金律が働いている。

それはさておき、このままでは日本ウナギは絶滅してしまうかもしれない。本気で日本ウナギの資源保護に取り組むつもりならシラスウナギ漁の禁止に踏み込むくらいの覚悟が必要である。しかし、新聞報道の伝えるところによれば、シラス漁師は河口で鵜の目鷹の目でシラスを追いかけ、今日は一日張り込んで何匹だったと嘆いているということだ。川に上ってそこで何年か過ごして生殖能力が身についたころ合いを見計らって川を下り南の海に帰るはずの稚魚を根こそぎ捕獲してしまうのだから、資源が枯渇するのは当たり前だ。ニシンの例でもハタハタの例でも学習したはずなのに、懲りないのだ。厄介なことにシラスウナギが日本の河に帰ってこないのは資源が枯渇したからなのか、あるいは海流の変化でシラスウナギが潮の流れに乗れないのかという問題がある。後者だとするといかんともなしがたい。

日本ウナギを絶滅の危機から守るためには、シラスウナギ漁の全面禁止、ウナギ養殖の一時休止くらいの措置をとる必要がある。一時というのは、四年から五年くらいか。その間、養鰻業者とウナギ料理専門店に対する休業補償がいるだろう。休業補償ということになるとだれをどの程度という問題が生じるから、違法シラス漁の監視に漁業者を雇うという手もある。また、川に上ったシラスが成長できるように魚道の整備、川の淵や瀬の造作などウナギの餌になる甲殻類が繁殖しやすい環境を整えるための河川工事に養殖業者やウナギ料理屋を雇うという手も考えられる。ただし、シラスウナギがすべて川を遡上するわけではない。産卵期まで海に留まるもの、汽水域に留まるものなど生態はさまざまである。これが日本におけるウナギの昔からの生態なのか、それとも高度成長期以降の河川行政の結果、ウナギが川を遡上しにくくなったせいなのかわからない。例えば、霞ケ浦のウナギは、利根川の河口堰が出来てから激減した。人工的な堰のせいで川に上れなくなったのである。海ウナギや汽水域のウナギの比率が昔からなのかどうかは検討に値するだろう。

徹底した資源回復措置をとった後にある程度資源が回復したら、シラス漁の期間を年明けの一月の一カ月だけにするとか徐々に規制を緩めることも考えられるだろう。ただ、そこまでしてウナギを救わなければならないかという問題もある。資源回復のぼくの提案もいらんお世話ということになりはしないか？

水産庁の統計によると、日本におけるウナギの消費量は土用の丑の日を挟む三日間で一年の消費量のおよそ四割。また、ウナギの年間消費量は、国民一人当たり〇・四四匹だそうだ。生まれたばかりの赤ん坊から要介護の年寄りまで含めてのことであるから、多めに見積もっても、一億人の国民が消費するウナギは一年間に一人当たり一匹に満たない。地域的にも大きなばらつきがある。平均を超えてウナギを消費する県は、滋賀、京都、岐阜、愛知、大阪、東京などである。金額でみると滋賀などは、北海道や沖縄の三倍も支出しているそうである。

この十数年の日本のウナギ養殖池に入れるシラスは、三〇トン未満、二〇数トンというところである。国内シラス漁で足らない分は台湾や中国から輸入して補っている。それでも、国内シラスは一九六〇年前後の二〇〇トンに比べたら格段に少ない。土用の丑の日が近づくと報道は、ウナギが品薄だと騒ぐ。しかし、現状では、五〇トンも一〇〇トンも池入れしたら売れ残って困ってしまう。現状の二〇トンそこそこで十分だ。ウナギは半年か八カ月で出荷サイズの一二〇から二〇〇グラムになる。池入れの時に比べて大きいもので一〇〇〇倍に成長している。出荷サイズに成長するからといってすぐに需要があるわけではない。裂きたて焼きたてのウナギを出すのは、専門のウナギ屋だけ、スーパーに並ぶかば焼きは、出荷サイズになったのを冷凍したもの。需要期にそれを店頭に並べる。夏の土用の丑の日に売れ残ると、四季にわたってあるからさあウナギを食えという。今の日本人はそれほどウナギを日常的に食べていない。もし、鶏肉、豚肉、牛肉がなくなると、とたんに学校給食、社内食堂、外食産業などが大弱りになる。炭水化物、タンパク質、脂肪の栄養の三要素の一つが消えることになるから大変だ。

今やウナギは日本人にとって、日常の食べ物ではなくなっている。ウナギ好きで十日に一回うな丼を食べないとリキが出ないというような人は別にして、日本人の多くは、年に一回、土用の丑の日にうな丼を食べるかどうかである。こんなことならウナギを食べなくても健康に何の差支えもない。ウナギ屋には組合の宣伝ポスターが張られていて、ウナギはヴィタミンB1、ヴィタミンAに富んでいるとその効能をうたっている。しかし、一年に一回ではそんな効能は意味がないだろう。うな丼を食べる代わりにウナギの絵馬を神社に奉納してお願いをするのとその効果は変わらない。ウナギは、日本人が生きていくために摂取しなければならない食べ物なのだろうかと考えてしまう。年に一度お祭り騒ぎみたいに食べるだけのウナギならなくても困らない。

どうもウナギは、良質のタンパクや豊富なヴィタミンなどその使用価値に価値があるのではなさそうだ。ウナギ養殖業者、ウナギ屋、食品スーパーなどウナギ資本にとってウナギは、利益をもたらしてくれるという価値を持っている。土用の丑の日に大いに稼がせてくれる価値こそがウナギの資源としての価値である。「土用の丑の日にウナギを食べるという日本の古来の食文化」という情報がウナギ関連産業に利益をもたらしてくれる仕組みがある。

土用の丑の日にだけ消費が集中するというウナギの消費構造が問題である。ウナギ屋が多いところは、総じて肉体労働者の多い地域に集中していたようだ。かつて川や湖で天然のウナギがふんだんに獲れていたころ、安くて精のつく、そして腹いっぱいになるウナギ丼が肉体労働者の疲れを癒していたのである。ウナギは古くから食べられていて記録上は奈良時代の万葉集までさかのぼることができる。長らく開いて焼くという調理法がなかったので、丸のまま醤油ダレをつけて焼いたものが蒲に似ていたので、かば焼きという名前ができたのだろう。川や湖に仕掛けを置いておくと簡単に獲れた時代には日常的な食べ物であった。そんな時代には、土用の丑の日だけウナギを食べるという習慣はなかった。今のウナギの消費構造は大衆社会の消費の在り方を典型的に表している。

クジラとウナギの違い

クジラを守れといった時、切実感は真に迫っていた。安くクジラは生活の隅々にまで資源を提供していた。マーガリンを生産できなくなったら、賃金の上昇を覚悟しなければいけないと考えると、クジラの絶滅を防いで持続的に利用しようという動機が強くなる。しかし、先にも述べたようにクジラが提供してくれる材料の代替品が石油化学や大規模農業が提供するようになるとクジラ保護の必然性＝必要性がなくなる。クジラは、観光資源となってかつての捕鯨漁師はホエールウォッチングで稼ぐことになる。クジラに比べて、日本のウナギは様子が違う。ウナギは、なくても済む消費財である。ここがかつてのクジラと決定的に違う性格である。ウナギが豊富に獲れるようになって川漁師が生業として成り立つようになるのであれば話は別だが、そうでなければ、ウナギがキャビア並みになって、話に聞いたことがあるが食べたことはないという食品になっても仕方がない。自然環境がもたらしてくれる資源を我々の生活に活かすことができるか無にするかは、資源保護の取り組みにかかっている。今、ウナギはその試金石になっているといっていいいだろう。

終わりに

少し体が元に戻ったので、気にかかっていた那智川の水制工事の進捗状況を見に行った。三月一四日から一六日までの二泊三日の旅である。今回は、いつもの八時五分発の始発でなく次の一〇時五分発にした。できるだけ無理をしないようにと考えたからである。

那智川の河口付近の工事の進捗状況を観察に出かけた。熊野交通バス停汐入橋の近くである。だいぶ工事が進んでもう仕上げの頃かと見受けられた。河口付近の蛇行しているところで径の外側と内側で工事の仕方が異なっていたことに、少し気をよくした。外側は、川の流れが砂や小石を伴って堰堤を削る力が強いので護岸をしっかりしておく必要があるだろう。これが水も漏らさぬコンクリート護岸になる。この法面は、水棲小動物の生息を拒否して川をただの水路にしてしまう。こういう工法が水制工事としては当たり前と考えられたのだろうが、それは川の生態系を殺して淡水漁業を衰退させた。今では、淡水漁業で生計を立てている漁師は、琵琶湖以外にいるのだろうか。そのくらい淡水漁師は激減した。内水面養殖業者が増えているのだが、これについては今のところ考える力はない。

さて、内側を見ると、水面に接する高さのところ、もちろん潮の満ち干で水面の高さは変わるから一定の幅を持たせて法面に一メートル五〇センチくらいの四角い穴をあけて、そこに石を詰めるという工夫をしていた。これだと、エビ、カニなどの小型水棲小動物が生きることができるかもしれないと考えた。河川工事も少しは生態系に配慮するようになったのだろう。一通り観察して新宮行のバスを待った。バスの停留所は、ＪＡコープの前にあった。バスが来るまで十分時間があったので店内をのぞいた。魚売り場をのぞくと、地元の漁港太地、宇久井で水揚げされた地魚がいろいろ並んでいた。これはいいことだと思った。新宮の国道沿いに魚屋があって、あまりはやっていそうに思えない店のテントに「にほんじんだよ、やっぱりおさかな」と紺地に白で染め抜いている。これは、魚離れをよく反映しているキャッチコピーということになるのだろう。その魚屋の向かいにたぬきやというどん屋がある。ぼくは近年のゴムかガムを練りこんでいるのではないと疑われる角の立った麺類が嫌いで、うどん、蕎麦屋を警戒してむやみに入らない。このたぬきやはいいうどんを打っている。もう十年来新宮に行くと立ち寄るのだが、あまり話をしたことがない。

神倉神社の祭りの話とか、近くのミカン屋は銀座千疋屋と取引しているとかという話しかしたことがない。今回は、店の大将が何をしているのだと聞いてきたから事情を話して、話し相手をしてもらえるようになった。速玉大社の所有林が世界遺産にもかかわらず、無届で森林組合に伐採させた事件の背景を聞いた。そのことは改めて触れることもあるだろうが、いい情報源を一つ見つけた。専門家が現地調査するのであれば、事前の準備をして調査カードなどを作って情報を集めるのだろうが、こちらは素人の気楽な調査以前だから出会った人から話を聞いて回るだけである。

夜は、いつものサンシャインホテル。寝酒と夜食は、これもなじみの熊五郎。今日、汐入橋のコープで見た魚の話をしたら、コープは地魚を置くけれど大手スーパーのイオンは地魚を扱わないのだ、と少し批判気味に話をした。大手流通業者からみたら、小規模の漁港で多種少量の地魚を仕入れても効率が悪い。いきおい太地や宇久井のような小さな漁港の魚は、地域の小規模小売店に出回るしかないのだろう。ところが、地域でそれほど魚が好まれているか怪しいものである。先ほどの国道沿いの魚屋のテントのキャッチコピーが現実をよくあらわしているのかもしれない。熊五郎でも魚の料理は少ない。手羽先から揚げ、妙め物の類が多い。仕事関係でホテル住まいの現場の労働者が多いからかもしれないが、魚がそれほど消費されていない。魚の消費傾向と流通の在り方が漁業を追い詰めているのかもしれないと思った。

続　山海往還　その9

はじめに

山海往還を再開して九回目になる。散漫になることを自戒して初志を記しておきたい。これまで、折に触れて書いてきたことだが、日本の国土は、世界の国の中で六〇何番目かであるが、森林資源の賦存量は世界有数だし、排他的経済水域は世界で六番目だ。この有利さを活かさない手はないのだが、林業も漁業も打ち捨てられたような状況にある。これを活かして国民の何割かの生業として復活させることができるに越したことはないと考えている。

人が生きる手立てを生業としてみた場合に、「日本の国土」という枠組みを無条件の前提にしてよいかという疑問があるだろう。主権国家の枠組みとは別に生活圏としての地域という枠組みが考えられるし、東アジアとか地球という枠組みも考えられる。日本とか日本の国土という枠組みは差し当たってのものとして、臨機応変の枠組みとして考えるつもりである。その枠組みの中で林業や漁業の可能性を考えていきたいというのがこの山海往還の初志である。

いわゆる第一次産業の中で、林業、漁業を取り上げるのにどうして農業を問題にしないのかという疑問があるかもしれないが、農業にまで手が回らないというのが本音である。ただしぼくの中には、農業と林業や漁業が根本的に異なるところがあるという理由付けがないわけでない。林業と農業を比べてみると、林業では肥料も農薬も使わないが、農業には肥料や農薬がつきものである。それは、農業では土地を耕すからである。土地を耕して土をひっくり返すと地下の菌類が作り上げる生態系を壊してしまう。このおかげで肥料をやらないといけなくなり、また農薬も必要になる。漁業も、この場合養殖漁業を考慮の外において、採取漁業というか略奪漁業だけを問題にするのだが、魚を獲るのに餌を使うことがあるが、海の中の魚を大きくするのに餌を与えることはない。農業でいえば肥料に当たるものを魚に与えることはない。これらを考えると、農業と漁業、林業は根本的に異なると考えている。

資源保護の動機

先号で、クジラの資源保護の運動には切実なものがあったが日本ウナギにはそれが感じられない、と書いた。日本ウナギの資源を守らなければならないというのはノスタルジー以外のなにものでもないかのような書き方をした。今でも日本ウナギの生態研究に巨額の研究費が費やされているかどうかわからないが、単なるノスタルジーのために研究予算が計上されているようではもったいない。ただ、知的好奇心のためだけにウナギ研究をしているのだとすれば、それはそれでいい。ただし、予算は限られるだろう。ところが、単なるノスタルジーでも知的好奇心でもない理由も考えられる。地球上の人口は現在七〇数億で、今後アフリカを中心に増加すると考えられており、近い将来九〇億に達すると予測されている。食料をどうするのかという大問題がある。かつて、日本の河にいくらでもいたウナギが、どんな環境ならかつてのように繁殖するかを研究しておくことは、将来のタンパク源確保のために必要かもしれない。こう考えるとウナギの研究も必要かとも思える。

資源保護の動機を考えてみようと思ったきっかけは、今年の五月にたまたま、ラウル・ペック監督の『マルクス・エンゲルス』という映画を観たからである。原題は、「若き日のカールマルクス」という。この映画は、一八四二年から一八四八年までの社会主義運動と思想闘争に関するドキュメンタリータッチの映画である。冒頭は、マルクスがライン新聞に書いた「第六回ライン州議会の議事」──第三論文──「木材窃盗取締法に関する討論」が下敷きになって、ライン州の森で枯れ枝を拾っている農民に襲い掛かる馬に乗った官憲の姿が描かれる。か弱い農民はなすすべもなく打ち据えられるだけである。この新聞記事は、数回にわたって断続的に連載されたものである。近代的・一元的私的所有権の確立過程のなか、伝統的なゲルマン法によって保証されていた入会権が否定されることで貧しい農民が苦しめられている状況を告発する論調になっている。この論文の同時代の人間の考え、感じたこととは別に、二〇〇年近い後世の人間が見たらどうなのかという視点から考えてみたい。いわば、クローズアップから望遠に切り替えてみるのである。

なるほど、マルクスが弾劾するように伝統的入会権を否定する近代的私的所有権への所有権の一元化は農民を苦しめるものだろう。問題は、どうして近代的私的所有権への移行を森林資源に関して実行することを必要とする事態が生じたかということである。一八四二年といえば、イギリスで産業革命が産声を上げてからおよそ一〇〇年の年月が経っている。先進国イギリスやフランスでは産業化・工業化の槌音が高らかに響いているころである。ライン新聞のあるケルンが属するライン州といえば、ベルギーに隣接するドイツでも最先進地域である。一九世紀は、前世紀の農業革命から始まるヨーロッパにおける人口爆発の時期である。それに伴って、都市化が急激に進んだ。当然、材料や燃料資源の枯渇が心配される時期でもある。かつてライン州の森では、朽ちて落ちた枯れ枝や野イチゴ、キノコなど近隣の農民が勝手にとっても領主・地主は何とも思わなかった。しかし、人口が増大し、都市化の波が押し寄せると枯れ枝一本でも市場価値をもつようになるので話は別である。

木材窃盗取締法、一般的に言って森林盗伐法が、議会で問題になるのはある意味、時代の必然である。森林資源を守れという声になる。同時にドイツで、持続可能な林業という課題が林学の発展を促すことになる。近代的ドイツ林学はこの時期にすでに発展していたといっていいだろう。前にも触れたが、村尾行一の『間違いだらけの日本林業』（日本林業調査会、二〇一三）によれば、ドイツ近代林学が持続可能な林業を目標にその基礎を築いたのが、フランス林学から自立してドイツ林学の基礎を築いたハインリッヒ・コッタ（一七六三〜一八四四）ということである（同書、二二七頁）。林学など全く知識のないぼくには、コッタという人がどこの誰だかわからないが、『岩波西洋人名辞典』には、「保続林業」を打ち立てたという趣旨のことが書いてある。保続林業というのは林学方面の専門用語で、一般的な言い方をすれば、持続可能林業ということになるのだろう。つまり、森林資源に近代的、資本主義的価値が新たに付与されたのである。その結果、枯れ枝一本でも私的所有の対象になる。ライン新聞の記事には、厳しく農民の伝統的入会権を制限しなければならない理由に、落ちた枝を拾うのは勝手ということにしておくと、農民がこっそり森に入って活きた枝にわざと傷をつけて、後に枯れて落ちるようにするような不逞の行為があるからだ、という議論も紹介されている。森の枯れ枝一本が財産になる時代が来たのである。ライン州議会における木材窃盗法に関する議論は、法律問題であるより社会経済的転換点における森林資源の保護をどうするかの問題であると考えられる。

余談であるが、この映画でぼくが一番感銘を受けたのは、エンゲルスとメアリー・バーンズとの関係である。エンゲルス商会で女工として働くアイルランド出身のメアリーに一目ぼれするエンゲルスに対して、メアリーはそっけない。メアリーとエンゲルスは事実上の夫婦になるのだが、決して結婚しようとしない。どうしても子供が欲しければ、妹と結婚すればいいという。それを聞いて、マルクスの妻イェニーは考えられないという風な表情を見せて驚く。アイルランド出身の女工とエンゲルス商会のおぼっちゃまとは同志になれても夫婦にはなれないというのがメアリー・バーンズの人生哲学である。

林業の問題はまた改めて考え直すことにして、漁業問題に帰ろう。

やはりウナギの話

この原稿を用意している時期は、新聞やテレビのウナギ狂騒曲の時期と重なる。いやでもウナギに触れざるを得ない。七月二二日の日経朝刊にウナギ博士塚本勝巳さんのインタビュー記事が出ていた。この先生は、日本ウナギの産卵場所を特定したウナギの世界的権威である。彼は、このインタビューで「産卵のために川を下る親魚は全面禁漁にすべきだ」といっていた。絶滅が危惧される日本ウナギを守るためにはもっともな意見に思える。しかし、この先生の双肩にはウナギ業界の期待がかかっているから額面通り受け取るわけにはいかない。なぜ日本ウナギの絶滅が危惧されているかというと、やっとの思いで日本の河口にたどり着いたシラスウナギを鵜の目鷹の目で獲りつくし、養鰻業者に売りつけるからである。シラスから池に入れられ育つと蒲焼になるウナギは一度も子孫を残すことなく人間の胃袋におさまる。鵜の目鷹の目を逃れたシラスがやっとの思いで川にたどり着いても川は護岸工事のせいで餌になるカニやエビが少ない。川をさかのぼろうとしても堰やダムで行く手を阻まれる。日本の川はウナギには住みにくい浮世になっている。そうなら、シラス漁を大幅に制限するのが先だろうと思うのだが、ウナギ業界の期待を背負っている先生にとって、ウナギを食べるのを少し諦めろとは言えない。先生はこの記事の中でウナギの完全養殖もそう遠くない日に実現できるといっている。業界の救世主のような人だ。しかし、日本ウナギの絶滅を阻止するつもりなら、シラス漁の厳しい制限を提案するのが筋だろう。

ウナギはたくましい

シラスウナギというのは、本当に小さい、目方で〇・二グラムくらいの小魚である。これに高値が付くからといっても一匹残らず獲り尽くしてしまえとばかりのシラス漁は制限すべきである。いかに、養鰻業者や外食産業、スーパーから怨嗟の声があがろうともだ。過酷な状況のなかでもウナギは帰ってきてくれるのだから、よほど繁殖力が強い種かもしれない。塚本博士が突き止めたように、日本ウナギはマリアナ諸島付近で産卵しているらしい。らしいというのは卵をそこで採取したからであって産卵現場を押さえたわけでないからだ。塚本先生も、「産卵シーンをこの目で見ること」はそう遠くない将来実現する、と自信をもっていっている。こういう発言を見るといかにも純粋な海洋生物学者だと思うのだが、いろんな顔を持っているから業界に配慮もしなければならないのだろう。ウナギの生態はよくわからないところが多いのだそうだけれど、研究者の一般向けの論文を読むと興味深いことがわかる。

木村伸吾「ウナギとマグロとイワシ：黒潮が作り出す環境」（『科学』岩波書店、二〇一八年六月号）を拾い読みする。産卵場所は、東経一四〇度より少し東、北緯一五度より少し北である。そこは北赤道海流が西に流れている。卵から孵化したばかりのレプトセファルス幼生は流れに乗って西におもむき、黒潮に乗り、台湾、日本、朝鮮半島にたどり着く。ところが北赤道海流は東経一三〇度より少し西で黒潮とミンダナオ海流に分かれる。この分かれ目のところでミンダナオ海流に乗って南に行ってしまうと死滅してしまう。ミンダナオ海流に乗ることを死滅回遊というそうだ。ペルー沖の海水温が通年より少し高くなるエルニーニョの年には死滅回遊に乗る仔魚が一番多く、ラニーニャの年はそれに次ぐ。通年の場合が一番黒潮に乗る仔魚が多いといわれている。

シラスウナギがやっとの思いで日本の河口にたどり着いても、鵜の目鷹の目が待っている。それを逃れて川に入っても住みやすいところがない。それでも何とか成熟して、はるか南の海にオデュッセウスより過酷な航海を経て帰って子供を産んでも、その子供がうまく黒潮に乗れるかどうかわからない。そんな偶然の重なりを乗り越えてでも繁殖するのだからよほど繁殖力が旺盛と考えてもいいだろう。ミンダナオ海流に乗るのが死滅回遊というのは、熱帯域では生きることができないからだそうだ。死滅回遊に乗った日本ウナギはフィリッピンやインドネシアでは見当たらないが、まったく別種のウナギが南の国にいる。魚商社が見逃すはずはない。いまでは、インドネシアのウナギ、オーストラリアのウナギ、マダガスカルのウナギが蒲焼になって売られている（山本智之『海洋大異変』朝日選書、二〇一五、九三頁）。最後にウナギ消費のあほらしい話をしておこう。二〇一七年の日本ウナギの蒲焼の廃棄量が二・七トン、一三五〇〇匹分だ。シラスが高値で取引されウナギの蒲焼がいつまで食べられるのかわからないといっているのに、売れずに捨てられるのが二・七トンもあるというのは摩訶不思議である。シラス漁はだいたい一一月ころから三月ころまで続く。順次池入れされておよそ食べごろの二〇〇グラムくらいまで育てられる。二・七トン、一三五〇〇匹というのは一匹二〇〇グラムとみなしての数値である。食べごろというか売りごろになったウナギは卸業者にわたって蒲焼に加工される。それが冷凍されて土用の丑の日に一斉に出回るのである。解凍された蒲焼が売れ残ると賞味期限切れで廃棄される運命になる。土用の丑の日が近づいてテレビの報道が今年は高くなりそうだとすこし辛い目の報道をすると売り上げが落ち、今年は少し手軽に食べられそうだというとつられて買って帰る客が増える。微妙な心理を読みそこなうと売れ残りが出る。ウナギ専門店が生きたウナギを目の前で捌いて目の前で焼くなどというのはウナギ消費のほんの一握りである。ウナギ消費の構造が変わらない限りあほらしいことは後を絶たないだろう。

近年の水産物消費の動向

二〇一五年版の『水産白書』を参考に近年の世界の水産物の生産量と供給量について少しスケッチしておこう。一九六〇年から二〇一三年の間に、漁船漁業で三千数百万トンから九〇〇〇万トン余りまで増加している。一九八五年くらいから中国の増加が著しい。養殖業については、二〇〇〇トン余りから一万トン足らずまで五〇倍に増えている。そのうち中国がダントツで量を増やしている。しかし、養殖業で一番多いのは、コイ・フナ類である。一九九〇年くらいから増加率を最も高めているのがサケ・マス類である。中国の養殖は昔から淡水魚で盛んであった。コイは普通によく食卓に上った。食卓といっても共産中国の都市部では外食が中心であったから、家庭の食卓という意味ではない。宴会料理でもコイの丸揚げに餡をかけたものが代表であった。ところが近年では、コイではなくハタの蒸したものに餡をかけたものが多い。淡水魚より海のハタの方が高級と思われるようになり海の魚を消費するようになった。経済成長著しい沿海部に海鮮料理屋が増えて、よくはやっている。そういうところの映像を見ると生簀にハタ、タイ、ヒラメなどの白身魚、クルマエビ、アワビなど高級な食材が活かされている。それを見て客が好みの食材を選ぶとテーブルに調理されて運ばれてくる、というスタイルがはやっているようだ。こういうある程度経済的に余裕のある客相手のレストラン向けの魚を扱う漁師の行動様式は手に取るようにわかる。トロール、巻き網などでまとめて魚を獲っても高値で売れる高級魚だけを選ぶ。港に持って帰っても値のつかない雑魚は海に捨ててしまう。

海洋資源の濫獲と海の汚染が引き起こされている。海洋投棄については、『魚のいない海』で深刻な状況が触れられている（九三－九七頁）。

この魚介類の消費を世界人口の動態とならべて観察すると、いかに消費量が増えているかがわかる。世界人口が三一億人足らずの一九六一年に一人当たりの供給量（消費量）は年間九キログラムであったものが、七〇億人の二〇一一年に一八キログラムに倍増している。総供給量は三〇〇〇万トン余りから一億八〇〇〇万トン余りまで急増している。世界的に魚介類の消費が増えているなかで、日本だけが一九九〇年ころから減少傾向に転じ一九六一年ころの水準に落ちている。それでも日本は断トツの魚介類消費国で、年間一人当たり五〇キログラムは消費している。世界平均が二〇キログラムくらい。九〇年代から急に増えた中国でも三〇キログラムくらいである。

海洋資源の現状

一億八〇〇〇万トンにまで増えた魚介類消費が海洋生物資源にどのような影響を与え、その資源をめぐってどんな問題が発生するかを見てみよう。

八月末の海外ニュース、フランス2で、フランスとイギリスの漁船が激しくぶつかり合っている画を流していた。フランスとイギリスの間の海で起こった事件である。現地時間八月二七日のことである。シュルブールとルアーブルに囲まれたセーヌ湾で操業しているイギリスの漁船に業を煮やしたフランスの漁船が体当たりして操業を妨害している。海賊の殴り込みのようなものだ。原因は、セーヌ湾でのホタテ漁は、フランスでは資源保護のために一〇月から五月まで休漁しているのに、イギリスの漁師にはその制限がない。フランスの漁師が休んでいるときにホタテ漁をするからフランスの漁師が怒るのは当然だ。その後、両国政府の間で調整が行われ、九月七日にイギリスの漁師がセーヌ湾での操業を禁止することで騒動は収まった。北大西洋東側では漁業資源保護のための国際的取り決めがしっかりしていると思っていたのにこんな騒動があるなんて、と不思議だった。よく考えると、タラやサバのような回遊性の資源については、国際的取り決めもあるだろうが、ホタテのような沿岸の地付きの資源については国際的取り決めがないのかもしれない。いわばイギリスの漁師の密漁だ。海洋生物資源をめぐって、どこの海域でも近隣諸国の間のいざこざは絶えないようだ。

海洋資源をめぐる日本と近隣諸国の間のいざこざはど

こでも起こっている一コマである。上手な外交がそれを解決するはずである。フランスとイギリスの漁師がいざこざを起こしたあたりは、イギリス海峡ということになっている。その少し東がドーバー海峡である。この海の名前は標準的なものかもしれないが、フランス人はこれで我慢しているのか気になって、フランスの『プチラルース』（二〇一五年版）の地図を見た。イギリス海峡は〝LA MANCHE〟（マンシュ海）となっていて、ドーバー海峡は〝Pas de Calais〟（カレー海峡）となっている。アメリカの辞典ランダムハウスの地図を見ると、イギリス海峡とマンシュ海とが併記してあり、ドーバー海峡とカレー海峡とが併記してある。アメリカの辞典だから公平にしたのだろうか。日本の周りにも日本海が気に入らんという人もいるそうだが、どこにでもそんなことがあるのだと思った。

海洋資源をめぐる争いはますます激しくなるだろう。地球上の人口が増えるうえ、日本と違って世界中で魚食がブームになっている。海洋生物資源は、海洋汚染などの影響で資源の先細りが心配されている。前の号でも参考にしたフランスのフィリップ・キュリーとイヴ・ミズレーの『魚のいない海』のキュリーは高名な漁業科学者にして海洋生態学者、ミズレーは「フィガロ」の科学ジャーナリストである。彼らの共著は、今日の地球上の海洋生物資源の現状と漁業の在り方を包括的に概観した漁業に関する哲学書ということができよう。またワシントン大学のレイ・ヒルボーンとウルライク・ヒルボーンの『乱獲』は、海洋生物資源が世界的人口圧力の中で枯渇しつつある危機を描いている。訳者はoverfishingに「乱獲」の文字を当てているが、ぼくが使うときは「濫獲」の文字を当てることにする。

これまで何度か触れたことであるが、世界人口は七〇数億、近い将来九〇億に迫るという。そして確実に所得水準も上がり食料消費量も増えることが予想される。重要なタンパク源を海洋生物資源に頼る趨勢は低下しないだろう。単にタンパク源というだけでなく魚がヘルシーだという選好が利いてますます魚に対する需要が増えるものと思われる。そのようななかで、海洋資源の枯渇が心配されている。枯渇の原因に、濫獲と海洋異変があげられる。気象条件を重視する人々は、海洋異変が資源枯渇の主要な原因だという。強欲な漁業が資源枯渇の原因だという社会的要因を重視する人々もいる。どちらかだけという極端な人はいない。気象条件と社会的要因のどちらをどの程度重視するかで意見が分かれるものと思われる。ぼくはやや社会的要因を重視する立場だ。

大型魚が少なくなった——漁業技術の進歩——

90号に、かつてタラは一〇〇キロくらいのが水揚げされたが、今では数キロほどで、十キロにもなると大物だといわれるようになった、と書いた。アラスカの海で捕れるオヒョウもかつては二〇〇キロを超えるものがあがった。『乱獲』に掲載された写真を見るといかに大きいかがわかる(三九頁)。記録としては、体長二・七メートル、体重二二〇キロの記録があるという(『日本魚類館』小学館、二〇一八)。ハタでも三〇〇キログらいのものがいたということである。こういう大型の魚は寿命が長い。先ほどのオヒョウも三三歳メスだそうだ。ハタでもタラでも長く生き延びることができればびっくりするほど大きくなるものだが、漁業の技術が進んで、大きくなるまで生き延びることができない。

『魚のいない海』は現代の漁業技術の進歩が乱獲の要因である様子を描いている。漁業技術の進歩の手始めは、漁網が軽くなったことと強くなったことである。かつて、漁網は麻で作られるのが一般的であったが、ナイロンをはじめとする化学合成繊維の網は軽くて丈夫である。その次に漁船が大型化し、網を引き揚げるウインチも強力になった。腹いっぱい魚を飲み込んだトロール網を苦も無く引き揚げることができるのも重機を積んだ大型漁船のおかげである。

海は広いのでどこに獲物になる魚がいるかわからない。特に回遊魚の場合群れを見つけるのがむつかしい。マストに双眼鏡をもった見張りが上って大海原に鳥の群れを見つけ、そこにイワシやサバなどの大型の捕食魚の餌になる群れがいることを察知して大急ぎで駆けつける。しかし、一〇メートルくらいのマストに上って見渡しても、水平線はたかだか数キロだ。カツオドリの群れを見つけるのはいわば偶然の僥倖みたいなものだ。しかし、現在では、人工衛星の映像から東経何度、北緯何度にマグロの群れがいそうだということが正確にわかる。そういう群れが集まりそうなところも、海底地図の整備で海嶺、海盆の位置が知れているので分かり易い。海底が急に盛り上がる海嶺や海盆は、海底から巻き上がる上昇流が起こる。そうするとプランクトンがわくのでそれをめがけてイワシなどがやってくる。それをまた狙う大型の捕食魚がやってくる。そういうことが手に取るようにわかるようになった。そこで、マグロの習性を利用して集魚装置を利用する。また、海底、中層にどの程度の大きさのどの程度の群れがいるかが超音波探査機で正確に把握することができる。それをめがけて網を入れれば、一網打尽である。現代の漁業は極めて効率的に魚を獲ることができる。大型の母船方式を採用すれば、冷蔵、冷凍設備を利用して大量の魚を獲っても市場にまで価値を維持したまま運ぶことができる。こんなことをしていれば、海の中の再生産の仕組みを超えて濫獲になるに決まっている。そうすれば、資源枯渇につながるのは必然である。

かす漬けや切り身の煮魚によく使わる魚にメロというのがある。惣菜屋や弁当屋でよく使われる。ギンダラの代替品で一時ギンムツという名前で市場に出たが今ではその名前を使うことができなくってメロで市場に出ている。最終消費者の段階ではなじみがないので名前を偽装している店があるかもしれない。この魚マゼランアイナメといって南極に近いところで大量に生息しているというのでだれでもアクセスできる方式で獲りまくったから瞬く間に資源が枯渇して、国際的に厳しい管理下に置かれるようになった。管理しているのが南極海洋生物資源保存委員会である。

これからは養殖の時代?

儲かるとなったら一斉に襲い掛かって獲り尽くすから資源が枯渇するのは当然だ。こういう事態に対して天然の資源に頼ろうとするからいけない。これからは、養殖の時代という人がいる。野菜も肉も養殖ばかりだから魚だけ養殖が嫌だというのはおかしいといわれそうだけれど、牛は、草や穀物を食べて育つ。ところが魚の養殖は、五キロのハマチを育てるのに十倍以上の天然の魚が必要だといわれる。これはどこかおかしい。養殖で天然ものを代替できると簡単に考えるのは資源管理上おかしい。ただし、商売上は、どれほど天然の資源を無駄にしても、カタクチイワシやマイワシよりタイやヒラメ、ハマチ、カンパチの方が高く売れるからイワシを化けさせようという動機が働く。

日経新聞九月一四日の朝刊にマルハニチロや極洋が完全養殖マグロの輸出を始めるという記事が出ていた。養殖の近畿大学が技術開発した完全養殖マグロは、資源枯渇が心配されているクロマグロの保護につながるというのでヨーロッパでも受けがいいだろうという目論見である。だいたい、五〇、六〇キロに育ったマグロを出荷するそうだ。クロマグロは、寿司屋で高級といわれるところで扱うものは二〇〇キロくらいのが望まれている。このくらいになると赤身でも独特のうまみがある。中トロになると通をうならせることになる。しかし、こんなのは欧米の水産学者が驚く日本のすしの値段の高さの代表だ。マグロのすしネタの重量はだいたい一〇グラム強。大きくても一五グラムが標準。客の目を引くためにシャリに大布団を掛けたような寿司を出すところもあるようだが、こんなのはまともな寿司屋のやることでない。一〇グラム強のトロの握り一個で二〇〇〇円も三〇〇〇円もすると、常軌を逸しているといわざるを得ない。ところが、完全養殖の五〇、六〇キロのマグロでも十分脂が乗っておいしいそうだ。養殖でこれ以上餌をやり続けてもコストがかかるばかりで儲からないから、このくらいの大きさがちょうどよいところなのだろう。いかに完全養殖がクロマグロ資源保護に貢献するといっても、やはり、天然資源を体重の何倍もやるのだから天然の資源枯渇につながる。餌を供給しているフード・ワンという会社は、マグロ用に配合飼料を開発した。配合飼料は、穀物の粉末を魚粉に混ぜたもので、会社の言い分によると、マグロ養殖にこれまでのような天然資源の浪費を抑えることができるというものだ。なかなかたいしたものだが、やはり、天然資源の濫用であることには変わりはない。

次号以下で資源を保護しながら魚食を続けていける道を探りたい。

続　山海往還　その10

漁業法改正

二〇一八年一一月二八日の日経新聞朝刊は、漁業法改正をめぐる与野党の攻防を報じた。今回の改正で大きな影響を受けるのは沿岸漁業である。沿岸漁業とは、無動力船か一〇トン未満の小型動力船を使う、およそ日帰りの漁業を指すことが多い。例外的に小型船で何日か漁に出る場合もある。沿岸では、養殖業も盛んにおこなわれている、ここには漁業権が割り当てられている。それは、伝統的に浜に接する村の漁師に漁業権が割り当てられていたところに、新規参入を認めようというものである。水産会社を新規参入させて大きな規模の養殖業を営ませようというものだ。これは、浜の伝統的漁業を死滅に追いやる惧れがある。よほど慎重に審議する必要があるが、臨時国会で手早く成立させたいと政府は考えた。丁寧に説明申し上げるのが身上の安倍政権にしては、説明する気がないと受け取らざるを得ない。安倍首相は、この法律改正を、漁業の成長産業化によって漁業者の所得を向上させ若者の就業を後押しする狙いがある、といっている。市場原理主義的に漁業を改変することを目論んでいる。この問題については、濱田が早くから警告を発している。濱田武士著『漁業と震災』（みすず書房、二〇一三）の第五章「食糧基地構想と水産復興特区」の「適格性と紛争防止をめぐる懸念」（一三八―一四二頁）が参考になる。

一二月八日未明に臨時国会で改正漁業法が成立した。何しろ漁業問題だからジャーナリズムの関心も薄いと見えて、審議がどうなっているかよくわからない。新聞やテレビの国会報道は、外国人労働者の受け入れ拡大問題と大臣の資質というかスキャンダルにもっぱら目が向いているので困っている。

ホームページで農水省の今回の改正の概要を見ると目論見は漁業法改正と水産業協同組合法の見直しの二つからなっている。これで見ると、ある海域でのある魚種について全体の漁獲量を決めるＴＡＣ（Total Allowable Catch）から漁業者に個別に漁獲量を割り当てるＩＱ（Individual Quota）方式に変えるようだ。これだと資源の濫獲を予防することができるといわれているが、北海道のサケやサンマのような混獲になりにくい漁業なら問題がないが、底引き網のように混獲になり易いものをどうするのか難しい。ＩＱの場合割り当ての公平性をどう担保するのか。

また、漁業者として企業の新規参入を積極的に認める方針だ。とりわけ大企業の養殖事業への参入を容易にしようとするものだ。そうするとこれまでの漁業協同組合は大きな変化にさらされることになるだろう。これまでの浜の漁師の利益を守ることができるのか心配だ。現行の漁業関連法は、金田禎之の『新編　漁業法のここが知りたい　2訂増補版』（成山堂書店、二〇一六）によると、「漁業法」、「水産資源保護法」、「海洋生物資源の保存及び管理に関する法律」、「遊漁船業の適正化に関する法律」、「水産基本法」からなる。そのうち三番目のいわゆるＴＡＣ法は改正される漁業法に統合される。かなり大きな漁業関連法改革になる。これが何を意味し、どういう結果になるか見届ける必要がある。

今回の改正が、七〇年ぶりの抜本的改正と首相が言う割には十分審議されていない。野党が問題にするところは、行政措置で対応するという姿勢を通した。つまり、おおざっぱな法律を作っておいて委任立法〔法律の委任に基づき、立法府以外の機関が法規を定めること〕で処理しようというものだ。法の支配の軽視も甚だしい。

魚屋は高度な技術者

まちの魚屋が極端に少なくなった。そういう魚屋はほとんど家族経営の小さな個人商店だった。それがなくなった。まちから公設市場がなくなってスーパーの魚売り場で魚が売られるようになった。個人商店であれば、週一の休みもあり盆や正月の休みもあった。スーパーやショッピングモールになると年中休みがない。魚の小売り屋というのは、右のものを左に売る商人と少し様子が違う。洋品店の経営者あるいは売り子とは違う。洋品店は純粋の流通業であるが、魚屋は、流通業者であると同時に加工業者でもある専門的技能労働者である。仕入れる魚がどのくらいの量がどのくらいの価格で売れるか目利きをする、ここまでは流通業者の仕事である。その限り洋品店と同じである。卸の段階まで魚を獲ったときから氷温管理されて小売店に届く。それを客に売るまで氷温管理する。仕入れた魚を客の求めに応じて、二枚、三枚、五枚におろすのはかなりの技量がいる。キスや小アジのような小魚を天ぷら、フライにするから開いてほしいと客から頼まれたら器用な作業もしなければならない。

家族経営の小さな商売をしている家の多い下町では、昔から総菜の需要が多い。京都の西陣に近い三条通の商店街で魚屋を覗いたことがあるが、魚の塩焼き、照り焼き、醤油煮、味噌煮、フライと実に多彩な惣菜が並んでいた。家族経営の商家では、いちいち食事のたびに調理の腕を振るうというわけにはいかない。魚屋は立派な加工業者である。

まちの商店街がシャッター街になって、まちから魚屋が消えた。濱田武士の『魚と日本人―食と職の経済学―』（岩波新書、二〇一六。引用に際しては、『魚と日本人』）によれば、一九九一年から二〇一四年にかけて鮮魚店の「事業所（店舗数）は七三％も減少し」（四九頁）たとある。人々は、スーパーやショッピングモールで買い物をするようになった。大手流通業者は新しい店を出すとき鮮魚売り場に専門家を置きたいと考え、まちの魚屋に目をつけて新しいスーパーの鮮魚売り場を担当しないかと持ち掛ける。我が家がなじみにしていた魚屋から、そういう話があるのだけれどと悩んでいると直接聞いた。その魚屋が入っている公設市場はしばらくして消えた。その魚屋は結局廃業した。スーパーに入ると年中無休、長時間営業である。とても今までの家族経営では体がもたない。そうかといって、人を雇ってまで営業する自信も経験もないとすると廃業せざるを得ない。大手流通業者の方もそう簡単に技能を持った魚屋を手当てできるわけではないので、鮮魚売り場はいきおい加工品を並べるだけの売り場になる。

鮮魚は、漁港で加工され柵か切り身になって売り場に並ぶことになる。盤台に並んだ新鮮な丸魚を見定めて魚屋のおやじに二枚におろしてくれというような魚の買い方は難しくなる。高級スーパーでは、一匹なりの魚を注文に応じてさばいてくれる店もあるが、そんな店は少ない。

漁業を考える目

山海往還で、林業と漁業の復活を考えてきた。林業に関しては、伐採、製材、流通、消費、植林までの循環で考える癖がついた。ところが、漁業に関しては、なかなか、採取から消費までの循環という考えが身につかず、漁撈ばかりに目が向いていた。そのせいで、濫獲や、漁師の年間所得の低さに起因する跡継ぎの問題などを取り上げてきた。ところが、『漁業と震災』を読んで、漁業も循環で考える癖がだんだんついてきた。

つまり、漁業というのは、水産物を獲ること、つまり、漁撈から浜での取引、加工、運搬、消費都市での卸売市場の取引、小売り、消費の循環ということだ。漁師は、場合によっては、数カ月家を空けてカツオを追いかけるような生活が待っている。その場合、漁師の暮らす漁村は妻や子供を守る重要な共同体の役目を果たす。漁村共同体があって初めて漁師は安心して漁に出かけることができる。たとえば、高知のカツオ漁船が、太平洋沖でカツオをとり、生餌のカタクチイワシがなくなると、気仙沼港に立ち寄り、カツオを下ろし、次の航海に必要なものを積み込んで、すぐにカツオの群れを追いかけて太平洋に出ていく。気仙沼港はカツオ漁船にとって不可欠な中継基地の役割を果たしている。こういう漁港の役割、加工業者、流通業者の役割を十分考慮に入れて漁業問題を考えなければならないことを『漁業と震災』から学んだ。今回の漁業法改正は、漁村共同体の存続を脅かすことになりかねない。

また漁業には遊漁という分野もある。これは漁師が魚を獲ることを生業にするのではなく、釣り好きの素人に魚を釣らせる商売である。漁業権の存在するところで、漁業権を持っている漁師が魚の釣れる岩場に客を運んだり、漁船で漁場に連れて行ったりする仕事だ。この遊漁は日本のみならず世界的にも大きな市場を形成している。もちろん見せるだけの遊漁もある。代表はホエールウォッチングである。

サンマが食卓に届くまで

今年はサンマの当たり年である。丸々太ったサンマが一匹一〇〇円で買える。いろんな調理が可能だが、一番は香ばしい塩焼きか。しかし、一塩して三枚に下ろし、膾にしてもよい、筒に切って甘辛くでも味噌でもいいから煮つける手もある。また筒に切ったものに小麦粉をまぶして南蛮風に煮てもよい。紀伊半島南部の三重と和歌山の海岸に近いところでは、サンマずしが郷土料理である。紀伊半島あたりで獲れるサンマは脂が落ちているので、すしに合う。店によってサンマの熟《な》らし具合が違うが、新鮮なものより気持ち、よく熟《な》れた方がうまい。今でもサンマの水揚げがあるのかよくわからないが、尾鷲で少し水揚げがあるようだ。サンマは実に様々な料理に使えるいい魚だ。このサンマがどのような経路を伝って家庭のテーブルにのるか。濱田の『魚と日本人』によると、水産物の市場は大きく分けて産地卸売市場と消費地卸売市場に分けられる（八頁）。サンマが、根室の花咲漁港に着くと漁業者から卸業者（荷受け）が買い取り、卸業者から仲卸業者（仲買人または買受人）がどの消費地にどんな品質のサンマをどれだけ持ち込んだらいいかを判断して買う、という仕組みだ。「産地卸売市場の卸業者の多くは、漁業協同組合や漁業協同組合連合会（漁連）」である（一二七頁）。卸業者は、加工業者でもある。例えばシラスは、漁協が浜ですぐに釜でゆでて製品にする。あるいは、天日干しにしてカチリにする。サバを三枚に下ろして、フィーレにする。消費地のスーパーで廃棄物が出ないようにするわけだ。仲卸が消費地卸売市場に持ち込んだものを、消費地卸売市場の卸業者が買受け、そこから仲卸が売り先を予想しながら必要なものを競り落とす。仲卸からまちの魚屋が買って、店に並ぶと最終消費者のもとに届くという仕組みだ。『魚と日本人』は、魚がどういう経路で最終消費者に届くかを丁寧に説明し、そこにはらまれる問題を分析したものである。海産物の流通を支えてきた卸売市場および卸業者、仲卸の機能が低下している現状も丁寧に分析している。

卸売市場といえば、威勢のいいセリの場面がニュースなどで出てくるが、案外セリではなく相対取引が多い。この暮れ、猛毒のソウシハギが誤って売られたとテレビ、新聞で報道された。これは福井の産地市場で仲買に買われ、何度か消費地市場を回ってやっと松阪の市場で買い手が付き大台の魚屋が売ったというので騒ぎになった。こんな魚はセリにかけられることはない。

まちの商店街に魚屋を探して

まちから魚屋が消えて久しい。下町には鮮魚屋が残っているだろうと思って注意して歩くがなかなか見つからない。ぼくの家から徒歩で一五分ほどのところに鮮魚屋がある。ときどき横目で見て通り過ぎるが、入ったことがない。いい魚を置いているとは思えないからである。東京の下町ならまだ魚屋も残っているかと考え、何とか銀座というようなところに行けばあるかとあてずっぽうで砂町銀座というところに行ってみた。六〇〇メートル余りの商店街で道幅は大人二人が両手を広げて手をつないだくらいか。小さな店が並んでいる。シャッターを下ろしているところはほとんどない。この商店街に魚屋が二軒あった。当て外れだった。冷凍の切り身を大安売りしているような魚屋だ。食品スーパーが一軒あって魚も扱っていたが、トレーに入ったものばかりだった。ウィークデーの昼間だからかもしれないが、人出が多いといっても年寄りばかりだ。このあたりの人口構成を反映しているのかもしれない。もう少し事前調査をして街歩きした方がいいかもしれない。

名古屋の公設市場も少なくなった。一二月の一二日に中央線千種駅の南にある古井の坂の公設市場をのぞいてみた。まだ対面販売の市場で、魚屋も対面販売であった。ほんのすこし丸魚があるだけだが、まあ魚屋の態をなしていた。そのあと、地下鉄築地口近くの公設市場に足を延ばした。ここはすっかりスーパー形式になっていた。海産物もトレーに入った切り身だけだ。二時近くで昼ご飯も済ませていないので目に入った中華屋さんに入った。ここの公設市場が対面販売をやめたのはいつごろかと聞いてみたところ、一九四八年から店をやっているという六〇代と思われる親父さん——たぶん二代目だろう——は、かなり昔で思い出せないといっていた。ここらは人口が減って市場もやっていけなくなったのだろうと思われる。ぼくは、盤台にいろんな魚が並ぶ威勢のいい魚屋を探しているが、これは幻を求めているのだろうか。

京都錦の市場は観光客も含めていつでも人出の多い市場だけれど、いかにも京都らしくいわば大きな惣菜市場みたいなものだ。それに比べて、金沢の近江町市場は活気があっていい。鮮魚屋もしっかりしているように見受けた。しかし、新幹線が通って観光客が押し寄せるようになっただろうから荒れたかもしれない。越前ガニの季節になると火曜日が買い物にいいと悟った。水曜日は漁師が休み、木金土は飲食店の需要が大きい。火曜日くらいが需要の少ない日だから安く手に入るだろうということだ。大阪の黒門市場も有名だが、ここも四、五〇年前に比べて見る影もない。鮮魚屋が減った上に規模が小さくなった。

こうなると、神戸市の一番西の垂水区の市場も気になる。ここはイカナゴのくぎ煮で有名なところ、春になると町中からイカナゴを煮るにおいが立ち込める。ここから伝搬して大阪湾一帯でくぎ煮が流行するようになった。この垂水の駅近くに市場があって狭い通路が交差して迷子になりそうなところであるが、浜に近いので、朝と夕方二度水揚げがあって新鮮な魚が手に入るというのでにぎわったものだが、近年は様変わりして見る影もない。今にこの市場は再開発されるだろう。鮮魚にかぎらず、生鮮水産物の流通と消費の構造の変化が小売店を変えてしまったのかもしれない。

大阪市中央卸売市場

この市場には一九八〇―一九九〇年代によく通った。ホテルの朝食の代わりに市場の食堂に通った。七時頃はまだ市場を車が忙しく走り回っている時間帯で、うろうろしていると危ない。背広を着て何となく市場関係者のような顔をして魚屋を覗いて回ったりした。この市場にえんどうという〝つかみずし〟を売り物にする鮓屋がある。握りずしではなくつかみずしといっている。卸売市場に仕入れに来たりする忙しい人相手だから時間をかけずにさっと出せる鮓を、というのでシャリとネタをなじませるのに二度三度握りなおすのを一回で済ませる技を売り物にしている。市場の鮓屋であるからネタはいいし、仕事もしっかりしている。今時、古くからの鮓屋は減っていって回転寿司が一般的である。回転寿司ではロボットが定量を型にしたシャリに職人がすしネタを乗せている。握りずしではないようだ。残った鮓屋は高級店で庶民がなかなか行けるところでない。この秋のニュースで東京の高級ホテル、ホテルオークラに入っている銀座久兵衛という店がホテルを相手に悶着をおこしていることを知った。名古屋の同業者から、その鮓屋のホテルに払うテナント料は年間九〇〇〇万円だと教えてもらった。売り上げの二割だというから、年間四億五〇〇〇万円の売り上げがある。一日当たり一二〇万円くらいか。きっと高いだろうなと思う。この鮓屋いかにも銘店らしい名前だが、今は外国資本で、昔を知っている通はいかないそうだ。えんどうはこんな高い店とは違う。一皿五貫で一六〇〇円くらい。二皿食べると三〇〇〇円超えるから安いとは言えないが、銀座の店の十分の一だ。

大阪のまちの魚屋

名古屋や東京のまちの魚屋を見て回ったので、一二月の一七日から一九日にかけて大阪の街を歩くことにした。本当はもっと早い時期に行きたかったけれど、都合がついたのはやっとこの時期になった。まずは、阪急沿線大阪梅田から四つ目の庄内駅横の豊南市場に行った。事前にクジラの専門店があることを知っていたからである。阪急宝塚線と国道の間にある大きな市場だ。廉価販売で有名な市場である。店舗は数十軒あるのだろうか。魚屋も数軒あった。いずれも丸魚を置いていた。いずれの店もそれほど魚種が豊富というわけではなかった。クジラの専門店は、かなりの品ぞろえであった。このあと、梅田の阪急の地下に寄り、天満五丁目の市場とそれに続く中崎町の商店街を歩いた。翌日、阪急の向かいにある阪神の地下を見た。そして、そのあと、南の高島屋の地下を覗いた。最後の水曜日に阪神野田の近くの新橋筋商店街を歩いた。

まず街場の魚屋は、魚屋としてはほどほどである。もちろん、訪れた時期が悪い。年末のこの時期は漁もあまり振るわない。もっと時期を選ぶべきだったかもしれない。しかし、阪急、阪神の鮮魚売り場は別格である。阪急梅田の生鮮食料品売り場は昔からとてもまちの市場ではかなわない鮮魚売り場であった。もちろん、このご時世であるから盤台も小さくなったが、立派な高級魚が並んでいた。道路一本はさんだお向かいの阪神の生鮮食料品売り場の魚屋もたいしたものである。キラキラと光った太刀魚の指五本より大きなものが盤台に載っていた。さすがである。グジ（アマダイ）一キロ位と踏んだ大物が二万円前後、クエとしては小物だが四キロくらいのものが二万五〇〇〇円くらいのものを置いていた。とてもではないけれど街場の魚屋でお目にかかることはない。ぼくはこんなお金持ち相手の魚屋に関心があるわけではない。東京の谷中銀座には、そこで買うことがステイタスシンボルになっている魚屋があると聞いている。そんな店は大きな都市にはあるものだと思う。ぼくの関心は、毎日の家計を心配している普通の家庭の台所と直結している魚屋にある。

今時、魚屋を覗いてみると、それぞれの魚に産地が表示してある。この表示が何を意味しているのかよくわからない。ものによっては、天然あるいは養殖という表示もある。産地表示があるものにどうも養殖が多いような気がする。大阪では時節柄フグの鍋と刺身のセットものが多く並んでいた。産地表示は淡路島とあるのがほとんどであった。淡路島のフグといえば養殖もので有名である。かつて、大阪ではフグ料理は当たり前で、庶民的な店から高級店までフグを出した。トラフグが一番高いので、これは高級店向け。庶民向けにはマフグやカラスフグを使う。いまでは、このうちトラフグはほとんど養殖ものである。三河湾や遠州灘では天然のトラフグが一般的である。これで街場の魚屋を見て回るのは一区切りにしよう。

養殖もの

何度も書いたが、野菜も肉も養殖しか食べていないのに、魚だけ養殖を見下すような物言いは、えらそぶっていると人に嫌われる。しかし、なんともなじめないからいかんとも仕方がない。宴会の席などで、刺身の盛り合わせを見て、一目で養殖とわかると手も付けない。こんなことをしているから罰が当って今は思うように物が食べられない。天然の魚がいつでもどこでもおいしいとは限らない。季節、場所と獲った後の処理の仕方で大きく差が出る。カレイという魚は実に種類が多い。ぼくはマコガレイが一番だと思っているが、親しい料理人はホシガレイが一番といって譲らない。マコガレイは大分県のシロシタガレイがブランドものである。同じマコガレイでも棲んでいるところで味が違う。シロシタガレイは湧き水のある汽水域に棲んでいてエビなどを餌にしているので実に上品な味がする。同じような条件の水域では同じようにおいしい。岡山にもそんなマコガレイがある。ホシガレイとマコガレイとどちらが一番かといっても時期と生息域でおいしかったりまずかったりする。マコガレイだのホシガレイだのといってもいつでも手に入るわけではない。それに比べて年中おいしくていつでも手に入る養殖ものは流通業者や中食店、飲食店にとってありがたいものである。

いつでもどこでも同じようにおいしい魚を食べようというのがそもそも間違っている。ないときは、塩干ものか加工品で代用すればいいのだ。しかし、商売をしている人にはそれはつらい。鮨屋が今日は漁がなかったから海苔巻きと稲荷しかありませんではあがったりである。冷蔵流通の普及によって遠隔地のものも手に入るようになったので、かなりのものをそろえることができる。それをさらに補うのに養殖ものが求められる。ないときは我慢する、代用品で済ますという消費行動をとれば本当はいいのだが、こんなことを言っていると、景気に水を差すけしからん意見だと言われかねない。

商業捕鯨の再開にむけて

今年は国際捕鯨委員会の開催年で日本は商業捕鯨再開を求めて会議に臨んだが、商業捕鯨再開にはならなかった。日本政府が商業捕鯨再開を望むのには、南氷洋の調査捕鯨の船を更新する必要が出てきたのにその資金のめどが立たないという理由がある。商業捕鯨を再開してクジラ肉をおおっぴらに輸出して儲けようと考えているのだ。一八年春に南氷洋から帰ってきた調査船は、三三三頭のクロミンククジラを持ち帰った。それをどうしたら売り切ることができるか心配だという。なかなか消費が伸びないのだ。近年のクジラ肉消費量は多くても年間五〇〇〇トンである。これは馬肉消費量の半分である。とても国内の消費が増えるとは思えない。海外に市場を広げるしかないと考えているようだ。大手の水産会社が本気でクジラの缶詰の輸出に力を入れたら、資源管理上問題だ。商業捕鯨が再開されれば捕鯨船の更新ができると政府は目論んでいる。大手の水産会社は、捕鯨を再開するつもりはないといっているが、注視する必要があるだろう。サバやツナ缶の輸出ではあまりもうからないからクジラに商機を見出そうとするかもしれない。

一二月二五日に政府は、ＩＷＣから脱退することを閣議決定し、翌日官房長官が公表した。今後は、ＥＥＺ内で商業捕鯨を再開するつもりだ。その代わり、南氷洋での捕鯨はできない。商業捕鯨を再開したいという主張に、クジラ食文化を守りたいというものがある。これは隠れ蓑だと思う。外国メディアは、安倍首相がクジラに縁の深い下関が地盤、幹事長の二階が、太地を含む南紀が地盤だと報じている。国会に議連もあって、ＩＷＣ開催の前になると景気づけにクジラ料理を食べる集まりをする。そこで張り切っているのが、大阪南の徳屋というクジラ料理店の女将である。この近くには、老舗の西玉水というクジラ料理店がある。ここはうまいが高い。徳屋は新しいといっても一九六七年創業だから結構な老舗になっている。三〇年ほど前に安くてうまいというので行ってみたが、がっかりした。そこで女将にこのクジラはどこのものだと聞いたらスペインのものだと答えた。まあ仕方がないかと考えてそれ以来行っていない。その女将も経験を積んだだろうから少しは良くなっているかもしれない。一九八八年に日本が商業捕鯨から手を引く前に、長崎の老舗の水産物問屋が倒産した。クジラを大量にロシアから輸入して品不足に備えようとした。ところがこれがまずくて売れずに三〇〇年続いた老舗は倒産した。クジラ肉は獲った後の扱いに失敗すると市場価値がなくなる。毎年のように訪れる紀伊勝浦の駅前の弁当も作っている喫茶店の主人はどう思っているか、今度行ったら聞いてみたい。

次号では、塩《しお》を取り上げたい。しおも海産物でないかと考えているからである。

続 山海往還 その11

しおの話

しおといえば、海水を煮詰めて作るものだとばかり思っていたが、これは、天日塩も岩塩もない日本の特殊事情だ。天日塩というのはメキシコとかオーストラリアの海岸で強い太陽の熱と風で海水が自然に濃縮されて結晶したもの。岩塩は、海底が隆起した折何らかの都合で海水も陸地に上がり長い時間をかけて水分が蒸発してしおだけが残ったもの。これも砂やほこりが混じっているので、精製してしおになる。しおのうち食品加工や調味料として使われるのは、ほんのわずか。しおの九割は工業原料である。いずれにしても人の口に入るしおはほんのわずかである。工業原料としてのしおとして望ましいのは、できるだけ純度の高い塩化ナトリウムである。石鹸やガラス、苛性ソーダを作るのにはできるだけ純度の高い塩化ナトリウムが必要なのだ。

さて、しおのことを考えるに至ったのは、しおは海産物だと思い込んでいたからである。岩塩は鉱物に分類されているから岩塩からしおを作る国では、製塩業は鉱業に分類されるのだろうか。日本には天日塩も岩塩もないから海の水を煮詰めてしおを作るしかない。この煮詰めることを煎熬《せんごう》というのだそうだ。海の水を直接煎熬するのは燃料費がかさんで不経済である。煎熬などというむつかしいことはあまり使わず、煮詰めるという場合もある。そこで、海の水を濃縮する工夫が凝らされた。揚浜式は、海の水を浜に敷いた砂に撒いて天日と風で水分を飛ばし、砂に着いたしおを水に溶かして海の水よりしおの濃度が高い鹹水《かんすい》を作る。特に辛い塩水のことを鹹水という習慣があるらしい。中華そばの麺を練るのに小麦粉に鹹水を加えるという。塩水でいいのだがそういう習慣だ。うどんも素麺も鹹水を加える。そば打ちには鹹水を使わない。名古屋の名物に味噌煮込みうどんというのがある。このうどんを打つのに鹹水は使わない。特殊なうどんだといえる。群馬のおっ切込みも鹹水は使わない。

揚浜式に対して入浜式というのがある。傾斜をつけた海岸に堰を設け、満潮時に堰を開け海水を砂地に入れる。引き潮になると堰を閉じて海水を天日と風で蒸発させて砂に着いたしおを海水に溶かして鹹水を作る。それを煮詰めてしおの結晶を作る。こちらの方が効率が良い。製塩の歴史は古いからもっと別の塩づくりの方法があるかもしれない。平島裕正著『塩』（法政大学出版局、一九七三）が製塩の歴史に詳しい。揚浜式でも入浜式でもいかにも効率が悪い。年間およそ八〇〇万トンから九百万トンのしおの供給をこんな方法でやっていてはたまらない。

しおの需要のほとんどが、ソーダ工業用であるから効率が第一である。そこで、一九七一年二月に「塩業の整備及び近代化の促進に関する臨時措置法」が国会を通過し、同年四月に施行された。これによって、従来の製塩法は輪島の揚浜式が観光用として残されただけで、あとはすべてイオン交換膜法にとって代わられた。塩業は七社（現在、六社）に集約され、作られるしおは、塩分濃度ほぼ一〇〇％の「塩分」になってしまった。

しおと塩分というのは違う概念らしい。スーパーで売られているしおのパッケージには塩分濃度九八％などというのがある。しおのうち塩化ナトリウムの濃度を塩分濃度というのだそうだ。そうすると塩分というのは塩化ナトリウムということになる。管理栄養士や内科医が口うるさく塩分のとりすぎはいけないというのはしおではなく、塩化ナトリウムのとりすぎがいけないということなのか。これを区別しないとしお気の薄い気の抜けたようなものを食べなくてはいけなくなる。

植田有美の「専売制度廃止後における自然海塩の生産と流通」（広島大学生物生産学部食糧情報管理学コースの卒業論文）によると、入浜式塩田の労働生産性が一〇〇〇トン当たり一一〇人であるのに対してイオン交換膜方式は〇・八人、土地生産性は、一ヘクタール当たり、入浜式が一二四トンに対してイオン交換膜方式が一五万トン、月とすっぽんの差だ。効率の悪い従来の製塩法は過去のものになった。

　家庭で使うしおがサラサラの塩分になった。これは家庭で評判がよかった。家庭のしおは湿ると固まってはなはだ使いづらかった。魚の塩焼きなどは、辛いところとしおのきいていないところが出て評判が悪かった。焼き魚のしおの打ち方一つが熟練の技になるくらいだ。焼き米を食塩の壺に入れて湿り気を避けたものだ。それが、サラサラの食塩になってそんな心配がいらなくなった。サラサラの食塩は大いに受け入れられた。ところが、料理人には受けが悪い。ＮＨＫの啓蒙料理番組で活躍した京都の老舗の仕出し屋辻留の主人辻嘉一は、サラサラの食塩はまずくていかんと常々批判していた。大阪の高級料亭吉兆の主人湯来貞一は料理の仕上げに味の素かイの一番を少々というのを忘れなかった。グルタミン酸ソーダやイノシン酸を追加することで辛いばかりの食塩をごまかすことができるからである。彼は、お素人さんでは高級料亭のように調味料を贅沢に使うことができないという理由で化学調味料を勧めたのである。

　イオン交換膜方式の食塩に我慢がならない料理人は、観光用といって命を伸ばした能登のしおで露命をつないだ。イオン交換膜方式になった後のしおの分類を大雑把に見直すと、次のようになる。

しおの分類（塩事業センター）

塩種	生産方法	品質規格
食卓塩	原塩を溶解して再製加工したもの	NaCl九九％以上、塩基性炭酸マグネシウム基準〇・四％
特級食卓塩	同右	NaCl九九・八％以上
精製塩	同右	NaCl九九・五％以上、塩基性炭酸マグネシウム基準〇・三％
新家庭塩	海水濃縮法（イオン交換膜）による鹹水を煮詰めたもの	NaCl九〇％以上、二〇一一年に製造中止
食塩	同右	NaCl九九％以上
原塩	外国から輸入した天日塩	NaCl九五％以上
漬物塩	洗浄した粉砕塩（輸入天日塩を粉砕したもの）に添加物を加えたもの	NaCl九五％以上、リンゴ酸基準〇・〇五％、クエン酸基準〇・〇五％、塩化マグネシウム基準〇・一％、塩化カルシウム基準〇・一％

工業原料としての塩化ナトリウムを効率よく生産するために従来の塩田は廃止して電気的に塩化ナトリウムを作る方法に変わったので、海岸の塩田というジャマものもなくなった。海岸線を、道路にしてもホテルにしても、お金になるものを何でもつくることができるようになった。

ところが、工業用の塩化ナトリウムをそのまま食用に転用していいかという問題がある。前頁の表に見るように食卓塩は、塩化ナトリウム九九%以上という代物である。こんな食塩はまずい。食塩は味付けに使うものだが、体にとってはミネラルの供給源として重要な役割を果たしている。体にとって必要なミネラルは、次のようなものである。

無機塩類の体内における分布と生理作用

	主な体内における分布	主な生理作用	欠乏症
Ca（カルシウム）	骨、歯、血清など、成人男子で約一kg。リン酸塩八五%、炭酸塩一二%ぐらい	骨・歯の成分、筋・神経の機能維持、血液凝固因子、酵素の補助因子および賦活酸・塩基平衡の緩衝作用	成長阻害、骨・歯の劣弱化、骨の変形・奇形
P（リン）	骨、歯（八〇%）、筋（一〇%）、脳、神経、血液など、Ca、Mgと結合して存在する	高エネルギーリン酸化合物としてエネルギーの供給、骨・歯の成分、リン脂質・核酸の構成成分、浸透圧、pHの調整など	同右
K（カリウム）	筋、血清、細胞内液、成人男子で約二〇〇g	筋・神経の興奮性維持、細胞内液のpH・浸透圧の調整	筋脱力、腸緊張力微弱、心搏異常、呼吸器系筋不全
S（硫黄）	体タンパク質、筋、毛、爪、インシュリン血清、含硫黄アミノ酸など	sh化合物として生理機能の調節、生体にとって重要なアミノ酸・糖などの構成成分、解毒作用	
Na（ナトリウム）	各組織、血清、細胞外液、成人男子で約一〇〇g	筋・神経の興奮性維持、細胞外液のpH、浸透圧の調整	嘔気、めまい、精神的感情減退、筋無力けいれん、呼吸器不全

Cl（塩素）	各組織血清、胃液、細胞外液など	体液の浸透圧維持、胃液の塩酸の給源	
Mg（マグネシウム）	骨・歯の微量成分、各組織ミトコンドリアなど	神経・筋の機能維持、酵素の補助因子、骨・歯の成分	脱力、神経・筋肉の被刺激性の増大（アルコール中毒者に見られる）
Fe（鉄）	赤血球、ヘモグロビン、臓器、骨髄、筋など	ヘモグロビン・ミオグロビンの成分、チトクロム・カタラーゼ・過酸化酵素の成分	貧血（赤血球・ヘモグロビン濃度低下）、衰弱、息切れ、食欲不振
Na（マンガン）	肝臓、脾臓、副腎、ミトコンドリアなど	酵素の補助因子賦活	
Cu（銅）	骨髄など	鉄・タンパクの合成に関与、酵素の補助因子	貧血（Cuとの併用で迅速に軽減する）
I（ヨウ素）	甲状腺など、成人で約二五Mg	甲状腺ホルモンの成分	甲状腺腫
Cu（コバルト）	血清	ビタミンB12の成分	
Cu（亜鉛）	膵臓、肝臓、甲状腺、骨、皮膚	酵素の補助因子、インシュリン生成に必要	

『岩波科学の事典　第三版』栄養の項目より、元素記号のあとのカッコ内は筆者追加

人体に必要なミネラルが、この表にあるだけのものかどうかまだまだ未知のこともあるかもしれないが、これらのミネラルはさまざまな食物から摂取されていると思われる。それらの中で重要なものがしおである。そのしおがイオン交換膜方式のものでほとんどが塩化ナトリウムということになれば問題だろう。カリウムとナトリウムはそれぞれ筋・神経の興奮性維持の生理作用に貢献している。カリウムは細胞内液に含まれ、ナトリウムは細胞外液に含まれる。これらの浸透圧が均衡していると問題ないのだが、バランスが壊れると高血圧の原因になる。医師が、高血圧になるから塩分を控えよというのが、しおを控えよという意味かナトリウムとカリウムのバランスをとれという意味かよくわからない。サラサラの食卓塩ばかり摂っているとバランスが壊れて高血圧になるかもしれない。こういう問題があるから、イオン交換膜方式のしおは人体によくないから自然塩を摂れというしおブームが起こっている。

そんな雰囲気のなか、岩塩がいい、私の店では岩塩を使っていますなどという料理人がいたりするが、どうも信用ならない。西隈隆則が、ボリビアとパキスタンとドイツの岩塩を一般財団法人「日本食品分析センター」に分析を依頼したところ、それらはいずれもほぼ一〇〇%

塩化ナトリウムであった（西隈隆則『消えていくニガリ―誰も知らない塩の話―』海工房、二〇一八、一一〇頁）。自然塩ブームは、岩塩は自然塩だからいいだろうという雰囲気を醸し出した。食塩はミネラルを摂取するうえで大切なものだけれど、さまざまな食物からミネラルを摂っている。カリウムといえば、スイカやキュウリが有名である。これに限らず、食べ物を通してミネラルを摂取しているのであまりしおにばかり神経質になる必要はないかもしれない。ただし、イオン交換膜方式のしおを常用し、野菜はボール一杯のサラダなどという生活をしているとミネラルの補給が怪しくなる。サラダに使う野菜の多くが水耕栽培のものになっているからだ。

人間の体は、重量比でいえばほとんどを水分が占めている。成人でおよそ六〇%が水分である。その水分のミネラル構成は、海水と同じだといわれている。濃度は海水が三～四%であるのに対して、人体ではおよそ〇・九%だ。人間が海水をそのまま飲んだらかなり塩辛く感じる。また、海水のミネラル構成と同様のしおは必ずしもいいとは限らない。ニガリを少し抜いた方が使いやすい。ニガリは豆腐の凝固剤としてよく知られているものである。豆腐売り場で、パッケージに「遺伝子組み換えでない国産大豆」、「天然ニガリ」とうたっていれば高級品の豆腐ということになる。このニガリの主成分が塩化マグネシウムだ。苦みが強いので昔はしおを枯らすという手間をかけてニガリを抜いた。コモに入れたしおを日陰に積んでおくとニガリが湿気を吸って液状になりコモの外に出てくる。こうしてニガリを抜く作業をしおの枯らしといった。一九九七年に塩専売が廃止されて、自由にしおを作って販売できるようになると、さまざまな業者が伝統的な作り方のしおを生産販売するようになった。さきのしおの分類の中で炭酸マグネシウムや塩化マグネシウムが入っているものがあるが、あれは、ニガリを抜いたしおに後であらためてニガリを適量添加したものだ。ニガリというのは煎熬のさい、しおの結晶ができた後もドロッとして残ったものである。海水に含まれている微量元素が詰まっている。これらが人体でどのような働きをしているかよくわかっていないが、海から生まれた人類にとってなんらかの働きをしているのだろう。近年は、ニガリが体に良いというので、健康補助食品のような売られ方をしているが、慎重に検討する必要があるだろう。伯方の塩というのが家庭用のしおとして一番よく出回っているのではないかと考えられるが、これは、主にメキシコの天日塩を瀬戸内の海水で溶かして適度のミネラル構成のしおに作り直したものである。ミネラル構成や塩化ナトリウムの比率を調整して消費者の好みに合わせている。ところが、伝統的な「自然塩」がいい、岩塩がいいなどということをいいだすと、もうこれは一種の宗教ではないかと思ってしまう。マグネシウムは葉緑素の大事な構成要素であり、植物は土からマグネシウムを摂取している。野菜からも人間はマグネシウムを得ているのだろう。

なお、マグネシウムは、アルミに少し添加するとマグネシウム合金といって軽量高張力の素材ができる。身近には、ノートパソコンの筐体やカメラのボディに使われる。

しおだけでミネラルを摂るわけでもないので、日常の食生活がバランスよく栄養を摂っていればいいはずなのだけれど、なかなかそうはいかないところが問題だ。

イカナゴが消えた

春の楽しみにイカナゴの釜揚げがある。伊勢湾地域ではコウナゴという。釜揚げの七、八センチのものを炭火であぶってショウガ醤油かポン酢で食べるのがいい。ところが、伊勢湾では、二〇一九年の春四年目の禁漁になった。釜揚げのお預けだ。大阪湾では今年もくぎ煮が盛んかと思っていたら、三日で禁漁になった。大阪湾でもいなくなったらしい。ここでは、小さなイカナゴをくぎ煮といって和釘みたいにへの字形にまっくろに煮るのがはやっている。この季節になると郵便局や宅急便の取扱所にくぎ煮搬送のパッケージの幟が立つ。各家庭で好みのくぎ煮を煮て知り合い縁者に送ることを季節の行事にしている。今年は無理だ。このイカナゴ、日本の何処でも獲れるもので、中、大型の魚の被捕食魚になっている。それがどうして急にいなくなったのかはよくわからない。小学館の『日本魚類館』によれば、このさかなは夏に砂に潜って夏眠するらしい。香川県では、海砂をとり続けたので漁獲量が急激に減ったが、兵庫県はいち早く海砂の採取をやめたので豊漁が続いたとのことである。しかし、どうして今急に漁獲量が減ったのかわからない。日本中で獲れるのだからスーパーに出回ってもよさそうなものだけれど、あまり値が付くものでないから遠隔地まで届かないのかもしれない。今年の大阪湾のイカナゴが神戸のスーパーでワンパック三千数百円していた。友人の井上君が写真付きでフェイスブックにあげていた。二〇〇〇年ころに比べると二〇倍くらいになっているのだろうか。なぜ少なくなったか。海砂の採りすぎだけが根拠といえるかわからない。青森県の陸奥湾でも資源量が激減していると『日本魚類館』は記述している。

このさかなは、イワシと並んで、中、大型の魚やイカなどの資源を底辺で支える役割を果たしているので、その資源保護に注意が払われている。それにもかかわらず各地で資源量が減っているのは心配だ。イカナゴを食べて子孫繁栄を実現している中、大型魚が少なくなる。どうしてイカナゴが少なくなっているのか、その原因はなかなかわからないらしい。

海洋異変は、海苔にも及んでいる。「日経新聞」(二〇一九年三月一九日朝刊)で、海苔が五〇年ぶりの不作だと報じられている。主要な産地は佐賀、兵庫、福岡、熊本、香川、宮城、愛知、三重である。これらで大きく収穫量を減らしている。原因はさまざまである。宮城県では貨物船から重油が流れ出したからということもあったが、おもな理由は、海水温の上昇、少雨による海へのミネラルの供給不足だという。新聞報道によると、海苔の需要は八〇億枚といわれているが、今年は一〇億枚不足するそうだ。外食・中食業界にとっては大きな痛手になる。伊勢湾、三河湾では、アサリの不漁もささやかれているから、いよいよ海産物離れが急速に進むかもしれない。

海を切り上げる

そろそろ海から川をさかのぼってまた山に入ろうと思う。林業の施業論を積み残しているからだ。その前に川をさかのぼらなければいけない。二〇一一年紀伊半島豪雨で大氾濫した那智川もその水制工事が終盤に差し掛かっている。川幅を少し広げただけで心もとないのだが、コンクリートで厳重に固められてしまった。自然の川というのは、断面で見ると側面と底面でも水が外に染み出していて、目に見える形で流れている川水のほかに底と岸の外側にももう一つの見えない川が流れている。そんな水が何かの拍子で川底から湧き出したりしていることもある。川は複雑な構造をしている。ぼくが住んでいる近くに天白川というのが流れている。反対側の低地はかつて四〇年くらい前まで果樹園であった。大雨が降ると川を流れる水の圧力が高まり、低地に水が染み出して洪水になるが、果樹園にしておけば、水が引いたらまた元の通りモモやナシがなるからだ。そんな土地の使い方をしていたのだが、開発して宅地にした方がよいというので不動産屋が開発した。案の定大雨になると洪水で大きな被害が出た。名古屋市は、土地の人は、ここにはミズ道があるといっていた。名古屋市は、土手を遮断する工事をし、排水ポンプを設置した。これで低地の洪水が見られなくなったが、反対に堤防にかかる圧力が大きくなるので破堤の心配が増した。

川はぼくらに貴重な水を供給してくれる大事なものだが、付き合うのは実にむつかしい。川は氾濫しながら川筋・河道を変える。そのたびに家を移動させるのはしんどい。田中正造のように川を自由にさせろという勇気はない。水を利用するために水辺に住もうとすると氾濫に悩まされる。氾濫を抑え込もうとすると更なる氾濫がおこる。辛抱強く付き合うしかない。この川をさかのぼって、山に帰ろうと思う。

海を切り上げて山に帰るのだが、漁業の場である海については、風呂敷が勝手に広がって困っている。若いころ、生命は渚で誕生したという仮説になるほどと思ったものだが、現在では、深海底で生命が誕生したのではないかという仮説がある。バクテリアのような生命が発生してそこから生命進化の歴史を延々とたどり今日の地球に住む多様な生態系が生まれた、というのだ。進化と進歩は全く別物であるにもかかわらず、丘浅次郎の進化論などは、進化と進歩を混同している。いかにも一九世紀的進歩主義の表れだ。生命の進化の前に生命そのものがどうして誕生したのか、これはなかなかわからない。受肉といえば、生命原理である精神、あるいは霊魂が肉体、つまり物質を得て具体的な生き物になることを指す。受霊といえば、反対に物質が生命原理である霊魂なり精神を得て、のそのそ、ごそごそと動き出すことを指す。これらの発想は物質と精神を二元的に考えているところに難点がある。これでは、生命の発生を科学的に説明することができない。神様の創造を持ち出すしか仕方がない。進化論は物質進化論にならないといけないのかと考えたくなる。地球に存在する百何十個かの元素と、それらが組み合わさってできた化合物、代表的なものは水、地球のエネルギーと地球外から注がれるエネルギーなどが生命を作ったのだろう。海のことを考えてそんなことを思いついた。ただ、「適応」と「進化」と「進歩」をきちんと区別して考えなければいけないことはたしかだ。しかし、風呂敷が大きすぎてむつかしすぎるので、生命のことは忘れて海を離れたいと思う。

終わりに

先号で大石誠之助にかかわる話を書いた。その続きだが、三月五日に大石の墓参りをした。いわば代参だ。墓は新宮の南谷墓地にあった。地名からわかるように谷の崖を段々に削って造成した墓地である。大きな墓地なのでむやみに探しても見つかりそうにない。困って、墓地の管理事務所に行って大石の墓を探していると伝えたら、「案内します」と元気のいい事務職員が先に立ってくれた。切り立った崖道をツッカケでニクのように駆け上がっていく。ニクというのは、カモシカのことである。紀伊半島の炭焼きや木こりはカモシカのことをニクという。ぼくは、今回はバックパックに機材を詰めていないとはいえ、この急激な崖道はしんどい。くだんの職員は、時々上から見下ろして大丈夫ですかといってくれる。とても大丈夫でない。やっとの思いで崖の頂点に近い大石の墓にたどり着いた。新宮の人は誰でも神倉神社で鍛えているのかと思った。

続 山海往還 その12

いろいろな施業

素人が森林施業論を書くというのは無謀すぎるかもしれないが、林業のこれからのことを考えるうえで避けて通ることができないのであれこれ学びながら考えることにする。

林業には、略奪・搾取林業と育成林業がある。育成林業では、よく考えられた施業の手続きがある。略奪林業に施業の考えがないかというと決してそうではないだろう。燃料資源として里山のナラやブナなどを利用する際、切り倒してしまわないで枝を切る。そのあとはひこばえが出て、二〇年ほどたつとまた薪、炭に利用できる枝が育っている。その枝を切る際、切り口が天を向いて雨水がたまるような切り方をしない。切り口が斜め下に向くようにできるだけ鋭利に切り落とす。こうなると立派な施業といえる。山から木を伐りだして材料資源として木を利用する場合がある。桶や樽、船、建築物の柱や板、橋や土留めなど土木用材などあらゆるところに利用された。略奪の場合なら手当たり次第木を伐りだしたかというと、そうとは限らない。柱にする木を伐りだすとき、山からどの木を伐りだすのが良いか見極めたと考えられる。次に育つ木を見極めて伐っただろうと思われる。史料があっていっているわけでないが、長い経験はきっと略奪林業の場合でも施業の考えがあったと考えるのが自然だろう。

育成林業の場合にはよく考えられた手筈がある。この山で何を作るかが施業の在り方を決定する。酒、酢、醤油のようなものの容器は、徳利、甕のような土器か木製の桶や樽ということになる。日本では革袋というのは珍しいので考えないことにする。土器は容易に作れるが割れやすいという欠陥があるので、長距離輸送などには向かない。水物を貯蔵したり輸送したりする容器が桶・樽である。広辞苑によれば、桶は固定的蓋のないもの、樽は固定的蓋があるもの。わざわざ広辞苑に頼るまでもないと思われるかもしれないが、桶・樽という言葉と表記がいつごろ固まったかという史料的に面倒なことがあるので、それは石村真一『桶・樽　ⅠⅡⅢ』(法政大学出版局)に任せる。

かつて、水物の貯蔵、運搬、くみ上げに、多くは木製の容器を使った。桶はかなり古くから用いられてきたことが知られているが、それは曲げ物であった。もちろん刳りものもあった。針葉樹を割き割ってそれを曲げて利用する曲げ物は細工が細かいので道具が揃った後世のものだと思い込んでいた。四〇年ほど前に大井川鉄道井川線の終点井川に行った折、山仕事をする人が山に持っていく弁当箱が土産物として売られていた。珍しく思って買って帰った。今でも愛用している。水漏れはない。何しろ漆でしっかり塗り固めてあるから丈夫だ。曲げ物は意外に原始的な細工物であることが分かった。これに対して結いものといわれる桶がある。厚さ数ミリから数センチ、長さは桶の大きさに従って長いものも短いものもある。それを丸くつないで底をつけ箍で締めたものが桶、それに固定的蓋をつけて輸送用にしたものが樽。この樽に酒を詰めて大坂から江戸へ運んだ定期船が樽廻船。灘、西宮の下り物の酒を詰める樽の材料が吉野杉。スギも育成林業で人工的に疎植されると、早く育って樽材に向かない。吉野は、密植という施業を採用して桶・樽材の一大供給地になった。吉野の山の中から大きなスギの木を下ろすのは大変だから樽丸にして下ろした。「樽丸という樽材を丸く束ねた規格形態が出現したのは享保年間(一七一六―一七三六)」と、『吉野林業全書』を根拠に石村がいっている。また、「山で土用頃に杉を伐採し、三カ月程度乾燥させた後に樽の用材として加工する」ともいっている(『桶・樽 III』一〇九頁)。この引用部分は、著者が樽丸生産方式は吉野生まれでなく芸州が発祥地だといっているところであるが、筆者にとっては、吉野で樽丸方式が採用されていたことが分かればいいので、いささか恣意的な引用をした。山で樽丸にする方法は、かつての炭焼と同じで、山に入って炭になる木を里まで運ぶのは大変だから山に炭焼き小屋を築いて山で炭にして軽くなったものを里に下ろしたやり方と一緒だ。山の樽丸は、もちろん生乾きであるから里の問屋のところで徹底的に乾燥させる。そうしないと樽にならない。その事情を石村は先の個所に続いて記述している。

石村真一は、『桶・樽』三部作を書くことで、我々の文明の持続可能性を、水物容器の側面から考察した。

現在、プラスチック容器の廃棄処理に世界中が困っている。味噌容器も漬物容器も木製であれば文明の持続性を確保することができる。そのうえ、生活の質の向上にもつながる。ぼくのように森林を宝の山と考えている人間は、桶などがまた木製に帰るのではないかと期待してしまう。念のために言っておくが、僕は懐古趣味で木製の桶樽を好んでいるのではない。林業・森林業は、低位技術産業では決してない。林業・森林業こそ、循環経済の立役者になると考えている。しかし、化学工業界もじっとはしていない。使い捨てのレジ袋やランチを持ち帰るための発泡スチロール容器などは制限されても仕方がないが、プラスチック製品の繰り返し利用が技術的に可能になってきているのでプラスチックの役割は終わらないと考えている。この繰り返しの技術はいわゆるリサイクルではない。製品が古くなると、いったん、原料ペレットや粉末の段階まで戻す。そうすると石油からエチレンの粒や粉を作ってプラスチックの原料にするのと同じ品質のものを再生できるので、繰り返し原料を使うことができる。新たに石油を消費することがない。こんな技術を工業用に実現しようとしているので、おいそれと木製の桶や樽が大々的に復活するとは限らない。駅弁容器は多くは発泡スチロールを利用しているが、今でもモミの木を薄くはいだものを折り曲げて弁当箱にしている店もある。こういう技術が失われない間に発泡スチロールの弁当箱の禁止を推し進めるべきだろう。廃プラの海洋汚染は今や待ったなしである。

近年、醸造業で、桶のホーロー化、ステンレス化が進んでいる。これは日本に限らない。ワイン製造やチーズ製造の現場でもそうである。もう私たちはまともなワインもチーズも口にすることができないのかという嘆きを、フランスのテレビ放送が警告せざるを得ない状況である。醸造蔵というのはそれぞれの蔵に固有のカビが住み着いて独特の個性を製品に与えている。現代の醸造工学は、麹と発酵菌と塩があれば酒でも味噌でも醤油でも作ることができる方法を確立した。厳密な温度調節のできる倉と雑菌を寄せ付けないホーローかステンレスの桶があれば、近代的な醸造所ができる。これでは画一的な醸造品しかできない。こういう倉で季節にかかわらずいつもすっきりした酒を造る醸造家が高い評価を得ている。この傾向はどうもおかしいという醸造家のなかに、杉樽を復活させようとしている人々がいる。当然のことだろう。

密植といえば、北山杉がある。北山の林家は俺らの所は吉野の密植なんか目じゃないと密植の本家を自負しているそうだ。杉苗の生産から自ら行う。植える山より条件の悪い土地で杉苗を育てる。そうすることで、苗の地上部分より長い根が生える。こういう苗だと根付がよく立ち枯れするようなこともないから、密植の効果があがる。いい加減な植林地では、畑で肥料をやって育てた苗を買ってくるから、植えた後の育ちが悪い。したがって、歩留まりを考えて多く植える。北山では、枝打ちを丁寧にしてきれいな木に育てる。枝打ちも鎌でスパッと切るから切り口の細胞の破壊が少ない。これがきれいな無節の材になる。北山杉は、数寄屋建築の流行に伴って市場を広げた材である。足場用の間伐材くらいの細いものだが、スラリとして節もなく、年輪幅が極めて小さく緻密であるのでしっかりしている。伐採後杉皮をはいで砂できれいに磨き上げたものが、数寄屋建築の床柱や化粧垂木に好んで使われたりした。付加価値がついているから銘木屋扱いでかなり高い。

しかし生活様式の洋風化で、床の間に凝るより、システムキッチンやジャグジーバスにお金をかける施主が増えた。建売住宅、集合住宅ならなおさらである。丁寧に施業した北山杉はいま行き場を失っている。現代では、園芸業者が北山杉を庭木に売り込んでいる。土から一メートルくらいだろうか、そこから数本まっすぐ伸びた立木は途中丁寧に枝打ちをしててっぺんにだけ少し葉を残した北山杉特有の台杉の景色が面白いというので売り込んでいる。風流を愛する数寄者は、まっすぐなものより曲がっている方が趣があるという連中だから凸凹をつけた北山杉を珍重したのであるが、いかんせん、出番がない。

密植と正反対の道を歩んだのが、日向飫肥杉である。飫肥藩は船用の板に特化したスギを育てるために疎植した。そうすれば、スギは早く育つので比重の小さい船用の材になる。江戸時代以降和船が滅びるまで飫肥杉は船用材としてブランド品であった。早く軽く育つような施業が飫肥で行われた。それでも、飫肥杉は軽いが油をよく含み、またしなりがよいので和船に都合の良い材であった。和船の需要がなくなるとともに、建築用材としては不向きな飫肥杉は窮地に立った。現在では、施業方法を転換して一ヘクタール当たり四、五〇〇〇本の疎植をしていたものを一五〇〇本くらいに増やした。そして建築用材として輸出に力を入れている。

共有林分割制限

先に見たスギの生産地は有名ブランド産地の例であるが、その他のスギの産地でも、伐採の後に地拵えや植林、下草刈り、間伐、枝打ちなどをしながら数十年かけて市場に出せる木を育てる。これが一連の施業である。植えてお金になるまで数十年かかる林業を続けていくにはどうしたらよいか。木を売ったお金を運用して数十年金利生活をする手もあるだろうが、社会変動に耐えるのがむつかしいだろう。

もし、五〇年で一巡するものとすると山を五〇等分して毎年ひと区分けだけ売って、地拵えと苗を買う投資費用と生活費に充てれば、持続的に林業を続けることができる。木の価格が景気によって変動することがあるかもしれないが、毎年の変動に耐えることができればなんとかしのげる。ひと区分だけで経営が成り立つためには、一定の規模の経営が必要である。そこで森林法は林家の零細化を防ぐために共有林の分割に制限を加えていた。しかし、これで不利益を被ったという男が訴訟を起こした結果、一九八七年に森林法の分割制限規定があった第一八六条が削除された。

日本の林業は、大規模に伐採してそのあとにまた一斉に同じ樹種を植えるという単純林更新を行ってきた。どうもこれを見直そうという動きがあるようだ。この見直しとともに、先ほど述べた山を五〇等分して一年にひと区分ずつ伐採するというような施業は見直しを迫られている。

林学・林業から森林学　森林業へ

高度経済成長の終わるころ、「成長の限界」とか「宇宙船地球号」という言葉をよく目にも耳にもした。地球環境問題に対して人々の関心が高まった。そのころから、拡大造林で林業の未来が明るいはずだったのに当てが外れて日本林業の将来が見通せない時代がやってきた。林学者の中に戸惑いや疑問がわいてきた。そして、一九九二年のリオサミットでの『森林原則声明』、「アジェンダ二一」は、森を守れの大合唱につながった。割り箸を使うな、マイ箸を持ち歩こうという運動が広まったのもこのころである。森林生態学者の四手井綱英は、一九九三年に京都府立大学で「割り箸をなくせば森林を救えるか」という講演をしている。割り箸くらいで森はなくならないというのが結論だ。興味深いエピソードを紹介している。戦後林野庁が、「門松が松林を崩壊させるから、門松をやめろ」というキャンペーンを張った。根拠のない暴論だったので、まもなく引っ込めた（四手井綱英『森林Ⅲ』法政大学出版局、二〇〇〇）。リオサミットは、林学者に大きな危機意識を与えた。

森林生態学の清和研二は、拡大造林のあとが見るも無残な姿をさらしている状態に対して、「せっかく作った人工林まで放置され病んでいる。戦後長い時間をかけて、人工林における〈効率的な木材生産の方法〉が研究されてきたはずである。スギやヒノキ、カラマツの成長に適した立地環境が詳しく調べられた。通直で早く大きくなる〈精鋭樹〉が選抜、育種され、その効果が膨大な数の検定林で調べられた。太い木を早く収獲するための密度管理の理論や収穫量を予測する数学モデルが発達した。造林木の病虫害駆除や気象害の研究も盛んに行われた。針葉樹の植栽・下刈り・間伐・枝打ちなどの保育作業には補助金が出され、産官学こぞって、人工林の経営の合理化・効率化のために働いてきた。しかし、膨大な人工林は間伐もされず放置された。これだけ〈科学的〉に〈精力的〉にやってきたはず。なぜだろう（清和研二『多種共存の森』築地書館、二〇一三。まえがき）。

清和の言葉は、拡大造林の時代の林学の努力が報われなかったことをよくあらわしている。戦後林学の悲喜劇というべきだろう。戦後の日本林学の不安と焦燥とそこからの脱出がどう試みられたか、林学者に聞いてみよう。林学者の鈴木和次郎は「ここで、本書が生み出される母体となった森林施業研究会について、紹介しておきたい。きっかけは、一九九〇年代、〈林学会のあり方〉論議が盛んに行われていた時期の日本林学会大会（第一《マ》一六《マ》回・北海道大学　著者の思い違いか）であった。その時の〈造林〉の分科会は、屋根裏部屋のような狭い会場に数えるほどの参加者、という惨状であった。それに対し〈生態〉の分科会は、大会場がほぼ埋まる盛況であった。この時、感じた不安と危機感とは、こうした学問（純粋科学）へのひたむきさが、一方で、林学の原点である森林資源の持続的経営・管理（木材資源のみならず、広い意味での森林資源とその保続）のための学問や、その拠って立つ生産・管理の現場からの乖離につながりかねない、ということであった。それは、人とのかかわりを重視した森林観＝〈保全し、利用し・再生・維持する〉の喪失でもある。学会後、私たちは、アイヌ民族の聖地のひとつである平取町二風谷地区を訪ねる旅の途上、森林施業研究会の立ち上げを話し合ったのである」（森林施業研究会編『主張する森林施業論』日本林業調査会、二〇〇七、九一―一〇頁）。

一九九七年（たぶん）の日本林学会北海道大学大会での生態部会の盛況は、マイ箸運動とも連動する、森を守れ、木を切るなという地球環境問題に強い関心を持つ若い研究者の熱気を反映したものだろう。森林生態学のような純粋科学への傾斜が林業との溝を深めていくことを恐れた研究者たちは、この後、林業も環境保全も両立させることができる森林施業論の研究と実践を続けることになる。『主張する森林施業論』はほぼ一〇年の研究成果であり、二八名の会員の研究成果が収められている。今後何かと参照することになるだろう。近年は、林業も環境保護も、いいかえれば、経済性も公益性も両立させる林業の大合唱になっている。

森林生態学に限らず、生態学は魔物のようなものである。無機物質からバクテリア各種植物動物がどう絡み合って共存しているかを解明するのは至難の業である。一つの仮説を立てれば反証が出てきてそれを封じ込めたと思ったらまた反証があらわれるという始末である。仮説を無限に提唱するしかない。宇宙科学と同じ宿命を背負っている。それだけ魅力的かもしれないが、底なし沼に足をすくわれたようなものだ。

『森林・林業白書』（二〇一四年版）は、森林の有する多面的機能について、物質生産、文化、保健・レクリエーション、快適環境形成、水源涵養、土砂災害防止、地球環境保全、生物多様性保全の八つを挙げている。日本学術会議答申「地球環境・人間生活にかかわる農業及び森林の多面的な機能の評価について」および同関連付属資料が、多面的側面の貨幣的評価額を試験的に算出したものを載せている。それによると、保健・レクリエーションで二兆二五四六億円／年、水源涵養で二九兆八四五五四億円／年、土砂災害防止・土壌保全で三六兆六九八六億円／年、地球環境保全で一兆四六二二億円／年である。物質生産を計上していないのは、木を切ったらマイナスが発生するからだ。環境保護原理主義の発想だ。これは、近年の両立論に合わない。

清和研二は『多種共存の森』で同じ数字を挙げている。

そして、この答申が計上していない物質生産の額を林産物の額と同じだとして、「年間高々二千億円ほど」（八二頁）としているのだが、そこがわからない。白書の「林業産出額」は、二〇一二年でおよそ四〇〇〇億円、内訳は木材生産と栽培キノコなどその他林産物がそれぞれ二〇〇〇億円となっている。清和は狭義の林業生産物だけを数えたのかもしれない。問題はそこにあるのではない。学術会議が木材を生産したらマイナスが発生するから計上しないというところにある。一〇〇ヘクタールでも一斉に山を丸坊主にしてしまうような施業が平気で行われている現状ではやむを得ないが、清和が提案しているような、多種共存の森で山持が利益を上げながら環境に負荷をかけない施業があるはずだという考えが、これからの日本林業の姿になるだろう。

アルプス林業に学ぶ

拡大造林のころは、持続的に木材を生産するにはどうしたらよいかということを考える森林経理学が林学の女王であった。ところが、日本林業に対する悲観が漂うようになると、日本林学の本家ドイツに学べという機運が高まった。かつて日本がお手本にしたのは、プロイセンの官房学ターラントの林学であった。近年のドイツに学べは南ドイツミュンヘン大学で発達した林学であり、これが、経済性も公益性も両立できるとする林学である。76号で紹介した岸修二の場合は同じ南ドイツでもフライブルクの林学なのだが、素人にはその違いはわからない。ドイツ林学の影響下で発達したスイス林業に学べ、というのもある。浜田久美子という人が『スイス式［森の人］の育て方』（亜紀書房、二〇一四）、『スイス林業と日本の森林』（築地書館、二〇一七）を書いている。ほかにもたくさん森林と林業に関する本があるが、僕が読んだのはこの二冊だけ。著者は実に行動力のある人である。信州飯田に山の家まで建ててしまった。その家の建具や家具を有賀恵一に造ってもらったというから、なかなかの数寄者と見受けた。有賀恵一は、清和研二とともに『樹と暮らす』（築地書館、二〇一七）を著わしている家具職人である。彼は、さまざまな樹の個性を引き出して魅力的な家具、建具を作っている。さて、浜田がスイス林業に関心を持ったのは、どうも大手山林経営者の総合農林のワークショップに参加したからだろうと思われる。そこでスイスのフォレスターに出会って林業の経済性と公益性を両立させるやり方に惚れ込んで、スイス林業の紹介に力を入れている。二冊とも実に読みやすい本だ。著者が話を聞いた人たちの信頼を得ていることがよくわかる。

浜田はしきりに「近自然」という言葉を使っている。この近自然という言葉は、Naturnaherという言葉の訳語である。もともと河川管理に関して使われた言葉である。Naturnaher Wasserbau 近自然河川工事というのだろうか。一九三八年にドイツのA. Seifertが使っているとは、丸善の『川の百科事典』の記述するところである（二八二頁）。この近自然という直訳を意訳したのが、「多自然」である。多自然というのは、川が持つ多面的な働きに配慮して河川工事をするという含みを持っている。河川工学のこの考えが林学にも及んだ。多自然林業には、木材生産だけを目的にするのではなく、森林の多面的働きに配慮して林業を行うという意味がある。近自然か多自然かには、どうも翻訳をめぐるさや当てがあるみたいだ。なお、英語では、nature friendlyという。

日本の林業はだめなのか

天竜であれ吉野であれ、特定の樹種の一斉林を経営する従来の林業に対して、針葉樹と広葉樹を混ぜ、かつ年齢の異なる木を混在させる複層林が森林の公益性を高めるという考えが広まる中で、果たして従来型の日本の林業に見るべきものはないのか。なかなかむつかしい問題である。尾鷲ヒノキの生産者として有名な速水林業をどう評価すべきか、素人には決め手がない。例えば、清和研二は、速水林業を極めて高く評価している。清和が、多種混淆の森が経済性と公益性を両立させる森林施業と考えているにもかかわらずである。彼は、拡大造林時代の人工林経営を批判して、それに続いて「しかし注目すべきは、尾鷲は今でも日本の林業の先進地域であることだ。速水林業の施業を見て驚いた。〈広葉樹は伐るな〉という父親の教えを守った速水亨さんは、生態系に配慮したヒノキ人工林経営を実践し、国際的機関であるFSC（森林管理協議会）の認証を日本で最初に取得した。間伐を欠かさずに陽の光を入れて、広葉樹や下草を生やし、表面土壌の流出を防いでいる。林の中では多くの広葉樹が成長し、下層だけでなく林冠に届きそうな勢いである。多分その次の世代の林業では、混交林を作るだろう。そして多様な広葉樹も育て、売れるようにできればそれこそ本物だろう。ヒノキ人工林とはいえ、多くの植物種が共存し、多様な落ち葉を土壌動物に供給し、土壌も豊かになり、水源涵養機能も他の人工林よりかなり高いようだ。だが、日本で速水林業はまだ例外だ。日本の林業は尾鷲を真似てきたが、尾鷲の速水林業はすでに先を行っている」（『樹と暮らす』五〇―五一頁）。速水亨の

『日本林業を立て直す』によれば、速水林業の山のほぼ四分の一は広葉樹の森だそうだ（一二六頁）。

尾鷲林業のように銘木生産を志す単純林は古いから、針広混交林を、それも年齢の異なる複層林で林業を経営しろというのが、近年のドイツに学べ、スイスに学べ、の基本的主張である。では、何を学ぶことができ何をまねすることができるのかを次号で考えたい。

続 山海往還 その13

那智川再訪

二〇一一年の紀伊半島豪雨災害から八年、毎年那智川の河川工事を見てきたが、そろそろ切り上げようと考えていた。一九年の一九号台風で中部、北陸、関東、東北の多くの河川で堤防が決壊した。前号に続いて新時代の森林施業論を書くはずだったが、河川の氾濫について考えさせられることが多かったので、少し遠回りして川のことを考える。見出しに那智川再訪と謳ったが、なかなか体調の調整がうまくいかなくて行けなかった。見出しは、羊頭狗肉である。

実際に見たわけではないけれど、観光プロモーションビデオなどで見るとフランスやドイツの川は平野の一番低いところを流れている。関正和は、「テムズ川も、セーヌ川も、満水のバケツを頭の上においているような不気味さはなく、安心感に包まれて、もっとも低いところを流れている。堤防もほとんど不要であり、かりに川があふれてもたいしたことはない。日本で堤防が切れたときのように、どっと濁流が押し寄せることはないのである」（関正和『大地の川』草思社、一九九四、七六頁）。関正和は、若くしてがんで命を失った惜しまれる河川工学者だそうだ。

これから先の平野と川のはなしは、『日本の平野と海岸』（『日本の自然』四、岩波書店、一九八五）による。参考にしたところや引用はページ数だけをあげる。日本の川は平野より高いところを流れている。テレビドラマで見ると、南仏から地中海にそそぐロワール川は、アヴィニョンあたりでは両岸の少し高いところに都市や田園がある。大雨で水かさが増すと徐々にひたひたと街や畑に水が押し寄せるという具合である。ところが、台風一九号で破堤した千曲川は街の上から水を一気に落とした。この違いは、フランスやドイツの平野ができた時期と日本の平野のできた時期との違いからきている。日本の平野の形成年代は過去二〇〇万年の間、それに対してヨーロッパ中部・北部のそれは一億年以上前に堆積した（二頁）。それゆえ古い平野は十分固まって岩盤地層になっている。それに対して日本の平野はゆるゆるの地盤になっているから、地殻変動の影響を受けるとすぐ地震になる。誇張した言い方をすれば、搗き立ての餅をゆするとブヨンブヨンと動くが、硬い餅に力を加えてもずれるだけで揺れないから地震は起きない。

地震国日本では超高層ビルは不可能だと考えられてきたが、免震構造が開発されて超高層ビルができるようになった。法隆寺や薬師寺の塔が地震にもめげずに立っているのは、塔の中心に揺れをいなす心柱があるからだ。塔の傾きと反対側に力が働くようになっている。現代の超高層ビルの免震構造もこれと一緒の原理に基づいている。

閑話休題。ぼくは、平野をヤマタノオロチが作ったと思い込むようになった。それを濃尾平野の形成過程で納得してみたいと思っている。濃尾平野は木曽川が作った平野である。木曽川といってもそれは木曽三川、つまり木曽川、長良川、揖斐川である。長良川や揖斐川は、木曽川に合流するので木曽川が主川ということになる。この木曽三川が、山を削って土砂を運び、それで海を埋め立てて造ったのが濃尾平野である。川が土砂を運んで埋め立て、それがたまると川の進路を妨げる。そうすると川は流路を変える。こういうことを繰り返していわゆる扇状地を造る。流路が幾筋もあるからあたかもヤマタノオロチの暴れた跡みたいである。

素人が平野の形成についてざっと思いついたことである。結構大きな川でも、海岸線に平野を形成しない場合もある。ぼくがよく通う熊野川は、結構大きな川だ。しかし平野を形成していない。せっかく山から土砂を運んできても熊野灘の潮の流れが運んできた土砂を押し流してしまう。同様の川に天竜川、富士川、江の川、四万十川がある。これらは深く落ち込む海に面して強い流れがあるどころか、途中で盆地に土砂をとられて海まで土砂を十分運ぶことができなかったという（五頁）。では、どういうところに平野があるか。「海に接近しているが、直接海に面しているというよりは、山に抱かれた形のところにあるのが多いということに気付く。日本最大の関東平野は〝房総半島〟という防波堤の内側にあるし、濃尾平野や大阪平野は伊勢湾と大阪湾という奥深い湾に面する、なかば内陸の平野である。新潟平野でも、その海側には弥彦《やひこ》山塊が平野を海からへだてている。もし弥彦山塊がなかったら、日本海の荒波は信濃川などの土砂を流し去り、新潟平野はいまのように拡大することはできなかったに違いない」（六頁）。

ヤマタノオロチが平野を造ったという思い付きはまんざらでもないと自画自賛しているが、そのプロセスということになると複雑でわからないことが多い。地球上で、およそ十万年単位で氷期と間氷期を交代している。現在までの一万年という地質年代の第四紀で、海面上昇の続いている時代である。数万年単位の海面上昇の時代である。二〇〇万年の間に海面が上昇したり後退したり、また地盤が沈下したり上昇したりしたから、平野の形成は複雑だろうと考えられる。そこに深入りすることはできない。ただ、現在は温暖化の時期だから騒いでも仕方がない、儲けることができるときに儲ければいいのだというトランプのような考えは間違っている。地球の循環的変動がもたらす災害に対して人間が関与できることなどわずかだとはいえない。

「死者五千人を出した伊勢湾台風の高潮災害は、この［過度の工業用地下水汲み揚げ］地盤沈下によっていちじるしく増幅されたと見られている」（四四頁）。

人間のささやかな力では地球を自由に操ることはできないが、人間がもたらす災害をできるだけ小さくすることができる。つまり、高潮を防ぐために月の引力を操作することはできないし、偏西風をなだめるために地球の自転速度を調整することもできない。ぼくらは環境を受け入れるしかないのだが、わずかな環境への働きかけが人災を大きくするということだけはたしかである。

景観重視がもたらした災い

一九号台風の豪雨で、多摩川が二子玉川あたりで越水してタワーマンションの地下の電気設備を壊した。おかげでエレベーターも動かず、給水塔に水を揚げることもできず、部屋は浸水していないが生活することができないという事態に陥った。この辺りは人気の住宅地で地価も高い。いきおいそこに住んでいる市民の所得水準も高い。彼らの中にはヨーロッパの景観重視の河川工法を見てきたものもいると思われる。国は多摩川の堤防をかさ上げする計画を持っていたが、住民の反対でなかなか実行できなかった。自然豊かな多摩川と居住地域のあいだを無粋な堤防で遮るのはけしからんという声が上がったのである。ヨーロッパの平野を流れる川は低地を流れていて、その両岸で少し高くなったところに都市や畑地がある。川の両岸には遊歩道と並木が整備され、あたかも都市公園のような風景をかもしている。それに比べて、平野形成が若い日本の川は天井川が多い。高いところから土砂を吐き出して平野を造っている。水は低きにつくという徳をまだ身につけていない。このような川は両岸に堤防を築いて生活圏を守る必要がある。そうすれば、ますます川の中に土砂をため込んで天井川になる。天井川と堤防の鼬ごっこだ。このような日本の川に景観重視の河川工法を採用することは難しい。スーパー堤防のように堤防を思い切り高くして、その高さまで地域を盛土でかさ上げして都市ごと移してしまうという考えがある。これではいくらお金があっても足りない。無謀な計画だ。

何をしても無駄だからあきらめろというのではない。堤防で防ぐと同時に川の水をいなすという手がある。徳川家康が江戸を整備するのに紀州から呼び寄せた伊奈備前守忠治に江戸の治水を任せた（関正和『大地の川』六一頁）。彼のやり方は基本的に、大雨になったときは、川の水を遊水地にいなすやり方である。信玄の治水工法を学んだのかもしれない。この関の記述には補足が必要だろう。伊奈忠治は、伊奈忠次の次男で忠次が家康に仕えて関東の治水に当たった代官。忠治がどうして紀州にいたかはわからないが、次男だから紀州藩に仕えたのかもしれない。岩波の『日本史辞典』で伊奈忠次の項目を見ても治水の専門家の記述がない。これは不備というべきだろう。

増水した川の水をいなして都市を守るという方法がある。濃尾平野に輪中というのがあるが、それは、いなした水があふれた時、屋敷地だけは高い土塁で守る仕組みになっている。屋敷の天井裏には船が収納されていて水が引くまでの移動手段に使っていた。先ほどの伊奈氏の治水が江戸の街を造ったといっても過言でない。ところが八代将軍吉宗の時に治水政策に大きな転機が起きた。伊奈流に代わって紀州流が採用されることになった。遊水地に水をいなすやり方は土地を無駄にしているので、高い堤防で川を制御して水は一気に海に流してしまえ、というのである。そうすれば遊水地は田んぼになってコメを増産することができる。幕府の財政事情を反映した政策転換であった。現代の堤防と川底の上昇の鼬ごっこの始まりである（丸善『川の百科事典』紀州流の項目）。

豪雨災害で土砂崩れが起こり、住宅が流されたりする映像を見ると、どうしてあんな沢筋が住宅地に地目変更されて宅地開発が許されたのか、不思議でならない。金にならない沢筋を持っている地主と開発業者が手を組んで政治家を動かし、行政に圧力をかけて地目変更を勝ち取ったのではないかと疑いたくなる。古い地名で沢や窪があれば低湿地ということになる。そういったところでさえ、地名改変で台や丘に変わってしまう。そうすれば土地に付加価値が付く。開発業者にゆだねられた住宅地が光が丘とか希望ヶ丘、月見台、富士見台になってしまう。そこはかつて沢や窪であったかもしれないのに。これから先は、国土利用の問題になるので、川の話は切り上げて、森林施業論に帰ろうと思う。

ボトムアップかトップダウンか

前号で、戦後の拡大造林の反省から森林生態系も林業も両立させる新しい森林施業論を展開すると予告した。ところが、厄介な問題にぶち当たって困っている。近代の日本林業がお手本にしたのはドイツ林業で、プロイセン絶対主義国家のターラント林業である。これは、拡大造林の考えにも影響を与えた考えである。ドイツでは一八七〇年代くらいを境に、ターラント林業を否定した新しい林業あるいは森林学の考えがバイエルンのミュンヘン大学（現在のミュンヘン工科大学）で起こった。ガイヤー（一八二二―一九〇七）林学によるガイヤー革命である。彼が活躍していた時期に、生物学者のヘッケルがエコロジーという言葉を造ったのが一八六六年。この言葉が広く知られるのは一九三〇年代、それまで水面下に潜行していた。

余談だが、コッタやガイヤーなど林学関係の人物はぼくにとって縁のない人たちなのであまり知らない。こんな時、人名事典は役に立つ。若いときから『岩波西洋人名辞典』にはお世話になってきた。これに東洋の人名を加えた『岩波世界人名大辞典』が二〇一三年に出た。今はこれが重宝している。これでエルンスト・ヘッケルを引くと、ドイツの動物学者、哲学者で、「個体発生は系統発生を繰り返す」といった、とある。しかし、そこにエコロジーという言葉を造った人だという記述はない。たまたま、二〇一五年版のプチラルースでエコロジーを引いてみると、この言葉は一八六六年にドイツの生物学者ヘッケルの造った言葉だという記述に続き、エコロジーについての詳しい説明がある。さすが、広辞苑がお手本にした啓蒙主義の辞典の一つだと感心した。しかし、この辞典の固有名詞のところでヘッケルを引くと、エコロジーに関する記述はなく、生物学者、発生学者という記述と主な著作の紹介があるだけ。辞典の一般用語の担当者と固有名詞の担当者の連携がうまくいっていないのかもしれない。

閑話休題、ガイヤー革命はいわゆるアルプス地方の林学として普及した。前号で、スイス林業をお手本に林業作業員の教育に関心を持っている浜田久美子の『スイス式「森のひと」の育て方』を紹介した。このスイス林業もミュンヘン森林学の影響下にあるといってよい。いわゆるアルプス林業においても、林業作業員は高度な教育を受けて資格を持ったものしか施業ができない仕組みになっている。これが日本との大きな違いである。日本では山持が俺の山だから俺が造林して何が悪いというのが当たり前である。ドイツの施業は資格を持った者しかできない。こういうあり方をぼくはトップダウン型の林業だとこれまでもいってきた。ところが、藤森隆郎は『林業が作る日本の森林』（築地書館、二〇一六）のなかで「ドイツの森林計画は現場、地域からのボトムアップである。…それに対して日本は、森林計画制度は地方分権の建前を採っているが、実質的には補助金制度による国からのトップダウンの力学になっている」（一四一頁）と言っている。ぼくにとっては困ったことになった。

ぼくはこれまで日本の林業や漁業を考えてきたが、そこで見えてきたものは日本独特の行政の在り方だった。ジャパノロジーといえば、フジヤマゲイシャから歌舞伎、俳句・茶の湯、能狂言と相場が決まっていた。日米戦争それから戦後、日本への投資が本格化するとともに日本の法制度、行政組織、社会慣習など社会科学的側面に関心の中心が移った。そこで若いジャパノロジストが困惑したのが、日本には罰則規定がない法律が多く存在するということであった。法を破っても罰せられないのならだれがそれを守るのかという摩訶不思議を感じたのである。江戸時代以来、もっとさかのぼるかもしれないが、実証するのがむつかしいので江戸時代以来としておくが、行政の実効力をたかめるのに厳しい罰則より民間の行政への協力を引き出した方が効率が良いという考えが定着している。木曽のヒノキは枝一本、腕一本、木一本、首一つといわれたのは、これが尾張藩の所有林だからであって、山持が自分の山から木を伐りだそうが何のさわりもない。私有林は勝手次第である。私有林と私有林の間の争いが生じた場合、藩なり幕府代官所なりが調整に入るということになる。当事者解決を助けるのが行政の役目である。

渡辺尚志の『海に生きた百姓たち—海村の江戸時代—』（草思社、二〇一九）は、伊豆半島の沼津の少し南に入り組んだ湾の中の内浦というところの海村を分析している。ここはマグロの回遊路に当たっている。ここのマグロは、身欠きにして江戸の日本橋、甲州等広く生ものとして送られた。時期によってはカツオもあった。海の恵みの魚は、その土地ではタダ同然、遠隔地に運んで始めてお金になる。商品経済の原則である。

地付きの海は海村に漁業権がある。回遊魚の道の途中で別の海村がマグロを獲ってしまうと回遊路の末の漁村にマグロが来ない。こういう時に海村の間に争いが起こる。農村の水利をめぐる争いと同じことが起こる。海村でも村同士の話し合いで解決するのが建前であるが、どうしても決着がつかないときには藩の代官に訴えることになる。藩をまたぐときは幕府の代官に決裁を仰ぐ。山持の争いと同じことである。

江戸時代以来、日本の行政はボトムアップ型で行政効率を上げてきた。明治になって、留学生やお雇い外国人の意見を聞いて一挙に中央集権型のトップダウン型の行政を試みたが、うまくいかなかったので元のボトムアップ型に戻した。それが今でも続く罰則規定のない法律がまかり通っている事情だとぼくは考えている。

さて、ドイツ林業を紹介をする人は、ドイツの林業にかかわる人をフォレスター（ドイツ語ではFörster）という言葉で一概に括ることはできないという。ドイツの場合、連邦国家であるから各州で異なるけれど、州の森林行政の最高責任者が高等森林官で、かれのもとに森林行政から森林作業に至るまで何層にも重なるフォレスターが資格職業として存在することになる。素人は枝一本伐ることができない。たとえ、自分の森林でも。この制度は多分プロイセン絶対主義時代に確立したものである。完璧なトップダウン型の林業行政だと考えられる。藤森が、ドイツがボトムアップ型だという根拠には、高等森林官の意思決定が下からの報告・意見を十分吸い上げているということにあるが、そのもとにあるフォレスター制度は日本とは異なるトップダウン型だといえよう。ドイツのフォレスターには、州によっては猟師もいる。森林の生態系を維持することを目的に設置されているフォレスターであり、一定の領域の中のシカやウサギ、クマなどの野生動物の維持管理を担う資格職業である。日本のように害獣駆除のときに駆り出される猟銃許可証を持っているだけの素人とは異なる資格職業である。日本の山にはもはや専業の猟師はほとんどいないといってよい。生態系維持にかける政府の心掛けが違うのだろう。こうして中央集権的に管理されているドイツのフォレスターは、きわめて人気の高い職業で若い人がなりたがる職業の上位にあると、ドイツ林業を紹介する人はおおむね声を大にして言っている。「ドイツの若者のなりたい職業、憧れる職業で、フォレスターはパイロット、医師に次いで三番目である」（一三九頁）と藤森は言う。

絶望の林業

日本の林業がこれから造林も生態系も両立させる方向に向かうだろうと前の号で明るい未来を展望してみたけれど、なかなかそうはいかない状況にある。見出しは田中淳夫の『絶望の林業』（新泉社、二〇一九）からとった。田中淳夫は林業ジャーナリストだ。彼は、国際森林年の年に『森林異変』という本を出して、日本林業の問題点とその克服策を提案した。かつてこの連載で取り上げた。『森林異変』から八年、事態は改善されるどころか悪くなっているのに業を煮やして、『絶望の林業』という過激な本を出すことになった。この本では、現在の林業が抱えている問題点を、放置森林や林業従事者の教育不足、森林組合の怠慢などいくつか指摘し、今後の進む道について、前の号で展望した、針葉樹と広葉樹の混交や発芽時期の異なる多層林から高く売れる木を択伐する、という現在の先進的な林業を提案している。田中の問題点の指摘と将来の展望には大筋で共感できるけれど、日本の制度的慣習がなかなかそれを許さないのではないかという不安を感じている。

二〇一七年に農文協から『小さい林業で稼ぐコツ―軽トラとチェーンソーがあればできる―』（今後は『小さい林業』と記す）が出版された。挿絵や写真が豊富で森林施業のイロハを丁寧に説明してくれている。相続で山を受け継いだけれど、小さな山だからと考えて放置していたところでも自分で伐り出せば儲かる、とうたって自伐を勧めている。放置林を少しでもなくそうという気持ちから出た企画かもしれないが、かなり危険なことだと思う。村尾行一は『森林業』（築地書館、二〇一七）で「ドイツの林業はあくまでプロの産業だが、日本林業は素人産業であるということに尽きる」（二一一―二二頁）。こんなことをいうと気分を害する林業家もいるかもしれないが、林業人を教育するシステムが極めて薄弱な日本の現実を考慮するとあながち否定することができない。『小さい林業で稼ぐコツ』はまさしく素人林業の勧めであって、村尾からすれば論外ということになるだろう。山の仕事で一番危険なのが、木を伐る作業である。次に枝払い、玉切り、そして搬出である。これらについて『小さい林業』は丁寧に説明している。しかし、木を伐る作業は一本一本ごとに事情が異なるので、樹木と林地についての知識と訓練を通して獲得する技術が必要である。それなしに丁寧に説明してくれているからといって、この本一冊で木を伐り出せるものとは思われない。

この本をよく読んで木を伐りだしたけれど事故にあったと言って訴えても民事訴訟に勝てそうにない。この本の注意をしっかり守れば事故に合うはずがない。しかし、十分な訓練なしに畳の上の水練で山の仕事ができるはずもない。近年のにわか林業家が増えていることがいかに危険かを、田中淳夫は『絶望の林業』において、「平成二九年の統計で、労働災害千人率〈一〇〇〇人のうち何人の死傷者がいるか〉で見ると、全産業の発生率が二・二に対して、林業は三二・九だった。全産業平均の十五倍近いのである」（九四―九五頁）と指摘し、いかに林業で災害が多く発生しているかに注意を喚起している。彼は、林業従事者に対する教育訓練が十分でないことを心配している。『小さい林業』はあまりにも楽天的すぎるといえよう。田中淳夫も、森林業先進地域アルプスの林業をお手本にして、針・広混交林で択伐しながら高い付加価値を生み出せる林業を展望している。これが果たして可能かを、ガイヤー革命以降のドイツ林学の進んできた道を日本の社会形成の在り方と比べながら吟味する必要がある。これに関しては、村尾行一の『森林業』のお世話にならなければいけない。それは次号に譲る。

森で働く人について教育がなってないというのは、多くの人が指摘するところであり、それが、スイスのフォレスターを招いてワークショップをする根拠である。教えるということが日本社会に根本的に欠如しているのではないかと考えさせられる。スポーツのコーチのパワハラ、大企業の新人に対する教育係の「バカ、アホ、シネ、ヤメロ」発言は教育係本人としてはインスパイアのつもりかもしれないけれど、教えるということを何も学んでいなかったら哀れである。コーチング学が発達しているアメリカでメキメキ力をつけるアスリートがいるけれども、日本にはインストラクティングの観念がない。

追録

前号で、プラスチックごみの問題に猶予がないといったおり、石油産業界にはプラスチックの循環的利用の技術ができていると書いた。新聞記事をもとにしたので、どの程度のことかわからなかった。この一九年の一〇月に、高校時代によく一緒に遊んだ友人と久しぶりに会おうということになって京都で紅葉を見ながら歩いた。ぼくを入れて三人。一人は七五歳まで仕事をしていて去年退職した。石油化学工業界の技術者である。彼にプラスチックの循環利用の現状を聞いた。プラスチックの循環利用は技術的に何の問題もない、産業技術は完成している、とのことであった。リサイクルと循環利用は別物で、リサイクルは、たとえばペットボトルからフリースを作って使いまわしすること。ぼろになるとごみになり廃棄物として環境汚染の物質になる。循環利用というのは、たとえば、使い捨てられたペットボトルを原料の粉末かペレットに戻してそこから新品のペットボトルを製造する技術。新品のペットボトルを作るのに新しい石油を必要としない。それなのにどうしてプラスチックの循環利用が普及しないのかというと、ごみのペットボトルを集めるより噴き出す井戸から出る石油を使ったほうが安いからだそうだ。それなら、デポジット制を採用すればいいよねとぼくがいうし彼も賛成した。資源ごみ回収に関してデポジット制が繰り返し議論されてきた。ペットボトルのお茶一本に一〇〇円の容器代を積み増す。空いた容器を持ち込めば一〇〇円返る仕組みを作るのがいい。積み増しの金額が一円などというと、ごみをポイしても惜しくない程度なので効果がない。反対する政党は必ず、お年寄りや子供など所得の少ない人に負担を与えるといって反対する。最初に、全国民に一〇〇円与えればいい。たかだか、一二〇億円位、イージスアショア何機分？　何か知恵を出せばプラスチックの循環利用の道が開かれるかもしれない。そのうちに生分解プラスチックの価格が安くなってマイクロプラスチックの問題が消えるかもしれない。

続　山海往還　その14

森林業

森林業とは奇妙な造語である。村尾行一の『森林業』（築地書館、二〇一七）で使われている。この本の表紙に「ドイツの森と日本林業　スギ・ヒノキの木材栽培業から、森のめぐみをていねいに引き出す総合森林業へ」とある。この短い言葉に『森林業』の意味が隠されている。それは、未来の林業は単なる木材栽培業から脱却して森の多様な恵みを利用する生業になるべきだということであろう。

さて、林野庁が毎年度六月頃に刊行する『林業白書』がいつから『森林・林業白書』になったのか気になって香田徹也の『日本近代林政年表』を繰ってみたら、二〇〇一年七月に林業基本法が改正されて森林・林業基本法になったことが分かった。そして翌年から白書は『森林・林業白書』になった。森林・林業基本法に森林業と林業の基本法という意味を林野庁が込めたとは夢にも考えられない。森林基本法と林業基本法の抱き合わせだと思われる。かつての林業基本法の目指すところは、スギ、ヒノキ、マツなどの建築・土木用材をいかに安定的にかつ大量に生産するかを目指した法律である。それに森林基本法を抱き合わせにしたのは、森林の多面的機能を重視する政策も目指したからだ。二〇一四年版の『森林・林業白書』の付表を見ると保安林を一七に分類している。全部枚挙するのは煩わしいから少しだけ挙げておく。水源涵養保安林、防風保安林、魚つき保安林、保健保安林、風致保安林などがある。これらは森林の持つ個々の機能を発揮する林だと考えられている。したがって、森林業などという総合的なものを考えているはずがない。

95号と96号で日本林業の未来をドイツ、オーストリア、スイス林業に学んだ人々が、針葉樹と広葉樹の混交林、林齢の違う多層林、人工更新と天然更新の混じりあいなど多様な森林で一番高く売れそうな木を伐採する択伐施業を提案していた。大雑把にまとめるとこんなことになるのだろう。林野庁は、あくまでも営利の林業と森林の多面的機能を保護維持することを分けて考えなければならない、という思想にこだわっているように思われる。

森林は、そもそも水源涵養や風致維持など特化された機能だけでなく、多くの機能を同時にもっている。それらを活かしながら経済活動としての林業を考えることはできないかというのが最先端の林業思想である。村尾が『森林業』で提案し、熊崎実・速水亨・石崎涼子編著『森林未来会議』(築地書館、二〇一九)が提案するところも、森の恵みを最大限いただくということである。森から特定の機能だけを取り出すことは無意味だといっても、現代の法制がある限り森から無限の便益を引き出すことは難しいだろう。森の恵みを利用するという思想が制度にまで昇華するには政治の壁が厚い。

日本の山の現状

ところが、今の山の現状はとてもではないけれど、森の恵みをうけとる＝享受するような状態ではない。新聞報道で、はげ山になった写真が出てきたりする。ぼくがよく歩く紀伊半島の中・南部でも、ええ！　あんなに大きく伐りとられていいのかと心配になるはげ山が数年たってもそのままであるのを見ると心配になる。山から木を伐りだして次に植林するまでには数年かかる。いわゆる地拵えの時間がかかるからだ。伐採した後、枝や根っこを取り除くのに時間がかかる。その間数年山を焼いて野菜を育てる。ほうれん草はシュウ酸が極端に少なく生で食べられる。赤かぶは、うまみが数倍。地拵えした山に植林、育林する。これを繰り返して山を維持する。

例えば、一〇〇ヘクタールの山のスギを二ヘクタールずつ伐採するとしたら、五〇年間スギを出荷することができる。そして二ヘクタールずつ植林していく。これが持続可能な林業の考えである。一九五七年から九六年まで続いた拡大造林時代の人工林が十分に育っている。しかし、それを伐りだしても立木価格があまりにも安くて更新造林の費用が出ない。立木であれ原木であれ、大経木に値段がつかない。二〇二〇年二月一九日の日経朝刊に「国産の大経木価格低迷」と見出しを立てている。国内の人工林で育てられた木は、スギ、ヒノキ、カラマツ、トドマツなどである。もっとも代表的なのがスギである。胸高の直径が三〇センチ以上のものが大経木である。この記事によると、〇二年と一九年の間の価格低下の割合を比べてみると中丸太(直径一四から二八センチ)が八％安に対して、大経木は二八％下がっている。住宅の内装では真壁作りが減って大壁が一般的になったからだ、といっている。そうすると、丁寧に枝打ちをした四寸角など立派な柱材は不要になる。部屋壁の厚さは一〇センチくらいだから細い角材でいいのだ。立派に育った大経木は行き場を失っている。それでもなお金にしたい山主は立木を十把ひとからげで売るから、とても更新費用は出ない。これが山に立派な木がたくさんあるのにその木の行き場がないという日本の林業の現実である。

森林未来会議

見出しは、熊崎実・速水亨・石崎涼子編著『森林未来会議―森を活かす仕組みをつくる―』からとった。尾鷲ヒノキの銘木を生産していることで有名な速水林業の速水亨が「序章」「豊かな森林経営を未来に引き継ぐ……林業家からの発信」を書いている。彼は、山主の苦境を立木価格の丸太に占める構成比変化で示している。一九七〇年がピークで七割近い構成比を示していたものが、二〇一五年には二、三割に下がっている。この結果、山の持ち主が「自分の財布から出した投資はわずかであるから、伐って売れれば少々安かろうとわずかでもお金が残ればそれでよしと考えても不思議ではない。しかし立木を伐採して得られる金額は、再度植林して育てるのに必要な金額には届かない。数十年かけて手入れした立木の売値が立方メートル当たり一万円どころか五〇〇〇円にも届かない現実を知ってしまえば、そこにお金をかけて再び植える気にならない。そんなわけで、伐っても植えられない林地が増えている。簡単に言えば、森林所有者が森林から資本を引き揚げているのである」（一二、一五頁）。林業などやっていられるかという状況を描いている。この立木価格の丸太に占める割合をオーストリアの場合と比較してみよう。同じ本の第一章で久保山裕史が、「オーストリアの立木代は、丸太価格の半分以上となって」（六八頁）いると指摘している。オーストリアでは更新投資が可能なのである。この問題については、熊崎実も終章で論じている。「特に問題なのは、木材販売における森林所有者の取り分があまりにも少ないことだ。スギとヒノキの価格データを使って一九八〇年代以降の動きを追跡すると、次のような事実が確認される。まず製材品の価格と、その原料となる素材〈丸太〉価格の比較では、後者が一貫して押し下げられている。さらに素材価格と山元の立木価格の比較では、後者の下落率の方がずっと高い。このようなことが起こる一因は、搬出作業や製材加工、木材流通面での非能率、非効率にある。これらのセクターでのコストが嵩むものだから、残余となる立木価格が圧縮されるのだ。端的に言えば、一番上流にいる森林所有者がそのしわ寄せを一手に引き受けている」（二五五頁）。現在の日本では、山主が更新投資をする意欲を失ってしまうことがよくわかる。

猫の目林業行政

速水亨さんは穏やかな人と見受けられ、林野庁の行政を激しくは批判しないけれど問題があることを指摘する。ころころと変わる施業指導を補助金で誘導した結果、山主が自前で山林経営することができなくなってしまったと批判している（一九～二三頁）。速水林業は林野庁に振り回されることなく自前で経営してきた数少ない林業家である。速水林業は、一〇〇〇ヘクタールあまりの自家所有の山と委託管理している山が二〇〇〇ヘクタール余り、合わせて三〇〇〇ヘクタール余りを管理している。だから自前の経営が成り立つといえる。委託管理している山にトヨタ自動車の山がある。三重県の山林王諸戸家の諸戸林産の山をトヨタが買ったものである。諸戸家の山林には諸戸林産と諸戸林業がある。後者はいまでも諸戸家の山を経営している。しかし、いかに速水林業といえども、昨今の木材需要の変化は経営に厳しい影響を与えている。速水林業は良質の大経木を生産してきたところで、高級数寄屋建築などでは指名買いされるような生産者である。ところがそのような軸組み数寄屋建築はすっかり減って大経木は人気がない。速水林業でも経営は苦しい。

速水林業は、新しい需要を開発して苦境を乗り越えている。かつて建築現場の足場はもっぱらヒノキの間伐材だった。今はすっかりパイプ足場になったので間伐材の需要が激減した。ところが、捨てる神あれば拾う神ありだ。「時代が変わりニーズを失ったかに見えた丸太をじつは地元のカキ養殖業者が探していると聞き、速水林業はまずそのニーズを丹念に調べた。地域ごとの筏のサイズや加工方法、どんな販売単位であればユーザーにとって便利なのか。かつては〈足場屋〉に任せきりだったが、今度は自ら研究を重ねた」（二七頁）。これが大成功して単価は柱材の二倍になった。筏用間伐材の販路は伊勢地方にとどまらず全国に広がっている。その成功を彼は、「林野庁のときどきの方針に過度に流されることなく、状況が厳しくとも伐採と再造林を続け強度の伐り捨て間伐をおこなわなかった」（二八頁）からだというが、それは痛烈な林野行政の批判になっている。

林野庁のキャリアはどんな人材か

林野庁の猫の目行政の元を探ると、森林・林学の教育の程度が浅いことに気が付く。林野庁のキャリアになるのは事務方と技術方の二つのキャリアである。技術方といえども大学の農学部林学科の出身である――近年大学の学部、学科の名称が旧来のものと異なり、新しい名前になっているところもあるが、ここでは旧来の名称を使う――。そうだとすれば高校は進学校で、大学では教養課程を経て初めて専門課程で森林・林学を勉強することになる。たとえ、修士二年を積み重ねてもとても十分な教育を受けたといえない。そのうえ、日本のキャリアは任期二、三年でポストを変わる。専門的キャリアはいない。これは徳川幕府以来の権力分立の在り方である。時代劇で有名な江戸の警察行政を担当する町奉行には北と南があり、月番で交代する。遠山の金さんと鳥居耀蔵が月番を交代して遠山が庶民の人気をとるという講談話の元は、江戸幕府に独特の権力分立の仕組みに由来する。近代になっても行政機構では、人の支配でなく組織の支配原理が採用される。テレビドラマで人気の高い刑事ものには、「警察は組織だ！」という決め台詞が出てくる。ドラマだからそこからはみ出る刑事が主役になることが多い。もちろん出世できない。林野庁の技術キャリアといえども担当分野に専門的知識を持っているわけではないという信じがたい事態がまかり通っているのである。

ドイツの森林官

何かあると行ったこともないドイツを引き合いに出すのは気が引けるが、読んだ本にドイツ林業の紹介が多いから仕方がない。『未来会議』の第四章で石崎涼子が「ドイツ森林官が持つ専門性と政府の役割」を執筆している。舞台は、シュヴァルツバルトのあるバーデンヴュルテンベルク州である。地図で見るとバイエルン州の隣。バイエルン州はガイヤー革命の本拠地。ヴュルテンベルクの州都にはダイムラーベンツの本社がある。一方、バイエルン州の州都にはBMWの本社がある。木曽林業の集積地上松の近くにトヨタの本社があって、東濃ヒノキの白川町の近くにホンダがあるようなものかと思ってしまった。

ヴュルテンベルクの森林行政は統一森林署方式というもので、州有林も団体（市町村）所有林も民有林もいずれも同じ森林署が管轄する方式である。そこで、森林行政を担当する役人が森林官である。行政官僚を養成するのがフライブルク大学であり、中級実務技術者を養成するのがロッテンブルク林業大学である。ここでの教育プログラムは、かつて岸修二の『ドイツ林業と日本の森林』を参考に紹介した。

石崎はドイツの森林官のルーツに関して、図鑑などで彼らは、「線の帽子を被り、緑の服を着て、犬を連れ肩には狩猟銃をかけて森を歩く森林官の姿が描かれていることも多い。ドイツの森林官は、王侯貴族の狩猟用の森を管理する狩猟官にルーツがあり猟銃と犬がトレードマークになっている」（一一三頁）といっている。ここからはぼくの想像だけれど、産業革命と人口の急増は社会インフラ建設に膨大な素材を必要とした。森林資源の持続的供給を可能にする近代的林業を構築する必要が出てきた。それが近代的森林官の誕生につながったのだと思われる。よくドイツの森林官を紹介する場合、ドイツでは森林官は若者にとってきわめて人気の高い職業だといわれる。ところが森林官に人気が出るまでには長い時間がかかった。石崎は、「十八、十九世紀に彼ら（森林官）の能力や規律、風紀を良く描いた文書は」（一一九頁）何一つない、と紹介している。かつて森林官は、ごろつき十手持ちみたいな輩だったのだろう。たかり、ゆすりが当たり前みたいな連中だったようだ。鞍馬天狗に出てくる杉作たちを搾取するはやぶさの長七のようなごろつき親分のようなものだ。近代化が林業教育充実と使命感の高まりをもたらし、今日的な尊敬される森林官にしたものと思われる。

ドイツの林業は、中央集権的・官僚主義的行政指導の下にある。このような在り方に対して批判が出ているという。その批判を展開しているのが環境史家ヨアヒム・ラートカウである。彼の発言に石崎は反応している。

「ところで、近年の日本では、ドイツの森林官がロールモデルとされているが、ドイツの歴史家ラートカウは、逆に日本における森林官の小ささを高く評価している。……ドイツしか知らない者は学問的な教育を受けた森林官だけが持続的な林業を担保するものだと確信を抱く傾向があるが、日本では森の造成が森林官の指示や監督のもとに行われたのではなく、森の周辺に住む農民によって行われていたのだと評価し、その日本の歴史からドイツは学ぶべきだとしているのである。このラートカウの見解に対して、熊崎は近著（『木のルネサンス―林業復権の兆し―』エネルギーフォーラム、二〇一八）で、戦後の日本林政は完全な官主導であり、造林は公共事業と位置付けられ補助金を武器に勧められてきたことを指摘する。森林官という人を通じてではないが、補助金制度を通じて〈官〉が強い影響を与えてきたとの指摘である」（『未来会議』一四一頁）。この熊崎の見解は、96号で紹介した藤森隆郎と同じ見解である。日本林業はボトムアップ型だというぼくの仮説に大きな障碍になっている見解だ。

石崎は、ラートカウに一定の留保を与えながら彼の見解を、「森林官僚以外の人々の持つポテンシャルを含めた評価と捉えるならば、ドイツと比較して興味深い視点ではないかと著者には感じられる」（同上、一四二頁）、といっている。石崎が感じていることには、ドイツにも押し寄せている市場重視の支配的イデオロギーが影響を与えているのかもしれない。

何かとお手本になるドイツ林業について、熊崎実は、ロッテンブルク林業大学のS・ハイン氏が、バーデンヴュルテンベルク州、ラインラント＝プファルツ州、ブランデンブルグ州の州有林で営業所得が黒字になるのが二〇〇〇年代に入ってからであることを証明しているといっている（二六七頁）。ところで、一九七〇年代に旧来のトウヒの一斉林を育てるような林業から脱却しようとしていたドイツで、どうして二〇〇〇年代になるまで州有林で赤字が続いていたのかというと、ドイツでは、燃料は化石燃料で済むし材料は金属とプラスチックとコンクリートがあればいい、木材は過去のものだ、という雰囲気がいきわたっていたからである。もしどうしても木材が必要なら、森林資源の豊富な東欧から輸入すればよい、先進工業国のドイツで木材など生産しなくてもよい、こんな風に考えられていたので林業に力が入らなかったのだ。

ラートカウは、『木材と文明』の第四章のタイトルを「高度工業化時代――材料への変質と木材のルネッサンス」としている。現代は木材を活用する時代だといっている。この考えはなかなか浸透しなかったが、地球温暖化、森林資源の枯渇など環境問題が待ったなしになって、世界はラートカウに追いつくようになった。それにしても、日本の林政はないに等しいといわざるを得ない。

未来の林業

95号で未来の林業について、これまでの拡大造林時代のスギ、ヒノキ、マツの一斉林でなく多様な混交林から高く売れる木だけを択伐する林業の時代が来る、といわば希望的観測を書いた。それがそう簡単にいくわけではないとわかってきた。売れる木だけを択伐して利益をあげるという山の商売を実現するにはどうしたらよいか。少なくとも猫の目行政の林野庁の補助金誘導にのらないことだろう。たとえば、下草を刈れといい、補助金を出そうというが、それに従って補助金を受け取って何になるのか。枝打ちは打ち捨てにしろという。何の根拠があってそういう行政指導をするのかわからない。もう下草より高く成長したスギの木の周りの下草を刈っても何の意味もない。しかし、ある面積の下草を刈ったという実績を示せば一定額の補助金が出る。これを目当てに意味のない下草刈りをする。林業家は自らモノを考えなくなる。

林業で育てる木は、材料資源か燃料資源を獲得するためのものである。もちろん、庭木や街路樹を育てる鑑賞用の木を育てる林業もあるが、それはいま少し脇に置いておく。樹木は植物だから、光合成で炭水化物を生産して命をつないでいる。そのプロセスを簡単に表すと、一二個の水分子と六個の二酸化炭素と六八六キロカロリーの太陽エネルギーから炭水化物一つと六個の酸素と六個の水を作り出すということである。この炭水化物が材料資源にもエネルギー資源にもなる。化学式で表わすと$12H_2O+6CO_2+686kcal \rightarrow C_6H_{126}O_2+6O_2+6H_2O$ となる。樹木はどうして高く伸びるかといえば、それは競争に勝つためである。まわりの木よりできる限り高く伸びて太陽の光を独占したいと行動する。そのためには木質部分を作る必要がある。樹木にとって水を吸う根とそれを葉に届ける導管さえあればいいのだが、てっぺんの葉をできるだけ高くするには、大木になるための経費をかける。したがって下草刈りというのは苗木より草の方が高い時期に苗木の周りだけを刈ればいい。草が地下の栄養分を奪って木の成長を妨げるという根拠のない理屈で下草刈りを勧めるのは愚の骨頂である。切り捨て間伐も、間伐材が腐って豊かな土壌を作るという理由があるのかもしれないが、空気中の二酸化炭素と水と太陽エネルギーがあればいいのだからあまり意味がない。そうはいっても、地下から吸い上げる水にはさまざまなイオンが溶け込んでおり、これが樹木にそれぞれの個性、特徴をもたらすから無意味なわけではない。だからといって切り捨て間伐という更新作業の邪魔になる施業を補助金で誘導する意味がどこにあるのかわからない。猫の目林政は本当に何をしてきたのだろうかと考えてしまう。このことについては改めて考えてみる予定である。

炭酸同化作用の仕組みを利用して有用材を生産しても、売れなければ意味がない。現在なかなか木が売れない。冒頭で述べたように、速水林業は、長い時間をかけて大経木のヒノキやスギを育ててきたのに大経木を必要とする軸組真壁構造の建築物が少なくなった。新たな販路を作らなければ長い時間経費をかけてきた山に更新投資ができない。林業の未来は販路を作ることから始める必要がある。それにしても、速水さんは気が長い。一〇〇年後、二〇〇年後、木の需要がどう変わるかわからないから、これまでのように伐っては植えるを繰り返すだけだ、といっている。悠揚迫らぬ大人の風がある。

木の時代をつくる

速水林業のカキ筏用間伐材の販路拡大努力のような活動が必要だ。木の時代を考えるヒントは山ほどあるから少し考えてみよう。いま火災を減らすために木質資源を活用することを考えてみたい。何らかの原因で火災になりかねない発火が生じたとする。この発火が火災になるのは、周りに燃料があってそれに燃え移る場合だ。もし不慮の発火が閉鎖空間で生じたのであれば酸素不足で鎮火する。つまり火災は、燃料と酸素の供給がなければ起こらないのである。とりわけ酸素の供給を遮断する構造の建物を作れば耐火性の強い木造建築の需要を作り出すことができる。したがって、旧来の軸組み日本家屋の隙間だらけで部屋の間仕切りがふすまと障子というのは論外である。

住宅の開口部を考えてみる。外部開口部は玄関や勝手口、窓などだ。これらは、現代ではアルミサッシが全盛である。アルミサッシは金属だから火事に強いという思い込みがある。それは間違いである。アルミサッシは高温に弱い。高温になると変形してガラスを割ってしまう。そこから熱風が出るなり入るなりして火災を広げる。それに対し木製窓枠は、高温になって表面が焦げても内部まで火が回るのに時間がかかる。その間枠組みはしっかりしているから熱風の出入りを防ぐ。木質開口部の方が火事に強い。気密性の高い部屋の間仕切りと厚い木の壁であれば、火を一部屋に閉じ込めることができる。この仕組みがヨーロッパやカナダで高層木造建築物が増えている理由である。日本でもCLTの高層建築の普及が進んでもいいのだが、規制が厳しいのか、なかなか進まない。それとCLTがいかに優れているといわれても、先行するメーカーに独占的利益を得させるのがいかんという反対勢力の抵抗が強いのかもしれない。厄介なことだ。

ラートカウの木のルネサンスに共感してなんでも木に還るのがいいというぼくのようなへそ曲がりでも、太平洋戦争末期の木のルネサンスは願い下げだ。焼夷弾で都市部の大半が焼け野が原になった時期に大型輸送機や戦闘機を木で作った話を読むと、「貧すれば鈍す」を地でいっているようなものだと思ってしまう。このあほらしい経緯を香田徹也の『林政年表』で拾い読みする。四四年の一〇月に「立川飛行機会社、合板使用の純木製戦闘機第一号完成、試験飛行に成功」。この続きは四五年六月一一日「王子航空機（株）江別製作所製造の木製戦闘機キ一〇六の試作一号機、同社専用滑走路で初飛行。（軍要求の）高度六四〇〇ｍで時速六二〇キロに対して時速五六〇キロしか出ず、右主脚が折れて失敗」。八月二三日に「三号機が陸軍航空本部に飛び立ったがどこに行ったか不明」とある。玉音放送の後だ。四五年の春に「大型木製飛行機完成四トン戦車積載可能」とあるが、本気で竹やりでＢ29とやりあうつもりだったのか。信じがたい。

次号の課題

未来の林業を信じて、複層混交林の施業と森林生態系の勉強をしなければいけない。しかし、生態系に足を踏み入れるのは、宇宙論の闇に呑まれるようなものだから気をつけないといけない。宇宙論というのは仮説とその実証、それができたとするとすぐに反証があらわれて新たな仮説の繰り返しである。また地球の足元の生態系も、仮説と実証、反証の繰り返しである。できるだけ生態系の闇に入り込まないように気をつけながら、複層混交林の施業の在り方をゆっくり考えていきたい。

続　山海往還　その15

はじめに

多様な樹種からなる森から木を伐りだして生活をする新しい林業のあり方を探ろうとしている。林業を考えるとき、かつての林業のあり方を知りたいと思って一般経済史の本を見ても渇きをいやしてくれない。二〇一七年の『岩波講座日本経済の歴史』全六巻のうち中世と近世の巻を見て不思議に思うのは、林業とその関係の産業の扱いが極めて手薄なことである。中世から近世にかけて、材料資源、燃料資源といえば木材と薪・炭である。それについてあまりにも無関心である。材料資源、燃料資源がなければ、都市の建設、金属精錬、各種金属加工業などインフラ整備や基幹産業が成り立たない。それにもかかわらず言及が少ない。

近世初頭、日本でどんなものが土地の産物として知られていたかを探るのに便利な本に、松江重頼の俳諧書『毛吹草』がある。昭和一八年に第一刷がでて、第二刷は昭和四六年に出た岩波文庫である。ぼくの見ているのは第二刷の方である。この本の巻第四に諸国の産物が列記されている。それによると刃物や鉄、銅、銀などが各地で生産されているが、それらを作るには大量の炭が必要だと思われる。また、さまざまな山で作られる木製品があり、曲げわもの、榑《くれ》、板材、角材が諸国の産物として記載されている。折敷なども各地で生産されたようだ。こういうもののための材料資源や燃料資源としての木の生産に関する記述が一般経済史に乏しいのが残念である。林学専門家の論文には近世の林産物に関するものがあるかもしれない。そこまで手が回らない。

余談だが、岩波文庫『毛吹草』の校訂者は竹内若という女性研究者である。この文庫を出版するにあたって、新村出が校閲者として名を連ね、解説を冒頭で書いている。とても解説というようなものでなく、のんびりした随筆である。きっと女の校訂者だけでは箔がつかないと考えて大物を担ぎ出したのかもしれない。ジェンダーバイアスがかかっているように思える。

先に言及した『日本経済の歴史』はそれに先立つ『日本経済史』全八巻の後継である。これらの叢書の画期的なところは、徹底した実証主義で反証可能性を残したオープンさにある。したがって、実証資料がないものについて記述できないのである。『日本経済の歴史』第二巻に第四章「農村工業の拡大と鉱業の自立」がある。そこでは、一八四〇年代前期の熊本藩の領内経済の調査報告書「諸御郡惣産物調帳」と同じ時期の長州藩領の『防長風土注進案』を取り上げ、林産物がコメ換算でどのくらい生産されたかを示している。熊本藩では、各手永(てなが、熊本藩特有の行政単位、郡と村の中間に位置する)でそれぞれいくらになるか、詳細に数値を挙げている。そして、薪や炭、板類が上位にあることを示している(一二四―一三五頁)。一般経済史に薪や炭、板類の生産に関する記述が少ないことに不満を述べたが、実証的資料がないのだからこの本の性格上やむを得ないのだろう。少なくとも熊本藩や長州藩に薪炭の生産が盛んにおこなわれていたことが記録として残されている。これから類推することは自由であるが、反証可能性を保証するわけではない。

ボトムアップかトップダウンか

日本の社会形成がボトムアップ型かトップダウン型かをめぐって思案している。林業を考える際にこの点が気になる。林政学者の筒井迪夫は、明治国家の林政は「管治主義」(『日本林政史研究序説』東京大学出版会、一九七八、一頁。以下『林政史』と略称する。)だという。こんな言葉があるのかと不思議に思ったけれど、別の場所にも出てくるので、林政史の専門家の間では通用しているのかもしれないと考えざるを得ない。

明治以降の日本の林政は、第三次伊藤内閣の農商務大臣金子堅太郎の「官民共利制を活かしたいとの説」に対する反論、東京帝国大学林学教授でドイツ留学から帰った新帰朝者である川瀬善太郎の『森林経営の論理』の対立の歴史ということができる（『林政史』一七頁）。金子の官民共利というのは、「文武朝の勅〈山沢の柴草ハ百姓自由ニ之ヲ採ルコトヲ得ヘシ〉、〈王侯諸臣占領スル所ノ山沢ハ多クハ百姓トソノ利ヲ共ニスヘシ〉に発するもの」（同前　一八頁）だという。金子がこの考えは我が国の林政の伝統だというのに対し、川瀬は、ドイツの官房学である法正林思想を振りかざして「管治主義」を主張する。法正林とは「Normal Wald」（同前　二四頁）の訳語だそうだけれどなんともしっくりこない言葉だ。ノルマルが標準的なとか規格通りのという意味だと思うのだが、法正とはわからない。音が通じるから「方正」のことかもしれない。品行方正という言葉があるように厳格という意味になる。金子と川瀬を比較すると金子はボトムアップ型で、川瀬はトップダウン型ということができるだろう。

ボトムアップかトップダウンかの問題を島崎藤村の『夜明け前』（岩波文庫、一九六九、第一部上・下、第二部上・下）を読みながら考えてみたい。あくまでも木曽林業を想像するために読むのであって作品批評をするつもりもなければその力量もない。あまり引用をしないが、どうしても必要なところでは、（第一部上、X頁）というようにする。この作品は「木曽路はすべて山の中である」で始まる。木曽川に沿った谷筋であるから耕地が少なく、農業的観点からしたら貧しい土地である。一九七〇年代まで、中央線で名古屋から松本へ向かう途中の沿線の風景に驚いた。低い家の屋根は板葺きで重しに石を置いてあった。いわゆる榑ぶきの屋根である。貧しさを感じた。夜明け前のころの貧しさを表す言葉に「草山争論」というのがある。「草刈る場所も少ないところから起こって来る境界のごたごた」をいう。この境界をめぐる、馬籠村と隣村の湯舟沢村との間争いである。それに決着をつけるために境界をはっきりさせる塚が築かれることになった。この時の馬籠村の庄屋がこの小説の主人公青山半蔵。

この小説はペリー来航（一八五三）から一八八六年までの間が時代背景になっているというよりその時代を描いている、という方がいいのかもしれない。木曽街道は中山道の一部で木曽川に沿った貧しい土地であるが、宿場があるので往来の客に対する宿屋で儲かる。特に参勤交代のようなたいそうな行列だとかなりの実入りがある。宿場から外れたところでは、助郷があるので駄賃が入る。つまり中山道は人の往来で生活が成り立つようになっている。林業はといえば、完全に尾張藩の管理のもとにあり、尾張藩代官山村氏の支配下にある。完全にトップダウン型の林業である。木曽の山には「巣山」、「留山」、「明山」がある。巣山というのは鷹の営巣地で、猟師であっても立ち入ることのできない完全な立ち入り禁止、留山は村民の立ち入り禁止であり、明山は自由林で村民の立ち入りが自由である。しかし、木曽五木——檜、椹、明日檜、高野槇、鼠子——は尾張藩の厳重な管理下にあったので村民は伐ることができなかった。尾張藩が伐採した木材は、地域領民に下げ渡して榑や曲げわものなどの細工物の原料にした。

木曽街道は中山道の一部、京から江戸に下る街道で、草津で東海道と分れる。草津から板橋までの遠回りの街道だが、東海道よりも旅程が立てやすかったので大名行列には好まれた。東海道は途中大きな川があるので川止めを食らうと旅程に狂いが来る。幕末の混乱期には大名や長崎奉行など往来が激しかった。和宮降嫁の行列などは実に大がかりなものであった。近在から多くの助郷が駆り出された。青山半蔵は馬籠の本陣、問屋、庄屋としてその職責を果たしながら、木曽の山の木を村民のためにもっと自由に生かす時代を望んだ。彼は尊王の精神に富んでいて、王政復古が実現すると徳川の時代の林業の金縛りがなくなると信じていた。留山や明山などという区別がない享保以前の昔の時代に戻れると考えていた。

享保以前と以降で何が違うのか。

「一七世紀後半に諸藩で実施された林政改革は、用材資源の確保や水源涵養を目的とした禁伐区（留山）の設定、藩にとって有用であると判断した樹種の伐採禁止・制限などを主な内容としていた。しかし、増え続ける木材需要や藩の財政収入の確保といった問題もあり、森林伐採はとどまるところを知らず、一八世紀に入ると、有用資源の枯渇は目に見えて明らかになってきた。こうした状況に対処する施策には、有用樹種の利用制限の徹底という現実的対応と将来の森林蓄積に向けた新規造林という二つの道があった。当時の為政者たちは、〝伐って使う一七世紀〟から〝守り育てる一八世紀〟への転換を図ろうとしたのである。

一八世紀の森林政策に関する二つの道のうち、有用樹種の利用制限策として著名なものに、尾張藩における

〈木曽五木〉の指定がある。これは、家老の鈴木明雅や国用人の遠藤彦左衛門らをバックにして〈享保の林政改革〉を強力に主導した上松奉行市川甚左衛門によって推進された（『森林の江戸学』東京堂出版、二〇一二、四四頁）。

採取林業の時代から育成林業の時代に移ると、ボトムアップ型からトップダウン型に変わった。王政復古の新時代になると、街道の稼ぎが無くなった木曽の谷筋の村人は、「官民共利」の精神のもとで林業に生きるしかない。享保以前に返してほしいと嘆願書を出したが、新政府の役人は、「もしも人民の請を容れ、木曽山を解き放ち、制度を享保以前の古に復し、これまで明山と称えて来た分は諸木何品に限らず百姓共の必要に応じて刈り採ることを許したなら、せっかく尾州藩で保護して来た鬱蒼とした森林は忽ち禿山に変わるであろうとの先入主、本山成徳は御停止木の解禁なぞは以ての外」（第二部下、一五一―一六頁）ということで、とても享保以前に返ることはなかった。官林規則を無視して山に入り木を伐採して捕まる村人が後を絶たない状況であった。新政府は青山半蔵の期待を裏切り、半蔵は落胆する。

以上が木曽谷の林業がたどった幕末から明治一九年までの様子である。しかし、本山が尊大にも版籍奉還によってすべての山が官林になったのだからお前たちの好きにはさせないということになったかというと、そうではない。版籍奉還によって禄を失った武士に山林を下し与えるということに始まり、殖産興業や近代化の過程では、膨大な材料資源が必要になってくる。鉱山開発には土留めの松、鉄道敷設には栗、それに次々と必要になる建設用材としての杉と桧、さらには製紙用パルプ、これらを新政府が自らの手で提供することは無理なので、次々と官林を民間に払い下げて民間の手による資源提供の道をたどることになる。本山がそっくり返って尊大にふるまった頃はあたかもトップダウン型の林業の時代かと思われたが、そうはいかずに、山が民間の林業経営にゆだねられるようになるし日本型ボトムアップ型林業になった、と考えるのが自然でないだろうか。

新政府林政の試行錯誤

版籍奉還によって旧来の藩や幕府の山が官林になったがその後それを政府がどう扱ったか、について香田徹也著『日本近代林政年表　増補版』で少し追いかけてみる。

明治二年の版籍奉還の後も「阿波藩家老、徳島県木頭地方などの藩有林を藩財政再建のために独断で払下げ処分に付し、代価収入を藩知事蜂須賀家のものとする。＊このころ、毛利藩・高知藩・薩摩藩でも藩有林を一部払下げ」

明治四　八・二四「官林規則ヲ設ク」……＊官林経営の方針として乱伐を戒め、国家当用材の生産その他の樹種にわたり撫育増殖を勧め被害木の処分・利用上の注意を喚起し行道樹の保護・水源林の濫伐禁止を示達」

同旧暦八月「名古屋県筑摩郡妻籠村で、旧藩有林官有地化に反抗して騒擾。＊以後木曽谷で官林囲い込みに反対する運動、長く続く」

同　一〇・一三「荒蕪地払下ニ付一般ニ入札セシム。＊払下相手の身分（士族・平民）をとわず、競争入札となる」。

明治五　七・二〇「（大蔵省達七六号）伐木ヲ留ムル官林総テ入札ヲ以テ払下規則ヲ定ム（払下という所有権の譲渡即ち公物が私有物になることで、山林の侭所持しても伐木しても勝手、払下対象は華士族卒平民その他誰でも可。府県は差し支えないところを調べ広く入札により三番札まで添えて当省に伺い出での上払下るべしと通達。＊官林の払下げ・処分・利用を認める＝官有山林斥売方規、財政収入増加のための官林売り払い、大蔵卿井上馨の主導といわれる。）」

明治六　七・二〇「（太政官布告第二五七号）荒蕪不毛地並ニ官林払下差止」

前年の入札払下を取り下げた。

同　一二・二七「家禄奉還ノ者ヘ資金被下方規則・産業資本ノ為メ官林荒蕪地払下規則を定める（太政官布告二五七）の払下げ停止の例外を設ける、奉還者で農牧志願の者に山林は五町歩、荒蕪地は三町歩、田畑・城郭跡・屋敷跡は一町歩を限度として地価の半額で払下げの制を敷く」

七月の取り下げに修正を加えた。

新政府が何でも官地官林だと囲い込んでも無理なのでそれを緩めざるを得ない。本来は民有地なのに官地にしてしまった土地を返すようなことも起こるようになった。

明治二七　一一「長野県諏訪郡湖南村御領地二七〇〇町歩を、行政裁判によって民有と決定につき、民有に引き直しを行う」

明治新政府の林政の試行錯誤は、時間をかけて官林・国有林主導から民間主導になっていったようだ。大地主というといわゆる山林地主を思い浮かべるが、王子製紙のような製紙業者が、特に北海道に膨大な山林を所有している。山林の私有化が徐々に進んだ結果であろう。

森林・林業白書の描く未来図

さて、新しい時代の林業のあり方を考えなければいけないのだが、先号でも触れたが今日の日本林業を取り巻く環境はとても更新投資ができる状態ではない。どうすれば山の恵みを生活の糧にして生きることができるかを考える必要がある。そのためには、木材に対する需要を喚起することが一番である。材料資源としての木材と燃料資源としても木材の需要を増やすことが大切である。材料資源としての木材の需要が増えれば伐採し、製材の折に出る切りくずなどがペレットの材料になる。燃料資源としての木質は材料の付属物として生じる。バイオマス発電の買取価格が投資に見合うからといって、木質チップを輸入するような愚を避けなければいけない。

今日の木材需要の現状の厳しさを述べてきたが、政府もそれなりに努力はしているようだ。二〇二〇年版の森林・林業白書を見ると、森林白書部分で「建築物における木材利用の拡大」という項目がある。トピックスとして「中高層建築物の木造化・木質化に向けた動き」を立てて、木造・木質建築の増加傾向を報じている。林業白書の部分でも中高層建築物の増加を論じている。中高層建築物の増加には建築基準法の改正が不可欠で、一九八七年から二〇一八年にかけて徐々に木造建築を高くすることを容認するようになっていることを伝えている。CLT工法なら高層ビルも耐火性・耐震性において優れていることが分かっているのに、「木造・木質」と一括りにするので規制緩和がなかなか進まない。この白書は変な作りで、森林白書部分と林業白書部分で同じようなテーマを重ねて取り上げている。奇妙な二階建て白書だ。

今年の白書では、木質資源の新しい可能性が指摘されている。セルロースナノファイバー（CNF）とリグニン利用の新しい化学製品の可能性だ。鉄より軽くて鉄より強いという触れ込みでよく使われているものがカーボンファイバーいわゆる炭素繊維だ。広く工業製品に使われているが、身近なところではトレッキングスティックや撮影用の三脚などだ。これと同等かそれ以上の可能性を秘めているといわれるのがCNFである。現在、販売されているCNFを使用した商品として次のものを白書は挙げている。

製品	特徴
ボールペン	滑らかな書き味
大人用紙おむつ	超強力消臭
スピーカー、ヘッドホン	広帯域再生
トイレ用掃除シート	細かい汚れをキャッチ
化粧品	保湿性とさらっとした感触
ランニングシューズ	軽量性と耐久性
卓球ラケット	弾き出す力を生み出す
テニスラケット	減振効果を向上
どら焼き	ふわっと、しっとり
生コンクリート圧送用先行剤	圧送速度に順応した潤滑層の形成
漆喰	微細なひび割れを防ぐ
木の器	経年劣化を防ぐ（塗料）

『白書』一九頁

これら以外にもスーパーカーのボディーの試作品の写真を挙げている。

ＣＮＦと並んで期待されているのがリグニンの利用だ。リグニンというのは木を固くしている物質。これのおかげで木はすっくと立つこともでき、柱にも板にもなる。しかし、製紙用のパルプを作る際に邪魔になるのでリグニンを取り除いてセルロースだけを取り出す。リグニンは邪魔ものだし、また、落ち葉や枯れ枝になって地上に落ちてもなかなか生分解されないので嫌われる。特にスギの葉はリグニンが多いといって自然環境保護派の広葉樹主義者から嫌われる。リグニンを利用した製品を改質リグニンというが、それらについて『白書』は「改質リグニンは、幅広い製品に使用され、高い性能が求められるエンジニアリングプラスチックの代替材としても活用できることから、自動車の内装材・外装材、電子基板向けフィルムなどさまざまな試作品が開発されている」（二一〇頁）、といっている。これを基幹産業に育てるには、起業家精神に富んだ経営者が出て新結合を実現しなければならない。今の政府に戦略目標が見られないのが不思議だ。このままでは、面白い試みが泡のように湧いては消えるということになりかねない。よどみに浮かぶうたかただ。おしいことである。

山の木がいかに可能性に満ちているとしてもそれを育て伐りだし製材にする人々のコモンズがなければ意味がない。コモンズは共同体と言い換えてもよいが、宇沢弘文のコモンズの考えを借りることにする。

コモンズを宇沢は次のように定義する。「コモンズは、さまざまな形態をとるが、いずれもそれぞれの置かれた社会的、経済的、法制的な諸条件の下で、自然環境、さらに社会的共通資本一般を持続可能（sustainable）なかたちで管理、維持するための制度、組織ということができよう。多様な自然環境の経済的、社会的、文化的諸条件を一つの統合的なかたちで類型化することは不可能であって、それぞれの置かれている特定の自然的、環境的、歴史的諸条件に照応して、その最適な経営、管理組織の在り方が決まってくる」（宇沢弘文・大熊隆編『社会的共通資本としての川』東京大学出版会、二〇一〇、二一一二二頁）。今日のように山で暮らす人が少なくなっては、林業にかかわるコモンズの存在そのものが危うい。山での暮らしが成り立つようにしなければいけない。もちろん、現代では里で暮らしながら山で働くというスタイルになるのだろうが、それでも山に入る機会が増えればコモンズ維持の可能性は高まる。コモンズはある広さの流域を要求する。それには森の豊かな生態系を維持できるだけの広さが必要だろう。

『悲劇　世襲山林監督——五幕——』

ぼくはしばしばドイツのフォレスター〔ドイツ語ではFörster〕が人気の職業だと紹介し、それは現代のことで昔はそうでなかったと書いたが、それを読んだT・Mさんが Otto, Ludwig（一八一三—六五）の『悲劇　世襲山林監督——五幕——』（Der Erbförster）を教えてくれた。創作悲劇なので、どこまでその主人公の山林監督が事実に合うのかどうかわからないけれど、読んでみたところ、シェイクスピアの「ロミオとジュリエット」、さらには、アイスキュロスの「テーバイを攻める七人の将軍」が下敷きになっているのかもしれないと思った。ただし、ぼくは悲劇を読みたいわけでなくルートヴィヒがどんなフォレスターをイメージしていたかを知りたくて読んだだけだ。

主人公の山林監督ウルリッヒと雇い主のシュタインが登場する。シュタインは裕福な製造業の所長で且地主であり、貴族で何か事業を営んでいるようである。ドイツにも資本主義の足音が聞こえているようだ。第一幕第一場は、シュタインの息子とウルリッヒの娘の婚約披露の宴会が開かれるシュタインの屋敷。森をもっと間伐しろというシュタインの要求に対して、そんなことをすると森が弱るから絶対反対と抵抗するウルリッヒの言い争いで始まる。間伐のことを『透伐』といったようだ。全五幕のこの悲劇は、最後にウルリッヒが誤って娘を射殺しそれを悔やんで自殺するところで終わる。ぼくは悲劇を読みたいわけでなくその時代背景と土地を知りたいと思ったので、山林監督のウルリッヒの言動に注意して読んだ。この監督はかなりまともなフォレスターであることがわかる。余計に間伐すると森が弱るのでできないという。シュタインは見通しの良い森が欲しかったのかもしれない。このまともなフォレスターをシュタインはクビにして、ウルリッヒとは対照的な飲んだくれのいいかげんな猟師を新しい山林監督に採用する。この新しい山林監督は前近代タイプのフォレスターの姿だろう。鼻つまみ者のならず者のフォレスターだ。

土地に関してはシュヴァルツヴァルトが出てくるところからドイツ南西部の森かも知れないとあたりをつけた。時代については、悪党の山泥棒が、いつまでも貴族だといってエラそうにできる時代ではないぞと革命前夜を思わせるセリフを吐いているところから、三月前期のころが想定されているのだと思った。創作文学は時代を反映するが、文学内容がどの時代のどの地域かということを示すわけではない。記録文書と違って文学作品から事実を聞き出すのはかなり難しいことが分かった。

翻訳は関泰祐（岩波書店、大正一五年）。

追悼

今回も香田徹也さんの『日本近代林政年表　増補版』のお世話になった。この年表は各項目に出典が明記されているので安心して頼ることができた。

奥様から香田さんが二〇一九年一〇月に八二歳で亡くなられたことをお知らせいただいた。面識はないが、年表でお世話になったので感謝の気持ちを添えてご冥福をお祈り申し上げます。

続 山海往還 その16

未来型の林業

先の号〔『象』98号〕で、今後の林業は、スギ、ヒノキ、マツ一点張りの生産業ではなく、多様な樹種と年齢の異なる木々からなる山から、高く売れる木を市場に出す形の林業に変わるべきだ、といった。山持ちは、立木を売る際に市場支配力が全くなく買い手の言いなりになっているので、たとえ山の木を売っても更新投資を賄う収入がない。山は荒れるしかない。高く売れる木を択伐して市場に持ち込めば、山持ちでも市場交渉力を確保することができる。しかし、もっと木が売れなければなんともならない。山林地主を行き詰まらせている現状を突破するには、需要を喚起するために木をもっと使う状況を作り出す必要がある。

多様な木を使う

木を使う場面を、住宅建築を手掛かりに考えてみる。住宅建築といっても一般住宅より少し幅を広げて、和風の旅館、料亭、ビルのテノントであっても内装にたっぷり木を使う日本料理店やすし屋などを含めることにする。これら和風住宅建築といえばだれもが総ヒノキ造りが一番だと考える。しかし、こんな観念が一般化したのはいつのころからなんだろうと不思議に思っている。かつて町屋で、栂づくりがはやったことがある。栂はち密な年輪で特に良質な柾目は見た目がきれいなので好まれたのだろう。京都の金持ちなどは栂普請を好んだといわれている。

多様な木を使うことを考えているとき、少し気になる樹種に出会った。それはタブノキである。椨と書く木であまり知られていない。この漢字は国字で、諸橋の戦後の修訂版大漢和にも登録されていない。やっと補巻に登録された。にわか林業評論家の悲しさで立ち木を見てもそれが何の木かわからないから、樹木図鑑を時々見る。創元社の『樹木と木材の図鑑』では、椨は板にすると暴れるのであまり流通しないと記述してある。この木の用途は、樹皮が八丈島の黄八丈の樺色の染料になるとか、樹皮を粉末にして、線香の粘結材にするとか、板や柱に使う以外の用途に記述の重点を置いている。ところが、成美堂出版の『樹木図鑑』では、創元社の図鑑と異なり、染料や線香の粘結材の記述はなく建築材、家具材、彫刻材に利用される、とある。同じ木の評価が大きく違うので、困って山形健介の『タブノキ』(法政大学出版局、二〇一四)のお世話になることにした。タブノキは照葉樹林の代表的な木である。日本の山には、クス、カシ、タブ、シイ、モチノキなどの照葉樹が自生していた。人工林に逐われて姿を消した。そういえば、若いころ中尾佐助の照葉樹林文化という言葉をよく目にしたことを思い出す。

『タブノキ』八一二頁に杜甫の詩に「枯れたタブノキ」というのがあると出ている。杜甫は五〇歳の時に立て続けに樹木を主題にした詩を作っている(『杜詩』岩波文庫、第四冊、鈴木虎雄・黒川洋一訳注、所収)。柏、橘、【椶/しゅろ】、枏(『杜詩』の漢字は枏の俗字で柟である。音はナン)などの樹種に仮託して志を述べた詩を作っている。いずれも頭に病か枯をかぶせた詩である。最後が「枯枏」である。日本のタブノキと同じものが中国にあるかどうかわからないが、よく似たものに枏がある。タブノキは有用なのにその可能性を見つけ出しそれを生かす具眼の士がいないので力の持ち腐れになっている、という趣旨の詩である。いかにも杜甫らしい嘆き節である。いつも訪れる本屋さんに『李白と杜甫』という一万円近くする本が鎮座している。こんな本、誰が買うんだろうかと、いつもちらっと横目で見ている。李白派と杜甫派というのが昔からいるようだ。ぼくらも高校生のころ贔屓論争をしたものだ。豪放磊落に酒を飲む李白が格好いいという李白派と、泣き言いいながら真面目に生きるのがいいという杜甫派の論争だ。「枯れたタブノキ」という詩は、いかにも杜甫らしい恵まれない境遇をうたったものだ。

さて、余談は切り上げて、タブノキがどのくらい有用で実際、住宅建設に用いられたかを、山形の『タブノキ』で確認してみよう。この本では、鹿児島や屋久島、種子島ではタブノキが建築用材として珍重されたことを紹介している(七〇―七一頁)。また、タブは高級材として京都の社寺などでも重視されたとある。柱、敷居、玄関の上り口、床の間の地板などがその使い道である。このように、暴れるから使いづらいというタブノキが意外にも重宝されたことがわかる。当然、水枯らしをして材に引いた。住宅用材以外にもたくさん用途があるのだが、それは割愛して多様な木を使うという趣旨に戻ろうと思う。なお、宮脇昭の『見えないものを見る力』(藤原書店、二〇一五)には、浜離宮が鬱蒼としたタブノキ林に囲まれている写真を載せている(一二八頁)。宮脇昭はタブノキ教の教祖といわれているらしい。タブノキは南洋材のマンガシロ（船のデッキに使われる。塩水に強い）に似て石灰質が含まれているのか鋸や鉋を痛めるので大工泣かせである。

和風建築といえばヒノキ造りなどという単純な発想をやめて、土地、土地の木を使うというのが良いと思う。しかし、今日では難しい。拡大造林の時代に広葉樹を濫伐し、その結果、土地、土地の樹木が少なくなった。冒頭で述べたように、山主も自分の山を、潜在植生を活かした多種混交の森にすれば、多様な木を使う時代が数十年、あるいは二〇〇年くらいで来るかもしれない。今では強力な製材機械があるから広葉樹でも建築材料になる。土台は、クリ、構造材はタブでもヒノキでもツガでもよい。内装はスギというところか。

有岡利幸著『杉I』（法政大学出版局、二〇一〇）では、コンクリート、金属、木の三種類の飼育箱を用意してマウスのつがいを育て繁殖させた（飼育箱に敷き詰めたのは、スギのおがくず）結果、子供の健康と生殖能力は木の飼育箱で育ったものが一番よく、金属、コンクリートは健康状態も生殖能力も著しく落ちることを実験結果として明らかにした研究報告を引用している（一九一-二一一頁）。人間で実験するわけにはいかないので、科学的証拠はないけれど、人間にも当てはまるのではないかといっている。そして、「マンションでも、室内を杉板で囲むことで、心身ともに健康な生活を送ることができると考えられる」（二一一頁）といっている。スギは住宅の内装材として一番よさそうだ。ヒノキに比べてスギは素肌に触れたとき暖かい。これがスギを内装材に勧める理由だろう。いかにスギが内装材によいとしても賃貸物件でスギの内装というわけにはいかない。入居者が変わるたびに内装のやり替えということになるとコストがかかりすぎる。壁紙とビニールのフローリングを張り替えるのが安上がりである。

大量の木材を使うことが林業振興の要であるから、公共建築に木造を積極的に活用するとよい。例えば、学校の建て替えを進めて木造校舎にする。内装にはスギを多用するというようなことが考えられる。図書館や地域の集会所——コミュニティセンターなどというしゃれた名前の地域もある——を木造、スギの内装にするのもいい。できるだけ地場の材を使うようにするのがよい。

国有林のこと

山持ちが林業を生業として生活できる道はないかと考えてきたのが、この山海往還の山の部である。紀伊半島南部の森を歩いてあれこれ考えてきた。この地域は国有林が少ないので、国有林に関心が向くことがなかった。スギ花粉が社会的に非難を浴びると、試験林の研究者が、花粉を飛ばさないスギの開発を進めているなどという報道も出てきて、なんと本末転倒の発想をするものだと腹を立てていた。そもそもスギの一斉林を広い範囲で作ったのが間違いのもとなのだ。混交林、多層林であればスギはそんなにむやみに遠くまで花粉を飛ばす必要はない。先年、天竜杉の森を見に行ったことがあるので、近いうちに木曽林業を観察するために上松から木曽福島さらには木曽平沢くらいまで足を延ばしてみようと考えていたところ、笠原義人・香田徹也・塩谷弘康著『どうする国有林』(リベルタ出版、二〇〇八。引用に際しては『国有林』)を香田徹也さんの奥様から御恵投いただいた。これに拠って、知らなかった国有林のことを整理してみる。

大地主といえば王子製紙など大手企業と思い込んでいたが、日本最大の山林地主は林野庁である。国土の森林面積二四七六万ヘクタールのうち国有林が七五二万ヘクタール、とてつもない大山林地主である。民間最大の山林地主である王子製紙で、一九万ヘクタール、一万ヘクタールを超える地主は九社ほどである(住友林業　きこりんの森)。国有林には歴史的背景があって、その存在は偏っている。「北海道・東北や中部山岳地帯、そして四国・九州に偏在しています」(『国有林』一九頁)。ぼくが林業のことを考えるためによく歩く紀伊半島南部、つまり奈良県十津川村から和歌山県南部の山は国有林の少ないところなので、国有林に関心が向かなかったのかもしれない。

国有林に関して思い違いがあって、それは生産林が少なく、水源保護林だったり自然公園だったりするものだとばかり思い込んでいた。国有林に関心を持ってこなかったツケである。ところが国有林は盛んにスギ・ヒノキ・マツなどを生産していた。「林野庁は、国有林野事業が、木材増産・拡大造林政策を展開する端緒期の一九五八年に〈国有林野経営規程〉を改正し、保安林・自然公園・試験林等公共目的に供する林地〈第一種林地〉を、国有林総面積〈七四五・二万ヘクタール〉のおよそ三割〈二九・一%〉と定め、また六割〈五九・九%〉については、皆伐を主体とし、その跡地には人工造林を行う方式により林地生産力の積極的な増進を図る林地〈第二種林地〉に区分しています」(『国有林』二四頁)。この経営規定見直しで何が生じたかといえば、「大規模一斉皆伐によって各地で森林・自然破壊が出現し、年間成長量を超える過剰伐採で資源が枯渇するなどの問題を残しました」（同前、二四頁）ということだ。人工林に変えるのに東北地方などでは盛んにブナ林を伐採したものと思われる。乱暴なことをしたものだ。

『どうする国有林』は、国有林の経営管理の時期を三つに分類して、次のようにしている。

◇第一期……木材増産、拡大造林期（一九五七〜一九七三年の一七年間）

◇第二期……木材減産、財政赤字累増、改善計画期（一九七四〜一九九七年の二四年間）

◇第三期……「抜本改革」、生産事業撤退期（一九九八〜二〇〇七年の一〇年間）」（同前　三〇頁）

第二期、第三期を通してだんだん姿を現してくるのが、新自由主義である。国有林など民営化してしまえ、美術館や国立大学のように独法化してしまえという乱暴な意見が増えてくる。美術館や国立大学などの文化事業に独立採算などということが適用されるはずがないのに、何でも民営だという新自由主義イデオロギーが大手を振ってまかり通るようになった。ましてや、林業に普通の企業会計を適用して赤字だ、経営効率が悪いというのには無理がある。林業は、植林して収穫を得るまでに数十年以上かかる場合もある。こんな事業に一般の企業会計の原則を適用するのは合理的とはいえない。

『どうする国有林』の三人の著者は新自由主義に抵抗する侍だ。この本には、営林署で働いていた人たちの現場の声を載せている。それをいくつか紹介したい。

＊仙台のブナ林と水・自然を守る会の庄司幸助

「当時の営林署（もとをたどれば林野庁）のブナ乱伐から天然林のブナを守るということでした。その意味では、運動の目標は〈公益的機能〉の発揮であって、〈木材生産〉の方は、同じ木材生産にしてもブナ乱伐後のスギの一斉造林（大面積皆伐・新植計画）という施業に批判的な目を持って材生産軽視の〈国有林の管理基本計画〉をよろこんではいけないのです。（改行）ドイツの林政調査に行ったとき、ドイツの森林官たちがしきりに使う〈リゾート〉という言葉は、日本のようにゴルフ場・スキー場・豪華ホテルという三点セットの〈リゾート〉とは違って、市民の散策の森をどう造るかということで、そこで市民のための豊かな安らぎの森を提供しようということでした。これが、彼らが追及している〈公益的機能の重視〉なのです。〈エコノミー〉という場合、それはその森を立派でできるだけ高価な木材の生産場にすることでした。（中略）ドイツでは（中略）〈エコロジー〉と〈エコノミー〉の（中略）両立が矛盾なく図られていました。（中略）ドイツではブナといえば、営林署がせっせと人工林で新しく植えているのに、日本では貴重なブナ原生林を乱伐したあげく、新植したスギやカラマツを植えっぱなしで手入れは全然せず、〈不成績造林地〉を乱造したうえに苗畑さえ売り飛ばし、果ては国有林そのものさえ大企業のリゾート地に売りまくろうとしている。それが当時の日本の林野行政の姿でした」（同前、二九頁）。

＊森林管理署職員の池内明

「一九七〇年代の後半から国有林野事業は赤字になりました。その後、赤字は慢性化し、現在まで三〇年以上も続いてきたわけです。累積債務も膨らんでいきました。（改行）あまりにも長く赤字が続いたため、何をするにも〈赤字だからしようがない〉という気分が国有林の職員の間に広がっています。最近では、一般公務員とボーナスの率も差をつけられています。赤字転落後は、改善とは名ばかりの数次にわたる〈改善計画〉により、職員の数も一〇分の一に減らされました。（改行）そういう中で職員がやる気をなくしているというのが、いつわらざる実態です。（改行）それでも、私たち国有林の職員の本心は、台風や大雨があっても、〈裏山が国有林なので安心です〉といわれるような森林を造りたいと思っています。（改行）いまあらためて〈改善計画〉とは何だったのかと思い返してみますと、単に組織と職員を減らしただけでなく、山間地にあった営林署を廃止することにより、地元の人たちから雇用の場を奪い、そして地域の過疎化に拍車をかけ、さらに赤字といいながら、金をかけない安上がりな山づくりを職員に押し付け、国有林から山づくりの技術をなくし、およそ〈国民の森林〉とは呼べない荒れた国有林〈不良債権〉だけが残ったのではないかと思います。（中略）悲しいかな私は国有林の職員ですが、林野庁のいうことは信用ならないというのが現場の意見です。そしてこのごろは、国有林をダメにしたのは国有林自身でないかと思っています」（同前　六六―六八頁）。

『どうする国有林』が刊行されたのが、二〇〇八年のことであるから、池内氏の原稿は少なくともその一年か半年前に書かれたものと思われる。その時期は、国有林が生産事業から撤退する仕上げの時である。もう、山で木を育てないといって山を捨てた時である。これが―数年後臍を噛むことになるとは林野庁は考えなかっただろう。二〇二〇年一二月五日の日経新聞朝刊は、ロシアが二〇二二年には丸太の輸出を禁止すると報じた。北洋材は中国が輸入してパレットや梱包材などに加工して輸出している。中国は代替品を日本のスギに求めるだろうといっている。チャンスなのだが、中国に近い九州は国有林の比率が高いところなのに、国有林が生産事業から撤退して時間がたっているから不成績造林地しか残っていない。せっかくのチャンスを逃すのだろう。林業を短期的にとらえるからこんなことになる。

＊森林管理署職員の渡邊典子

「わたくしが問題だと思っているのは、森林管理署が森林行政としての理念が感じられない職場だということです。どういう山づくりをしていくのか、何を目指して森林経営をしているのかという施業に対する話が管理者からなされることはありませんし、職員も目の前の業務をこなすことだけが仕事になっていると感じています。（改行）たとえば、間伐材の調査に行って指示されるのは、山を壊さない程度に今すぐ売れる木を選ぶということだけ。しかも、不足した人手をかき集めての調査となれば、その日で終わらせようという過密スケジュールになってしまいます。ですから、現場で働いてもその地域全体から見た生物多様性と施業はどうあるべきかといった視点や知識が育つことは難しい状況となっています。森林や林業について勉強する機会も勤務中にはありません。数年で繰り返される配置換えのために、その地域の現場や業務、林業技術に精通する職員も育っていません」（同前、一二九頁）。

＊新潟県中央森林環境センター代表（元営林署職員）の関根依智朗

「一九五七年と六一年にそれぞれ策定された〈国有林生産能力増強計画〉、〈国有林木材増産計画〉の実行が、今日の国有林の荒廃を招く契機になったと思う。この二つの計画は成長の遅い広葉樹林から成長の速い針葉樹林に林種転換すれば収穫量は二倍になり、国有林野事業特別会計の財政事情を良好にする、というものであった。（改行）これまでの鋸や鎌の作業道具は電動鋸や刈り払い機に変わり、請負化によって大面積皆伐や保育の手抜き、省力化が大々的に実行された。（改行）この結果、一〇〇年間は伐採可能といわれていた新潟県・浅草山山麓に成長していた広大なブナ林は、わずか三〇数年で伐採し尽くされてしまった。伐採面積が多い年には一〇〇ヘクタールを超えた。（中略）しかし、下刈り作業や、積雪地方では林業技術として絶対不可欠の倒木おこしなどは、まったく不十分なまま推移した。さらに林野庁は巣植え（何本かの苗木をまとめて植えること）という省力化林業を導入した。これらの計画に営林署職員のほとんどが反対したのはいうまでもない。（中略）スギ人工林地は積雪と雑灌木に被圧されて根曲がりと胴割れ木が大量に発生し、成木の見込みが立たない造林地が随所に発生した。（改行）国有林野を荒廃させ集落を消滅させた二つの計画は、それと同時に洪水と山崩れなどの自然災害を発生させた。（改行）一九六七年八月、新潟県下越地方と山形県中国地方を襲った八・二六水害は、死者・行方不明者九七名、家屋の全半壊流出三、二九六軒、被害総額六七九億六〇〇〇万円の損害をもたらし、尊い人命と貴重な財産を奪った。（改行）筆者は災害の直後、オートバイで下越地方の仲間を見舞い励ましながら災害状況を調査してまわった。なかでも、新潟県旧笹神村の災害は悲惨かつ甚大であった。土石流は河川を跡形もなく埋め尽くし、三人の大人が手をつないでも手のまわらないような大きな岩石が家の壁をつき破り、部屋の真ん中や風呂桶の上に鎮座していた。土石流の恐ろしさを認識させられた。（改行）調査の結果、災害を甚大にした最大の原因は、実際の森林の成長量以上に当たる木を伐採するなど、利潤追及に奔走した国有林野における大面積皆伐とスギ、アカマツの一斉林であった」（同前　一四三－一四五頁）。

これを読んで、ぼくが気にしている那智川の土石流と同じ社会的・自然的メカニズムで深刻な土石流が生じていたことを知った。

＊長野県木曽町長の田中勝巳

「振り返ってみると九八年は、国有林にとっては　つの転機だったといえるかもしれない。当時の国有林特別会計三兆八〇〇〇億円もの赤字。『林野庁解体』（植村武司）が出版されるのが九五年だったが、このころになると、経団連の〈民営化論〉はじめ、マスコミがこぞって社説で解体論を展開した。読売新聞は社説で〈公益性の高い林野を除いて木材生産を民間に売却すれば、累積赤字は大幅に減少する〉と書いた。当時の橋本首相も基本問題の検討を指示し、林政審内に基本問題部会まで発足していた。日弁連すら環境庁への移管を提言する時代だった」（同前、一六八－一六九頁）。

現場の切実な声を読むと胸が痛む。林野庁の首尾一貫性のなさにあきれ果てるとしかいいようがない。いかに戦後の木材ひっ迫の時代だとはいえ、あまりにも場当たりすぎる施策に声もでない。それは、日本の林政に長期展望を提案する専門家がいないからとしかいいようがない。以前にも書いたが、農林省の林野庁のキャリア官僚は二、三年に一度勤務地とポストを変わっていくので専門家になりようがない。これではいかんともなしがたいが、さりとて、長年林学を研究してきた専門家に本当に諮問するつもりがあるかといえば、霞が関、永田町には、専門家を尊重する風土がないから敬意を払った諮問の可能性は小さい。国有林に比べ、民間の長く山を生業の場としてきた速水林業のようなところの方が、一貫した施業と改善を続けてきたといえるかもしれない。

最後に著者たちは、『どうする国有林』という自らの問いかけに対して、八つの提言をする。それを引用して、国有林に関する今回のぼくの勉強を切り上げることにする。

提言一　『国有林基本法』を制定して、国有林の管理経営の目的とする理念を明記します。

提言二　国有林の土地・林地の売却は、原則として禁止します。

提言三　国有林の資源状況を調査・測定し、財産目録を作成して公表します。

提言四　流域の森林全体を管理する機関として「流域森林管理経営委員会」、国有林を管理経営する機関として「国有林管理経営委員会」を設立します。

提言五　森林管理局を「国有林管理経営局」に、森林管理署を「国有林管理経営署」に、森林事務所を「国有林管理経営事務署」にそれぞれ改称して、数を増やします。

提言六　「国有林管理経営署」と「国有林管理経営事務所」に勤める職員と基幹作業職員を大幅に増員して、専門職員を養成・配置します。

提言七　国有林野事業の特別会計を廃止して全面的に一般会計にするとともに、累積債務を免除します。

提言八　国有林野事業の長期にわたる安定的な事業を可能にするために、「国有林基金」を創設します。

冒頭で展望したように、多種、多層の混交林から山持ちにとって生業の種になる林業を考えてきた一連の連載をいったん終わって、川を下って海に出て、漁業を考えてみたい。しかし、気になることがあるので一回山海往還を休んで、次号では企業の家族主義経営について考えてみたいと思っている。

第三部　林業再生と林業思想

漫筆　山海往還　その1――軍需造船供木運動――

はじめに

『日本近代林政年表』によると、昭和一八年一月二〇日に「木造船建造緊急方策要綱」が閣議決定されている。それに従って、二月六日に大政翼賛会・翼賛壮年団・中央林業協会が中心となり「軍需造船供木運動」を全国的に展開すると発表。供木運動を回避した日光杉並木は議論の末残されたが、井之頭公園の鬱蒼たるスギの一部・武蔵野の屋敷林も切られた。四月二六日には高野山金剛峰寺の老杉二千石供木の斧入れ式とある。これらのことについての具体的なことは瀬田勝哉著『戦争が巨木を伐った』（平凡社、二〇二一）によって記述する。

瀬田はもともと中世史の専門家で木を軸に中世の諸相を分析、実証してきた。その彼が現代史に手を染めるようになったのには、教鞭をとっていた武蔵大学で教え子の御手洗文の卒業論文が持っている意義を深めなければならないと考え、教え子の後を追ってその仕事の完成に務めた、という事情がある。ぼくは瀬田という学者の潔さに感動した。友人のアイデアを盗んであたかも自分のアイデアであるかのようにふるまって大学者ぶっている人物がいる世の中で、このアイデアは教え子のものだと明言している。実に立派な人である。ぼくが読んだものの中には、『木の語る中世』（朝日選書、二〇〇〇）、『洛中洛外の群像―失われた中世京都へ―』（平凡社、一九九四）がある。『木の語る中世』はこの文章の中でも参考にする。

敗色濃い中でやめればいい戦争をずるずる続けて屋敷林や街道並木、神社仏閣の巨木まで切り倒した供木運動の具体例を瀬田の本に拠りながら記述することと、巨木を邪魔者扱いする森林と草地とのせめぎあいを考えることがこの文章の目的であるが、それ以上に瀬田の姿勢に学びたいと思っている。

木造船建造緊急方策

太平洋地域の海上支配権がアメリカに奪われた後、なんとしても南シナ海の物資輸送の能力を高める必要があった。ぼくは基本的に元号を使わないのだけれど、太平洋戦争末期の危機的状況を描写するためにあえて元号を多用することにする。昭和一八年といえば出口の見えない戦争を続けていた時期である。物資輸送に船舶が必要であるが、鋼鉄の船は戦闘用の駆逐艦などに回さなければならない。いきおい輸送船は木船（木造船を木船といっていたとは瀬田の指摘するところである）ということになる。しかし、山の木は伐りつくしたし、杣人＝山林労働者も兵隊にとってしまった。とても奥山から木を伐りだすことができない。そこで平地の木を供出させようと考えて屋敷林、神社仏閣、街道の巨木を利用することを思いついたのである。この忘れられた供木運動を明らかにするきっかけになった御手洗の卒業論文の経緯について瀬田が詳しく書いているので、長くなるが引用したいと思う。卒論のテーマに行き詰った御手洗に瀬田は、「私は頭の片隅にあった太郎松・次郎松（ある学生から聞いた戦中に無理やり伐らされた福島県郡山地方の松）のことを思い出しました。民話・伝説的なものではなく、この現代に確かに起こった出来事、しかしまともに調査もされないままになっていることに目を向けたらどうか、その方がはるかに手ごたえのある、自分独自の成果が得られるだろうと提案しました。その時、〈軍需造船供木運動〉などというその出来事の戦時中の正式名称を口にしたかどうかは定かではありません。こんなむずかしい特殊専門用語は、そのころまでは私の頭の中にかっちりと刻印されているような言葉ではなかったように思います。／（改行記号）実際、近代史、経済史、林学の研究者や現場で樹木を扱う人にこの運動のことを尋ねても、〈聞いたことはあるが、あまりよく知らない〉といった返事ばかりしか返ってきませんでした。その道の専門家と言ってもいいような人でも、辞書的、概説的な理解がせいぜいのところだったのです。戦時中のことを知っていても、木と言えば〈山林、森〉のこと、木を伐ると言えば〈山林、森を大量に伐採〉しただろうというくらいが大方《おおかた》の認識でした。屋敷林や並木、公園、防風・防砂林など他ならぬ〈平地〉の木を一斉に切ったという認識はごく薄かったのです。これらの平地の木は、もともと生業としての林業の対象ではなかったので、研究の視野に入らなかったのでしょう。／〈やってみます〉ということになって、御手洗さんはまず当時の新聞記事を、東京本社発行の全国版を中心に、朝日・毎日・読売（読売報知）にしぼって探すことに専念しました。大学図書館、国立国会図書館、都立図書館、また地方のことは神奈川にある新聞図書館で縮刷版やマイクロフィルムから記事を抜き出してコピーし、細かくつぶれてしまった見にくい活字をすべて自分でパソコンに打ち込んで検討を始めました。（中略）当時の新聞にも取り上げられ、軍需造船供木運動の〈魁（さきがけ）〉、つまりいわば第一号ともなった〈名誉ある家〉が今も残っていないか、調査の手をそこまで伸ばしたのです。一点に集中していったのです。ここがとても大事です。／地域の博物館に尋ね、それらしき住所氏名を聞き出し、手紙を書き、家の存在が確認できると現地調査をしました。そして当のお宅では、実際に伐採第一号、魁となったことを示す様々な証拠に出会うことができたのです」（一六―一八頁）。

「樹齢三〇〇年」の大欅の斧入れ式

御手洗が見つけた魁の家の大欅の斧入れ式の模様が読売報知に大々的に載った。その記事を瀬田は引用している。「素晴らしい二本の巨木は健やかな伸びを買われて古くから材木商人の垂涎の的だったが、国家のお役に立つとき以外は伐ってはならぬといふ祖先口伝の遺言にまもられ、河内家の象徴としてけふまで斧鉞《ふえつ》を知らずに伸びてきた」（二五頁）と、新聞は扇情的な文章を綴っている。「この河内家の当主（当時三五歳）は翼賛壮年団（一九四二年一月一六日結成）の一員で、積極的に戦争協力を申し出たのである。壮年団というのは、地域運動の担い手である。従来、青年団がそういうことを担っていたが、青年団では一定年齢が来ると退団するから運動の継続性が失われるということで、年齢制限のない壮年団が組織されることになった。屋敷や地域の巨木を軍需木造船建造のために供出しようという国民運動は意図的に組織されたものである。この運動に対して政府はあくまでも国民自らが自発的に供木する形をとろうとしている」（三二頁）。この運動に関係する官庁が非常に多いということである。

高野山と日光杉並木

供木運動は国民の自発的な運動だという建前であるが、それをそそのかす仕掛けが作られた。その第一は皇室の率先垂範である。昭和一八年二月九日の読売報知朝刊は「御料林が愈々供木の陣頭へ／木曾林の大増伐／民間に垂範して〝赤欅〟」（六一頁）。これを号令に成田山新勝寺が名乗りを上げて供木を申し出る。三月九日の毎日新聞千葉版に「奥山の巨杉廿本および公津村護摩木山の松、杉など二千石」を献木（供木）したとある（七二頁）。その後各地の神社などが競って供木をする。たとえば岡山県真庭郡・木山神社の供木の様子を官製グラフ誌『写真週報』で入江泰吉の撮影写真で大々的に報じている（七八頁）。このグラフ誌には戦後活躍する大物写真家が多く関与している。グラフ誌にかかわった著名な写真家たちは戦後、大和古寺の写真や筑豊の子供たちの写真を撮ることになる。さらに、特に若い世代は報道写真に背を向けて芸術写真に向かうことになる。

用意周到な工作のあと翼賛壮年団は各地で供木運動を繰り広げる。それは地域の人々の逡巡を押さえつける力をもっていた。また、当時のムラ社会の同調圧力にはなかなか抗しえない事情があったと思われる。栃木県の旧田沼町で供木を断った持ち主は警察に連行され、留置場に入れられた。一週間も留置されやむなく同意したら釈放されたという警察権力のあからさまな介入もあった（一三四頁）。日光の杉並木も供木の圧力がかかったが、この場合日光の翼賛壮年団が反対して伐採を免れた。試しに切ってみたらうろがあって造船に向かないことを証明して見せて免れたということである（四三三頁）。また、箱根の杉並木も一人の男のサスペンスもどきの働きで伐採を免れた（四五五頁）。

巨木は迷惑

屋敷林を供木せよという根拠に、巨木は陰を作って田畑の作物の生育を妨げるという屁理屈があった。富山県の砺波平野にはカイニョといわれる屋敷林の伝統がある。今でも少しは残っている。このカイニョを伐れという根拠に一九四二（昭和一七）年四月、大政翼賛会富山県支部、富山県翼賛壮年団の連名で出された〈趣意書〉という文書があって、「…、他面健康富山県の建設と陰樹伐採による主要食糧増産を図り、方に一鳥三石〔一石三鳥カ〕の効果を期待せんとするものであります」とある（一四二頁）。大きな木は陰を作って食料増産を妨げるという屁理屈は全くいわれのないものかというとそうではなく、森林と草原とのせめぎあいの壮大な文明史が背後にある、とぼくは考えている。これからは瀬田の『木の語る中世』のお世話になる。引用に際して『木』とする。

瀬田はこの本の冒頭で、『今昔物語』の一番最後の話を引いている。話の中身は近江の栗太（くりもと）郡の百姓が巨大なハハソの陰に困って田畠（でんばく）もできないので伐ってほしいと天皇に訴えた。天皇はその願いを聞き入れて巨木を伐って田畠ができるようになった。その巨木は、その朝日の陰が丹波、夕日では伊勢にまで及ぶというものであった。いくら中世人が想像力豊かでも行き過ぎだと思った。これは原生林のことではないかと直感した。瀬田も巨樹はおよそ「原始、未開の山や森」といいかえてもいいだろうといっている（二四頁）。大ハハソは上原啓二の『樹木大図説』に拠って落葉広葉樹のコナラ等カシ類の総称だろう、といっている。大ハハソが古代に何を意味していたかにこだわらず、潜在自然植生の広大なコナラなどの落葉広葉樹だけでなくクスノキやタブなど常緑広葉樹を含む原始林、照葉樹林と考えるのが妥当だ、とぼくは思っている。『今昔物語』の話はこの原始林の開発物語と考えていいだろう。岩波新古典文学大系『今昔物語五』の担当者森正人はハハソを、古辞書などを参考に同定しようとしているが、一本の木でなく大きな原生林だとすれば、特定の樹木に同定する必要はない。巨木神話の古いものでは、『古事記』仁徳天皇の項で「其の樹の影、旦日《あさひ》に当たれ者、淡路島にいたり、夕日に当たれ者、高安山（河内）を越ゆ」岩波日本思想体系『古事記』（二四五頁）。『今昔物語』と同工異曲の話である。陰さす巨樹の話はいたるところにあったのだろう。河内、大和の初期王権の時代は開発の時代と考えてよい。開発の結果、盆地、扇状地などの平地は田畠になり、山に樹木が残された。里に田畠、里山に入会地、山に樹木という、開発の結果としての二次風景が日本の原風景になった。兎追いしかの山小鮒つりしかの川である。

　森は、昆虫や菌類、鳥類など生物多様性に富んでいるが、大型哺乳類には向かない。大型哺乳類は森を出て草原で暮らすのが良い。人間も森を出て狩猟採取しながら牧畜、穀類の栽培を覚えて今日の繁栄を手に入れた、と考えられる。農耕・牧畜を覚えて定住するようになると住居が発達し、その後おもに治水をきっかけに権力が発生すると材料資源やエネルギー資源の確保が必要になる。古代王権が誕生した奈良地方は日本ヒノキの原生林であったといわれている。この豊富な材料資源が度重なる遷都を可能にしたのである。多分疫病の発生などの事情が遷都を余儀なくさせたのであろう。『続日本紀』巻第一四天平九年に、天然痘が大流行して恭仁京に都を移したとある。官人が平城（なら）に住むことを禁じた。

　この時代になると、森と田畠とのせめぎあいが盛んになる。材料資源とエネルギー資源を必要とする権力者と食糧増産を望む百姓との綱引きが続くのである。富山県の砺波平野の屋敷林カイニョの巨樹が農地に陰をつくるから伐れというのは屁理屈だと書いたが、屁理屈というより、『古事記』『今昔物語』にあるように〝巨樹を農地に〟という長い戦いの記憶がそういわしめたのかもしれない。巨樹と言えば、神々しいといってしめ縄をかけたりする例がある、そのようなことばかり思っていると森と草原＝田畠とのせめぎあいの歴史を忘れてしまう。このことは日本に限らずどこでも生じてきたことであろう。イングランドにローマ人が侵入してくるまでケルト人は森で暮らしていた。イングランドは樹海といわれた。実際に見たことはないが、観光プロモーションビデオやニュース画面で見るイングランドは、ほんのわずかの森を残してなだらかな丘陵地帯がどこまでも広がっている。森を恐れているかのようだ。わずかな森は、領主の狩りのためにシカやキツネの住処に残したのであろう。権力は森の資源を使いつくす傾向がある。そのもっとも行き過ぎた例が儒教文化である。中国文明の歴史は、森の破壊の歴史でもある。道家はその反対の環境保護派といえる。いまの中国は、電気自動車で空気をきれいにするといった問題どころではない。森を回復して黄河の水不足を解消する方が喫緊の課題であろう。

よその国のことはさておき、日本の山はどうなっているか。99号でも書いたが、日本最大の山林地主林野庁が国有林での生産活動をやめて山を見捨てたから山は荒れ放題である。生産活動をやめると自然の森に返ってよさそうな気がするが、そうは問屋が卸さない。瀬田の『木』によると、風光明媚な嵐山の景色が中世末・近世初と現代では大いに異なるというのである。嵐山は天竜寺領でふもとの特定の家が管理していて、山の上では茅葺きの材料のススキを育てふもとでは松を育てていた、というのである。完全に管理された山だった。現在のように自然に任せた原始林ではなかったのである（『木』コラム名勝嵐山——法度から見る、三八〜四九頁）。日本最大の山林地主が山から手を引いたら山は大ハハソに化けて、陰をそれこそ遠くのクニにまで広げるかもしれない。手つかずの原生林がいいなどといってはおれない。いま本当に日本の山に手が入っていないのである。

たとえば、『小さい林業で稼ぐコツ—軽トラとチェーンソーがあればできる—』（農文協、二〇一七）があるが、これなど無責任なものだと思う。またテレビなどで林業ガールなどといって林業に取り組んでみようかなという若い女性を取り上げたりする。これなども無責任である。林業は危険極まりない仕事なのである。とりわけ伐採は熟練を要する。伐採した木が倒れるときに近くの木に枝がぶつかって思わぬ方向に木が倒れると大きな事故につながる。事前に大きな木の枝を払う職人のことを空師というそうである。スルスルと木に登って枝を切り払うのである。これなども熟練の技であるから、伝承されないと失われてしまう。森林組合、それに力がなければ営林署が、山主に代わって施業をするくらいのことが必要である。そのためには今のうちに営林署の再充実を試みる必要がある。いまに技術が失われると本当に日本の山は荒れてしまう。まさに、日本最大の山林地主林野庁が一〇〇〇年の計をもって林業再生に取り組むべきである。

瀬田の『木』は本当にいろいろなことを教えてくれる。檜皮葺の屋根といってもピンからキリまであって、御所の紫宸殿や清涼殿のものが最高だそうだ。その檜皮は立ち木から剥くのだそうである。樹齢五、六〇年以上、一〇〇年たっているとなおよい。甘皮一枚残して皮を剥ぐ。その皮は使わない。それから六、七年たつと新しい皮が再生して三ミリくらいになる。これを黒皮といって実際に使われる。しかしもうこんな技術を持っている人は少ない。いまに技術は失われる（『木』コラム　檜皮で屋根を葺く、一三二―一四七頁）。

檜皮を剥いてそれで屋根を葺くなどという技術は山の管理の最たるものであろう。それに比べて近年気がかりなことに、太陽光パネルが休耕田以外に、伐採した山林跡地に大掛かりに設置されている。太陽光パネルの下は裸地で日が当たらない。当然傾斜地であるから雨が降れば土砂が崩れる。スギやヒノキ、マツの人工林といえども下草は生えるし、落ち葉は積み重なるから降った雨が直接地面に落ちることはない。ぼくがよく歩いた紀伊半島の南の植林地にはシダがびっしり茂っていた。それに比べて太陽光パネルは危険だ。山は木に返すのが道理である。

さて、山に手を入れるといっても木によって異なる。三月に中津川市の長野県境に近い落合にある浴槽メーカーを訪ねた。話を聴いたあと工場を見せてもらった。いくつもの浴槽を同時に作っていた。リゾートホテルの個室の浴槽が多い。それに高級老人施設の浴槽もあった。椅子に座りくるりと回転させると浴槽に体が入っていく仕組みになっている。手すりを使って足腰の弱った年寄りでも湯船につかれる仕組みになっている。介助が必要になっても楽に介助できる仕組みだ。ところで、湯船の材は何が一番人気かと尋ねると当然のように木曽ヒノキだと答えが返ってきた。リゾートホテルや温泉宿の個室浴槽では、木曽ヒノキが望まれるのだろう。水に強い高野マキがいいと思うのだがそうはいかない。かつて中津川の市街地に近いところで桶屋を営んでいたN桶店というのがあった。これが東京ガスの指定工場で公団住宅の湯船を作っていた。しかし、軽くて施工が楽なプラスティック製にとって代わられると一挙に仕事が減ったが、高度成長の景気にのってリゾートホテルなどの湯船を作っていた。しかし、職人を雇うほどではなく親方独りで細々とやっていた。一九八五年くらいのことである。高野マキは山で買ってあるからしばらくは材料に困ることはないといっていた。この桶屋も二〇二〇年の秋に廃業した。

さて、木曽ヒノキといえば役物に育てるために枝打ちをしていねいに施業して、太い柱が四面無節、板にすれば舞台の鏡板になる無節が取れる。丁寧に手を入れて育てるのが木曽ヒノキである。木曽五木の一つである高野マキは育てるのに手を入れない。枝打ちなどしない。自然育林という手法をとる。これが一番良いと経験上知ったのであろう。また、高野マキの節は金を出してでも買えというくらいに生き節は板を丈夫にする。高野マキの柾目の板七センチほどの年輪を数えたら四〇本以上あった。胸高七〇センチのものなら四〇〇年の木と言うことになるのだろうか。そこまでいかなくてもかなりの大樹であるといえる。成長の遅い木であるから七〇センチなどというものは珍しいかもしれない。ヒノキ信仰があるからあの独特の強い香りがいいということになっている。ぼくなどは、ヒノキの強い香りより高野マキの少し甘い香りの方がアロマ効果が高いのではないかと思っている。

高野マキがいかに水に強いかについて、上原啓二は『樹木大図説』第一巻「かうやまき」の項で、植物学者白井博士を引用して「東都千住大橋」は永禄年間に架けられ、その橋杭は高野マキである。橋は明治一八年まで三〇〇年余り持った」(三二六頁)と記している。丸木舟や棺桶など考古学資料にも高野マキが出土していることはよく知られている。

東北へ行けば、とうぜん青森ヒバが一番人気である。この地方の豪農、豪商の屋敷はヒバづくりということになっている。土地、土地に合った木が材料として優れているということだと思う。土地、土地の木と言えば潜在自然植生の木ということになるが、人間の土地に関する干渉のせいで二次林が大きな顔をする場合がある。明治神宮の森は荒れ地の武蔵野に人工的に作った極相林である。この森を実質的に設計したのが、『樹木大図説』の著者、上原敬二である。代表格は帝国大学教授の本多清六である。時の総理大隈重信は神宮の森を松の森にしろとしつこく迫ったが、彼らは断固拒否して全国から献木を求め、それを植えてそのままにした。その結果、一〇〇年ほどで武蔵野の土地に合った木が生き残り、仲間を増やして現在の鬱蒼とした森林になっている。しかし、この森は田畠に陰を落とす悪さはしない。神宮から外に出ていかないからである。上原の『樹木大図説』は個々の樹木についての博物学みたいなもので、古文献から民間伝承、そして最新の学問的研究の成果まで網羅しているところ。しかし、育成林業に関してはあまり関心がないのか、高野マキを育成するのに手を加えない話は出てこない。

高野マキは高野山や木曽でよくみられる木であるが、そこには自然にモミも混じって生育しているという。このモミの木はいまではクリスマスツリーとしてよく知られているが、この材の特徴は香りのないことである。したがって、移り香を嫌うかまぼこ板に使われることが多い。かつては経木や、折箱に使われた。今でもこだわりのすし屋などでわざわざモミの折を使っているところがある。しかし、拡大造林の時代にスギ、ヒノキ、マツを植えたからモミの資源も少なくなっている。このモミは水に弱い。

さて、明治神宮に大隈が松の林にしろと言った松は、日本列島では、広葉樹に追われて辺鄙なところに追いやられた木である。ところが、中国文学の影響か、マツを珍重する雰囲気が教養人の中にあって、マツを植えたがる。いま見る立派なマツ林などは人工的な二次林である。嵐山の松も松根から脂＝ヤニを採るためにあえて植えたものである。松根の盗み対策には、天竜寺も手を焼いたそうである。

ところで、材料資源やエネルギー資源の地下資源からの脱却には林業振興が何より必要であるが、林業労働力が著しく減少している事実は絶望的である。二〇二〇年版『森林・林業白書』によれば、一九八〇年に林業従事者が一四六、三二一人いたものが二〇一五年には四五、四四〇人に減っている。国有林の生産事業撤退が林業従事者の減少に拍車をかけたことは間違いがない。いま、林業従事者を増やすために国有林の生産事業への復帰が必要である。宇宙開発などを後回しにしてでも国有林にお金をつぎ込む必要がある。

山は材料資源、燃料資源の宝庫である。手遅れにならないうちに林業再生の道筋をつける必要がある。林業は、政治家や経済学者の好きな地方創生、雇用創出につながる。巨大国有林が生産活動に戻ることによって林業再生の糸口が見つかるという希望を最後に擱筆したい。次号では、黒部の山で炭焼と紙漉きで暮らした山の夫婦の話をもとに林政の問題点を考えてみたい。

漫筆　山海往還　その２――黒部の杣人――

　林業振興のことを考えてあれこれ思いつくことを書いてきたが、山のことは何も知らないので、もっぱら、「ヴァイキング」の同人、宇江敏勝のノンフィクション、フィクションを頼りに想像してきた。先年、岐阜市に隣接する山県市の北のはずれにある一九七〇年代に廃集落になった地域で秋の熊野神社の祀りをするから見に来ないか、と知人に誘われた。願ってもないことだからついて行った。祀りをするのは子供時代そこで過ごした六〇代の男たちであった。祀りの準備をしている間、うろうろしていたが、水が流れているようなところに近づかない方がいいといわれた。うわの空で聞き流し胸高直径七〇センチくらいに育った立派なスギの植林地を見てまわった。お祀りもおわり家に帰って靴を脱いだところ靴下が真っ赤に染まっている。山ヒルにたっぷり血を吸われた跡だった。山ヒルを警戒するという気が頭になかった。まあ、悪血を吸い取る瀉血だと思うことにした。

　山のことを何も知らないぼくが、宇江以外に黒部の山で炭焼をしてきた米丘寅吉の『二人の炭焼、二人の紙漉』（桂書房、二〇〇七。引用に際して『二人』）を頼りに、黒部の山の暮らしと日本林政の問題点を明らかにしたいと考えている。米丘の炭焼人生については後に触れることにして、回り道をして炭の事を考えてみたい。

炭

　炭は、薪に比べて軽いから輸送に便利だし、煙が出ないから部屋で使うのに都合がよい。こんなこともあって都市化が進んだ近世には炭が普及した。家庭での炭の利用は長く続き、戦後も炭の需要はあった。ところが、エネルギー革命と都市における集合住宅、例えば公団住宅のようなものの普及が、都市生活から炭の消費を追いやった。炭は茶の湯のような特殊な用途か料理屋での利用などに限られた。

　炭の用途で想いおこすのは、鉄生産である。野原健一の『たたら製鉄業史の研究』（渓水社、二〇〇八）によれば、わが国で初めて製鉄が行われたのは六世紀後半だということである（一〇頁）。たたらというと四角い箱に砂鉄と炭を交互に入れ大きなふいごで空気を送る装置を想うが、古代では竪型とか丸型という形状のものであった（一二頁）。そのころは砂鉄と薪を交互に入れて燃やすと薪が自然に炭になってそれで還元して鉄を取り出した。人類が鉄を生産するようになったのは紀元前三〇〇〇年ころである。

少々の眉唾話には驚かないが、日本でいつ頃たたら用の炭を作るようになったのか気になって高嶋雄三郎著『松』(法政大学出版局、一九七五)を覗いた。昔シュメール人が東の方にいい砂鉄と松があると聞いて、はるかユーラシアの東の果ての弧状列島にたどり着いた。そこで中国山地にいたり、鉄を作って刀を打った。その刀がアメノムラクモノ剣で別名草薙剣ともいい、三種の神器の一つとして熱田神宮に鎮座しているというのである。いくらなんでもと思って出どころの本を読んでみる気もしないが、よく考えてみるとあり得ない話ではないかも知れない。日本人の起源や親類関係についてこだわる人がいるが、残念ながらなかなかこれといった決定打がない。この弧状列島に棲みつくようになった人々は、黒潮に乗ってはるか南の島から、途中台湾で大陸の人も船に乗り込んで来た。小笠原諸島のはるか南の島々から伊豆諸島を伝ってやってきた人々もいる。玄界灘を渡って朝鮮半島、大陸北部からやってきた人々、千島列島を伝ってやってきた北方の人々、アリューシャン列島を伝ってわたってきた北の人々、これらが長い間に入り混じって今の日本人を形成しているので、どれが大本か特定できない。天孫降臨という神話を持ち出すしかしようがない。言語系統図的に考えても日本語は孤立語だということになっている。かつて大野晋が音韻組織からタミル語と親戚関係だという仮説を出して人類学者などから総スカンを喰らったことがある。優秀な日本人の起源を特定したいという御仁には気の毒だがあきらめるより仕方がない。

米丘寅吉の炭焼人生

米丘は、一九一八年に黒部の山の村蛭(びる)谷(だん)に生まれた。一九四六年に復員して結婚し生活のために炭焼を始めた。炭焼は黒部の山にとどまらず、話があれば長野でも栃木にでも出向いた。しかし、高度経済成長と都市化は炭や薪の需要を減らし、炭焼の仕事はなくなった。しばらく山仕事もしたが、山林労働者に対する賃金未払い問題などをきっかけに労働組合を作り運動した。さらには、故郷の蛭谷がある朝日町で町議会議員を三期一二年務めた。そのあとは紙漉きで過ごした。米丘の『二人』は夫婦の愛情物語である。夫婦での山の暮らしを綴る中から戦後の林政の問題点が見えてくる。蛭谷の東は白馬山系で、それに沿って木崎湖、中綱湖、青木湖が続く脇を大糸線が糸魚川の河口に向かって走っている。富山県の黒部地方では、谷をダンと発音するようだ。黒谷ならクロダンという具合に。

炭焼といえば、ぼくはもっぱら宇江の備長炭作りから学んだのであるが、米丘の炭の作り方が大きく違うので戸惑った。紀州中辺路あたりではウバメガシの枝を切ってそれを原料にする。二、三〇年たてばひこばえが伐りどきに育つのでまたそれを焼く。よく普及している岩手の切り炭も楢を原料にしており、樹齢二〇年くらいの若木を伐採して炭にしているが、ひこばえを利用するわけではない。紀州のやり方とは違う。富山の炭焼は紀州とも岩手とも違って、窯入れする木は何でもありなのだ。列挙している雑木はおよそ二〇種ある。太いものは四つ割り、八つ割りにする(二三一―二四頁)。一九五〇年ころ、米丘は、長野県飯山営林署の栄村極(にて)野(の)事業所に国有林で炭を焼いてほしいといわれ引き受ける。焼くのはブナの大木で幹の直径が三尺あるという。スギ、ヒノキ、マツが戦後復興に必要とはいえ、広葉樹の大木を炭にするのはもったいない。ブナは体育館の床材として多用されている。十分建築用材になったはずである。営林署、言い換えれば林野庁にしっかりした考えがなかったのだろう。米丘の話を読んでも、営林署が拡大造林のために広葉樹の森を伐採しようとしたのかどうかわからない。燃料としての炭がよく売れたから炭を作っただけかもしれない。炭焼についてもう一つ。京都の北山の炭焼。岩井吉彌著『山村に住む、ある森林学者が考えたこと』(大垣書店、二〇一二)。引用に際しては『森林学者』によれば、北山では薪炭にナラ、クヌギの萌芽更新(ひこばえと同じ)を使う。富山のように手当たり次第というわけではない。鞍馬街道の街並みや貴船の料理屋は昔、炭を運ぶ人たちの通り道、中継地であったという。

炭には、刀鍛冶のための松の炭や料理屋のための備長炭のような高級品から、庶民の生活用のものであれば何でもいいというレベルのものまであった。それが地域によって炭焼の多様性につながったのであろう。

日本林政・林業の指導原理　保続

国有林にとどまらず、日本林業の原理は保続で成り立っている。この保続という分かりにくい言葉がどこから出てきたかよくわからないので、グーグルで検索してみた。林学用語としては出てこなくて、脳神経学の用語として出てきた。驚いた。脳障害をおこすと保続という現象を示す場合があるそうだ。一度言った言葉を何度でも繰り返す現象である。これには弱った。話を林学の原理としての保続に戻ろう。

西尾隆著『日本森林行政史の研究』（東京大学出版会、増補新装版、二〇二一。引用に際しては『森林行政史』）から、岩倉使節団がドイツ林業に並々ならぬ関心をもっていたことを教えられた。この使節団の記録である『米欧回覧実記』にドイツ林業に関する記述がある。使節団はベルギーやドイツでよく手入れされた森林を見ておおいに感心した。森林に関して、ドイツ林学を日本に最初にもたらした留学生の松野礀に大久保は話を聞いている。松野礀は明治三年に北白川能久親王の留学に随行して渡欧した。出発時は国家経済学を修める予定であったが、同郷の先輩青木周蔵のすすめで林学を修めることになった（『森林行政史』四三頁）。ベルリンに着いた大久保利通・木戸孝允は青木と松野礀に会って話を聞いている。明治林政の基礎を築いた大久保は松野礀においに信頼を寄せた。

大久保や木戸は実に鋭くヨーロッパの森林を観察している。ヨーロッパの行き届いた森林が近年の林政・林学のたまものであることを松野から聞いた。以前は農民の思慮のない利用で森林は「速ヤカニ欠闕ニ至リ易シ」（『米欧回覧実記』岩波文庫、三、二一六頁）と認識し、政府の規制・管理が必要であることを説いている、ということを知った。そして、「全国ノ利益ヲ保続シ」と初めて保続という言葉が出てくる。保続というのは先進国フランスで「森林の持続的経営・管理」という考えで、それを後進国のドイツが導入した。ドイツ経由で松野はその言葉を保続と訳した。いつまでも木材収獲を続けることができる林政・林学の意味である。同じことを何度も繰り返すのだから、先ほどの脳神経学の用法と似ている。ある種の脳障害の患者にあなたの名前はと訊いた後、年齢はと訊いても名前を繰り返す。住所はと訊いても名前を繰り返す。同じことを繰り返すのだから、木材の連続収獲と同じである。たとえば、ある一定の林地を三〇等分し、一区画を伐採してそのあと植林するということを続ければ、三〇年周期で持続的に木材の収穫が可能である。これを保続原理という。保続という言葉は古典語にはなさそうで、新規の造語だと思われる。林学でも脳神経学の方面でも同じような発想で造語したのだろう。

保続原理こそ、近代日本の林政・林業の指導原理になり今日にまで至っている。林政・林学の分野で保続という言葉は特別の価値と位置を占めているそうである。この保続原理の運命については後で触れるとして、今一度大久保や木戸の観察眼についてみてみよう。「白耳義ハ、共和制ニ近キ、自主政治ノ国ナレドモ、ソノ実際ニ於テハ、亦其自由ヲ規則スルコトヲ謀ルハ、啻ニ山林ノミナラザルベシ」(同上　二一七頁)と認識して、共和制といえども規制すべきところは規制しているとみている。

保続原理の運命に戻ろう。保続こそ近代日本林政・林学の指導原理であったのが、あたかも弊履のごとく捨てられてしまう時が来た。太平洋戦争の末期、保続もへちまもあるものかという勢いの軍部の要求に負けて山を伐りつくした。その結果、河川の氾濫、土砂崩れなど災害が多発するようになった。技官たちは反対したけれど無力だった。戦後、GHQに働きかけて林野庁のトップを技官にするように求めた。その結果、一九四六年に林野庁が発足して以来、長官は技官が占めることになった。『森林行政史』の序章に「林野庁…長官に林学出身の技官が就任する慣行となっており、わが国官僚制の中で唯一長官技官制をとることから、同庁は〈技官王国〉とまで称されている」とあるのを見て、少し驚いた。てっきり法学部出の文官がトップを占めていたとばかり思いこんでいた。戦後の林野庁になって初めて技官トップが実現したのであって、それまで林野行政のトップは文官であった。さて、林野庁の技官トップ慣行も一九八四年で終末を迎える。中曽根内閣は赤字がかさむ国有林を整理するという新自由主義政策をとる。ここから国有林の木材生産活動からの撤退が始まる。山林の荒廃が進行した。一九八四年以降今日まで林野庁長官は技官と文官が交代で占めることになった。文官が失地回復したのである。

では技官が信用できるかというと、少し疑問が残る。日本の林学はどうしてもドイツからの輸入学問でドイツ留学の箔で主張を飾る。派閥が生まれ、一貫した日本林政・林学にならない。『森林の百科事典』(丸善)によると、一九九〇年のドイツで発生した大風害はかつての保続林業への反省をうながし、合自然林業(近自然林業といってもいいかもしれないが)を唱え、「恒続林」という新しい言葉が生まれて技官はそれに飛びつくようになった。保続から恒続だといわれても借り物の議論としか思えない。技官でさえ借り物で議論するのは、林政の制度的欠陥のせいでないだろうか。アルプス地域の高等森林官のような専門的知識・権限を持った行政官が九州、四国程度の範囲の森林を管理・経営する仕組みが必要だ。林政のリフォームが要る。今回お世話になった西尾隆著『日本林政行政史の研究』は、行政史分野ということでこれまで参考にしてきた本と毛色が違うが、制度面から林政・林学を見るという点で大きく役立った。松野礀が保続の訳者だとわかったことも収穫だった。

保持林業

また新しい言葉が出てきた。これは森林の生物多様性と木材生産を両立させようという考えである。アメリカ生まれの考えで、日本の林学では珍しいかもしれない。これが林政に反映されるかどうかはもう少し様子を見る必要があるだろう。かつて南極探検に犬ぞりが使われたが、自然環境に人為的攪乱要因を一切持ち込んではならないという原理主義的考えが支配的になって犬ぞりは禁止になった。アメリカでは自然保護区への立ち入りを厳しく禁止し、特別に立ち入る場合では人間の痕跡を一切残してはならないという原理主義がまかり通っている。かつて先住民が移動のために使った峡谷も立ち入り禁止である。こういう原理主義に修正を加えて、生態系保護と生産活動を両立させようというのが保持林業の考えである。この保持林業を紹介した本が、柿澤宏昭・山浦悠一・栗山浩一編『保持林業』(築地書館、二〇一八)である。この本に文章を寄せているのはほとんどが大学か研究所の学者である。今後林野庁の林政にどう反映されるかはわからない。そこで気なるのが林野庁の行政姿勢である。

白井裕子著『森林の崩壊』(新潮新書、二〇〇九)が林野庁の補助金行政について詳しく説明してくれている。白井は建築家で、その立場から林業について発言しているが、その意味で毛色が違うといえるかもしれない。第三章で「補助金制度に縛られる日本の林業」で林野庁の補助金の仕組みを詳しく説明しているけれども、少々根を詰めて読んでもよくわからない。複雑怪奇な仕組みがあることだけはわかった。戦後の拡大造林も補助金行政ですすめられた。官庁の仕組みは、各行政官庁が毎年度行政計画を立ててそれに必要な経費を財務省から予算として割り当てられるようになっている。毎年無駄なく使いきることが大切であるので、行政を実行するのに補助金というニンジンを鼻づらにぶら下げて民間を引っ張る。民間が必要としていることを行政機関が助けるのでなく、政府のやりたいことを民間に従わせるのである。拡大造林にしても補助金が二倍ということで、スギが育ったとき本当に伐りだせるのかどうかもお構いなく、後は野となれ山となれといわんばかりに急峻なところに木を植えた。

林学者の私的体験だから人によってまちまちだけれど、ドイツバイエルン州などの傾斜地の林業は日本の傾斜地とあまり変わらないという意見もあれば、アルプス林業といえども日本のような急傾斜地に木を植えることはないという人もいる。彼らの話は同じところを同じ時期に見ているわけではないので、どれが正しいという判断はできない。ただし、拡大造林では無茶なところまで植えまくったというのは事実のようだ。

こんどは恒続林だということで、針葉樹と広葉樹の混交林がいい、針葉樹林の間伐の後は間伐材もそのまま残して広葉樹が天然更新するのを待つのがいいということで、間伐材ほったらかしのスギ林を残した。ぼくが紀伊半島南部の植林地を見てまわったとき、間伐材もそのままにしてある林地を見て、これでは伐採もやりにくいだろうなと思った。林野庁は予算をとってこなければならないから、いつ保持林業だというかわからない。生態系維持のために何割自然環境を残し、何割を生産林にしたら補助金を出してやる、というようなことを言いかねない。理解するのに苦労するマニュアルができるのだろう。林業家のことを考えて林政をしているとは夢にも思われないのが残念なところである。民間の林業家の中には林地の二割くらい広葉樹を残しているものもいる。林野庁にいわれなくても恒続林を実行している。針広混交林であれば、生態系維持もできる。つまり保持林業も実践しているのである。

白井裕子の提案

白井は、一級建築士で、もっと木を使うことが日本の山の再生につながると考えている研究者である。彼女は、今住んでいるマンションや、両親が買ってそこで育った建売の木造欠陥住宅の不合理を、祖父母の伝統的木造住宅のなんとも贅沢な住宅と対比して想い起こさせる。『森林の崩壊』に続く『森林で日本は蘇る』(新潮新書、二〇二一。引用に際しては『蘇る』)で伝統建築の良さを力説している。伝統建築とは、基礎と土台を欠いた建築である。版築した土の上に礎石を置きそこに柱を立てて柱と柱を横架材でつなぐ。白井はこの建築法が地震に強いという。兵庫県三木市にある「防災科学技術研究所の世界最大級の振動台に、実物の三階建ての木造住宅二棟を載せて実際の地震動を加えて揺するという大規模な実験が行われた」(『蘇る』一三三頁)。その結果、耐震補強した優良木造住宅は木っ端みじんに崩壊したが、伝統住宅はこともなげに立っていた(同前)。白井は現行の建築基準法の欠陥を指摘する。戦後のバラック建築規制のための法律が今でも通用し、優れた木材の利用を阻んでいる、と批判する。そのことが林業の衰退につながるというのである。建築家という視点からの林業への提言は極めて興味深い。白井は、五〇代かと思われる実に元気のよい行動力のある研究者である。

太田邦夫著『木のヨーロッパ』(彰国社、二〇一五。引用に際しては『ヨーロッパ』)に多くの木造建築が紹介されている。たとえばアルザスのコルマールの木造建築群は、一五、六世紀に建てられた建築を修繕しながら観光資源として利用している。それらの一階部分は石造りで、それを基礎にして土台を置いて二、三階を木造で建てている。日本でいえば中山道の奈良井宿のようなところか。コルマールの建築群は日本の建築基準法に従った建て方と一緒である。ところが、農家の納屋や穀物倉庫は掘立形式で、基本的に日本の伝統建築と同じ建て方である。太田によって、木造建築と森林資源の関係を考えるとヨーロッパと日本の大きな違いが出てくることがわかる。「ヨーロッパには氷河期が三回あった。当時からアルプス山脈が東西に横切っていたので、その北側に生えていた樹種の中には、無氷河地帯の地中海側に逃れることができず、途絶えたり、逃れても再び北上することができなかったものが多かったため、ヨーロッパの樹種の数は極端に少ない」(『ヨーロッパ』一二三〇頁)。太田が列挙する樹種は三〇種余りである。ところが日本の山林の樹種は極めて多い。成美堂出版の『樹木図鑑』で取り上げられている「野山や身近にみられる二五五種」は、ヨーロッパに比べて圧倒的に多い。二五〇〇万ヘクタールの森林のうち拡大造林で作られた人工林が一〇〇〇万ヘクタール。残りの天然林に実に多くの樹種が眠っている。これらの活用の可能性は無限大といえよう。フランスは木造建築だけでなく、オークの樽をたくさん製造している。エルメス財団が企画出版した『LE BIOS』に威勢よく樫の木を伐採している写真が出ている(一二三頁)。そして、フランスでは、広葉樹とマツ・モミの混交林が多いと地図で示している(一〇六頁)。フランスの山林の持続的経営・管理の実態のようだ。これまでフランスの林業について知る機会がなかったけれど少し便利になった。ラグジュアリーブランドのエルメスものでわが家に存在するのはこの一点である。

日本の近代化はパッチワーク

日本近・現代の林政や林業を見てくると、林野庁の官僚や学者が留学して学んできたことで箔をつけ、今後の日本の林業のあり方を提案し、それが行政官庁を通して実行されてきたことがわかる。大枠が保続であれ恒続であれ、細かい施業に関しては、学んだ時期と場所によって異なるから細切れの制度のパッチワークになってしまう。林業などというのは、長い経験の積み重ねであるから、借り物で何とかなるものではない。日本の山林はヨーロッパと違って樹種がとても多い。それに合った林業があるはずだ。先ほども指摘したが、林野庁は、行政目的を民間に押し付けるのではなく民間の生産活動を助けるのが本来の仕事であるはずなのに、思い違いをしているとしか言いようがない。何代も続く林業家は、補助金など無視してまともな施業をしている。吉野林業でも北山林業、尾鷲林業、魚梁瀬林業でもそうだ。

日本林政・林学の伝統

「汝や知る都は野辺の夕雲雀あがるを見ても落つる涙は」と嘆いたのは、飯尾常房。応仁の乱ですっかり荒れ果てた都にかつての殷賑をもたらしたのはこの信長だといわんばかりに驕って当代一流の絵師に洛中洛外図屏風を描かせ、最大のライバルだと思っていた上杉謙信に贈った。それは、天下を平定するのは俺であって謙信には出番がない、という宣告であった。信長、秀吉、家康たちによって天下泰平、偃武が実現した。そうすると、都市建設、鉱山開発などインフラ整備に大量の木材が必要になる。山林は伐り尽くされ山は荒れ、河川に土砂がたまり、大雨が降ると洪水が多発した。そこで熊沢蕃山や山鹿素行が治山治水の警告を発するようになる。徳川時代初期には、採取・略奪林業から育成林業に転換することになる。これは世界に先駆けてのことになると考えていいだろう。アダム・スミスがおよそ一世紀後とはいえ、地代論で植林の話をしているからイギリスの植林がいつごろからか調べてみないとわからないが。パルグレイブの初版経済学事典では、ヨーロッパの植林については、バイエルンのガイヤー革命（一八二一―一九〇七）で初めて触れている。中世の森林といえば王侯貴族の狩猟のために森を残すことしか論じていない。したがって、日本の育成林業は世界に先駆けてといっても問題ないだろう。

その育成林業に関して、長州萩藩の『弐拾番山御書付』という文書に輪伐という言葉が出てくる。「輪伐による御立山（領主林）の持続的利用が図られるようになった」（『森林の江戸学』一三五頁）。一八世紀初頭のことである。松野礀や青木周蔵は萩藩の輪伐を知らなかったのだろうか。幕末の正統性のないクーデタで権力を握った薩長は、過去を消してしまう必要があったのかもしれない。林政・林学にとっては惜しいことである。次号では、狩野亨二著『江戸時代の林業思想』に依りながら蕃山や素行の林政思想、さらに施業論について展開してみたい。

漫筆　山海往還　その3

林学の断絶と継承

ここでいう林学は、採取・略奪林業であれ育成林業であれ、林業に関する理論と実践的施業論を含むものとする。長州藩士の松野礀は、はじめ国家学を修めるつもりで渡欧したが、同郷の青木周蔵のすすめで林学に進むことにした。その松野礀の話を聴いた大久保利通が大いに共感したので、近代日本の林学の屋台骨はドイツ林学になった。そのドイツ林学で当時盛んに唱えられていた考えに保続林業というのがある。英語でいえば、sustained yield forestry である。なおついでにいえば、林業関係の用語には専門外の人にわかりにくい言葉が多い。たとえば、天然更新の自然林を保護しようという考えと木材生産を重視しようとする考えとを共存させようという考えを、retention forestry という。これは日本語で保持林業という。また、法正林と聞いて何を意味するか予想できる素人はいないと思うが、なんと normal forest なんだそうである。事程左様に林学用語はわかりにくい。

林業のように息の長い産業にあっては、経験の蓄積をそう簡単に消し去ってしまえるものではない。採取・略奪であれ育成であれ、薪炭材や住宅用の小・中径木の樹木であれば二、三〇年から四、五〇年の周期で伐採すればいつまでも木材生産が可能だということになる。土佐藩の執政野中兼山の輪伐論に保続林業の考えを見ることができる。長州萩藩では、山内広道は、御立山と称される領主林における荒廃を輪伐によって立て直した。このことを『弐拾番山御書付』で指針として残した（『江戸学Ⅰ』一三五頁）のだが、それを松野礀も青木周蔵も知らなかったのだろうか。

城郭や大寺院などに要求される樹齢数百年の大経木は天然木に頼らざるを得ないだろうけれど、一般の用材であれば輪伐でいつまでも生産可能である。日本が世界に先駆けて育成林業に乗り出したという話は以前にもしたが、この経緯について「江戸時代以来の森林政策を〈乱伐と抑制の十七世紀〉〈植林と育林の十八世紀〉〈保続と活用の十九世紀〉」と大まかに括って示してくれたのが、『森林の江戸学Ⅰ』（東京書籍、二〇一二）である。これのシリーズに『森林の江戸学Ⅱ』（東京書籍、二〇一五）がある。引用に際しては『江戸学Ⅰ』、『江戸学Ⅱ』）とする。

江戸時代の林業思想——蕃山と素行——

熊澤蕃山は、教科書的には陽明学者と聞いているが、そんな枠にはとらわれない経世家であった。彼のことについては、狩野亨二著『江戸時代の林業思想』（巌南堂書店、一九六三。引用に際しては『林業思想』）に学ぶことにする。蕃山は独特の治山治水哲学を持っている。戦乱の時代は山の木は伐られることなく、平和の時代には濫伐され川に土砂が流れ込み洪水を起こすというものである。さすがに徳川氏が土木建築で濫伐したとはいえないので、坊主が堂宇を盛んに建てたのが洪水の原因だといった。彼は出世間を説く坊主が大嫌いであった。どうして仏家が勝手気ままに堂宇を建てることができるかといえば、その背景にキリシタン弾圧のための寺請け制度があるからだとみる。坊主は何の努力もなしに収入が得られるから堕落する。こんなふうに蕃山は見ていた。

これを書いているのが一二月だから山鹿素行といえば討ち入りになる。家臣一同路頭に放り出したお殿様というのは困ったものだが、それ以上に素行という男の行動もわからない。素行は若いときから世評が高く大名や大身の旗本などから高禄で仕えないかと誘われた。播州赤穂浅野家に誘われて仕えたが、どうしても幕臣になりたいという野望を捨てきれずに浅野家を致仕した。江戸に出て頑張ったが願いかなわず、ついに朱子学を批判する古学を唱えるようになり、幕府の忌諱に触れ、かつて縁のあった浅野家に流された。浅野家では願ってもないということで丁重に扱った。この素行にも一流の林政論があった。彼の林政論には河川の荒廃という視点はなく、もっぱら木材の持続的生産に関心があった。一種の輪伐論というものがあった（『林業思想』二二五頁）。

蕃山や素行の発想は伝統的な儒教的即物主義、唯物論といってもいい。実学的傾向が強い。これに対して、当時幕府の官学であった朱子学は、儒教の歴史の中では少し変わった観念的形而上学の傾向が強かった。蕃山や素行は、最初から意識的に官学を批判するというつもりはなかったのだろうが、治山治水や木材生産を考えているとおのずから官学批判になったものと思われる。蕃山や素行に実学的傾向が強いといっても林業について実際的知識があるわけではない。彼等もまた一種の唯物論的観念論であった。林業の実際的知識は、宮崎安貞や佐藤信淵、大蔵永常などのいわゆる農業家にあった。狩野は、土佐の野中兼山や秋田の渋江政光らにも言及している。政光についてはその先駆性に注目している。「政光自ら述べているように、まことに江戸時代初期に当たり、此の様な山林が国の盛衰にかかわる重要問題であったことを認識するものは少なかったのである。…政光は当時にあって、山林の重要性を認識した稀なる人物のひとりであったわけである」(『林業思想』二七一頁)。

実用的林業知識

林業の実際の実用的知識は、農書を著わした宮崎安貞、佐藤信淵、大蔵永常らである。彼らは林業施業論を主に農民向けに著わした。狩野がなぜ、農民を対象にした農書をとりあげたか、その理由はこの本の―序にかえて―にある。「少なくとも宮崎安貞、大蔵永常の林業思想については、彼等が生きた幕藩体制との関連で一層注目し、評価を加える必要があったのではなかろうか。理由をひと言でいえば、…幕藩体制の下で領主によっては収奪の死角ともなっていた商品作物の奨励」であった。コメで年貢を納めると収奪がきつくてたまらないから木材や薪炭、林産物で納める方が農民にとって有利であるというのが宮崎や大蔵の農民向けアピールだ、というのだ。この「序にかえて」を書いたのは、詳しい経歴は知らないが、肩書に農学博士をつけている西川善助という、おそらく林業の専門家である。この本が出版されたのが一九六三年のことである。この時期に斯界の権威に序を書いてもらうのは少し大げさなような気がするが、狩野が文学部出身で林業については素人だからだろう。文献を通して江戸時代の林業について書いてみたけれど専門家から見ていかがでしょうかというお伺いを立てたものと思われる。余談だけれど狩野亨二という名前が気になるのだが素性を確かめるすべがない。かつて一高の名物校長に狩野亨吉という人物がいた。彼にゆかりのある人物でないかと想像している。

江戸時代の林業

濫伐と抑制の一七世紀は秀吉に始まる。天下をとった秀吉は豪華壮麗な城や御殿を次々と建てた。これが諸国の山を禿山にした。治山治水と木材生産という二つの課題が同時に迫ってきた。これらの問題に専門的にかかわってきたのが幕府直轄領、各藩の専門家たちである。したがってこの時期の林政・林学については幕府直轄領、各藩の動向を検討する必要がある。藩の取り組みとして特記すべきは秋田藩の例であろう。

「秋田地方では、慶長七年(一六〇二)の佐竹義宣入部後も、家康の命による軍役板の供出や城下町久保田の建設用材、さらには院内銀山をはじめとした鉱山用坑木・製錬用材の需要が加わり、大量の樹木が切り出され続けた。慶長十九年に没した秋田藩家老の渋江政光は、こうした乱伐を懸念し、遺訓の中で〈国の宝は山也、然れ共伐り尽くす時は用に立たず、尽くさざる以前に備えを立つべし、山の衰えは則ち国の衰えなり〉と述べて、森林資源が枯渇することへの憂慮の念を示したが、これは森林保続の重要性をいち早く主張した極めて先駆的なものであると評価されている」(『江戸学I』三二一頁)。

ひとは同じことをする

渋江政光の言葉はある普遍性を持っている。目の前に材料資源でもあり燃料資源でもある樹木がある。こんなありがたいことはない。資源があふれかえるほどある時は気にもせずに資源を利用してきた。そのうち資源の濫用が進む。権力が生まれるとどうしても立派な宮殿が必要になるし、武器の製造に製錬用の燃料も必要になる。瞬く間に資源が枯渇する。そうなれば、どうしたら資源を保続することができるかを考えることになる。渋江政光の思考回路もヨーロッパの林業思想も同じ道筋をたどったのではないだろうか。もちろん、森林資源を使いつくして石材や粘土に頼った文明もある。しかし、山の恵みを全く無視するわけにはいかない。周辺に広大な辺境を持つ帝国はいいが、それを持たない小国はいつか歴史からその名を消してしまうことになる。人間というものは似たような経験をそれぞれ勝手に積み重ねるものかもしれない。尾張や幕府の林業を振り返る前に寄り道をする。

尾張徳川家や幕府の場合

尾張藩は木曽の山を管理した。山は、巣山、留山、明山の三つに分類された。巣山は鷹匠以外立ち入ることが禁止された鷹の営巣林である。鷹狩用の鷹を保護するためである。留山は伐採を禁止した山林。明山は厳重な管理のもとに薪炭材、建築用材などを生産する山林。名古屋や熱田などの都市部では大量の薪炭材や建築用材が必要である。留山を設置したのは木曽川の河川氾濫があるからだ。治山治水のために山林の回復を目指す必要があった。

幕府も事情は同じようなものであった。大量の建築用材の確保が山を荒らして川の氾濫を招くので、治山治水に気を遣わなければならなかった。各地の代官に治山治水に気を遣うように命令を出している。しかし他方で、江戸という大消費地の薪炭材や火災の度に町屋を再建するための建築用材の確保も必要である。そうなれば、保続林業(sustained yield forestry)の考えが出てくる。輪伐の発想はその考えの結果である。さらに、山林を保護しながら薪炭材、建築用材の確保を目指す保持林業(retention fprestry) の考えが出てくる。

以上見た歩みは、どこかから伝搬したというより、共通感覚＝コモンセンスが経験の同質化を促すものではないかと考える。以上が、今回の林学の断絶と継承というテーマでの考察である。

余録その一

紀伊国屋文左衛門のこと

紀伊国屋文左衛門といえば南国のミカンを江戸に持ち込んで大もうけをした話が講談などで庶民に広がったが、彼が大きな財を成したのは、木材の運搬、さらには伐採の請負をしたからである。商品経済の発展とともに林業の世界に請負が生じるようになった。紀伊国屋は山林の伐採に土地の杣人を使わずに自ら雇い入れたよそ者の杣人を使って土地の人と悶着を引き起こした。それはよそ者の杣人の施業が粗く山を荒らしたからであった。そのことが幕府に聞こえて、身を亡ぼすことになった。各藩でも下請けが行われたが、誠実な下請け関係が保たれた場合もある。尾張藩と美濃出身の長谷川商店との関係はその例である。

余録その二

前近代社会のこと

江戸時代を封建社会というかどうかわからないけれど、江戸時代といえば、農民は年貢の取りたてに苦しめられながら生きるのがやっとだった、というイメージが定着している。このことは少し修正する必要がある。『江戸学II』から引用しておこう。

「江戸時代の社会は、気候不順や自然災害などによって凶作になると、米価が高騰し食料流通が滞るなどして、度々飢饉に見舞われた。一般的には、享保の飢饉・天明の飢饉・天保の飢饉が三大飢饉として有名であるが、飢饉には地域差が濃厚であった。

飢饉になると、百姓たちは領主に対して〈御救《おすくい》〉を要求した。江戸時代の領主―領民の関係は、領民の百姓たちが年貢・諸役を上納するなどの負担をする一方で、領主は社会的な責務として百姓たちを〈御救《おすくい》〉して〈百姓成立《なりたち》〉を保障するという相互依存の構造にあったといわれる、その関係性の上に、百姓たちは〈御救〉を歎願したのである。〈御救〉には、種貸しなどの生産へのてこ入れ、年貢引きや破免などの負担の軽減。夫食貸しなどの生活への特別手当があったが、百姓たちからの願いに対して領主たちは吟味しながら〈御救〉を実施していった。

しかし、百姓たちは〈御救〉だけで飢饉を凌いでいるわけではなかった。各家では、もちろん飢饉に備えて食料を備蓄していただろうし、飢饉になると施行などのような民間での相互救済も多くなされた。さらに江戸時代後期になると備荒貯蓄を制度化して食料を備蓄する村も多くなっていく。こうしたさまざまなかたちで備蓄していた百姓たちは森林に入り、自然採集によって食料を求めた。森林を頼りにしたのであった。

中略

幕府・諸藩はさまざまな理由で森林の利用を制限する留山政策をとっていたが、飢饉の際の山間地域では、〈御救〉政策として〈御救山〉が行われた。〈御救山〉とは、山の種類の呼称ではなく、林政における一施策を示すもので、風損・水害・火災などの災害や凶作などによる食糧不足などから飢饉となった百姓たち――ときには藩士・町人も――を救済するために期限付きの場合が多かったが、領主が御山――留山――を開放し、林産物を得ることを許したものであった。百姓たちは、それら林産物を自家用に消費し、あるいは商品化することによって換金して生活の足しにした」(『江戸学II』一六一―一六二頁)。

以上のような江戸時代の認識をどう評価するかが問題である。明治新政府にとっては、クーデタで簒奪した統治権を正当化・合理化するために旧幕時代を貶める必要がある。かつては人々の暮らしは生きるのがやっとの辛いものであったが新政府の下ではよくなった、と思わせる必要があった。旧幕時代を殊の外悪くいう必要があった。そのうえ、二〇世紀になって講座派イデオロギーが封建制の江戸時代を否定的に描き、これが一般的な江戸時代のイメージになった。考え直す手がかりを『江戸学II』は与えてくれる。だからといって、江戸時代を理想的な時代というつもりはない。どこにも、桃源郷もパライソもありはしない。そんな統治構造はないのだから。

終わりに

山にとどまりすぎた。川を下って海に出て漁業のことを考えたい。川を下るのがいかに大変か、少しずつわかってきて、本当に海に出るまで元気が続くかどうか心配だ。

漫筆　山海往還　その4

弁財天と禹王

ぼくは、弁財天を河の神と思い込んでいた。日本で五弁天といえば、安芸の宮島、大和の天の川、琵琶湖の竹生島、相模の江之島、陸前の金華山である。これらは河の神ではなく水上交通の安全を祈願する神である。それに対して洪水を防いでくれる河の神は禹王である。長く思い違いをしていた。弥次さん喜多さんのように身一つで持ち物は振り分けだけという旅は峠を越えたり谷を渡ったりという移動も可能だけれど、大量の荷物を運ぶのに陸上交通は不便である。近世の日本では北前船をはじめ菱垣廻船や樽廻船など海上輸送が盛んであった。水運がいかに日本の自然に適していたかを、河野友美『食味往来』（中公文庫、一九九〇）が次のように指摘している。「水がどんなに便利であるかは、京都府の北側、日本海に面した丹後地方から有名な織物である丹後ちりめんや米が、舟によって関門海峡を通り、瀬戸内海から大阪を経て京都に運ばれていたことからもわかる。海の上を運ぶ方が、運びやすかったのである。大阪がコンブの集散地になったのも同様の理由である」（六五―六六頁）。

禹王の日本における事績について調査した人たちがいる。『禹王と治水の地域史』（古今書院、二〇一九。引用に際しては『禹王』とする）。著者は、植村善博・治水神・禹王研究会である。巻頭のグラビアには、多くの石碑などが掲載されている。また、巻末には北海道から沖縄まで細かく調査した事績の一覧がある。禹王といえば、夏王朝をひらいた人物として知られる。かつては夏王朝を疑う人もいたが、今ではそれを疑う人はいない。禹王は治水の神様であるから、日本各地で禹王を顕彰する石碑が存在している。北は北海道から沖縄まで至るところに存在している。現存するものの最古のものは沖縄首里城にあるという。中部地方では、岐阜県の海津市の祠に「大禹王尊」という掛け軸が祀られているということである。養老町には「禹功門」というのがあるという。

水と生活

ぼくはいま川を下って海に向かっている。途中、私たちはどこに暮らしてきたかということを考えてみた。生業も含めた生活のために水は不可欠である。自然堤防で河道ができているとはいえ、いつ氾濫するかわからない。したがって、長い時間をかけて人工の堤防を築いて生活圏を守ってきた。その時、禹王を顕彰することを忘れなかった。こうして消費のみならず様々な産業に水を使いながら生活をしている。川の水の利用についていえば、名古屋であれば木曽川の水をとり、大阪では淀川から、東京では多摩川から水道水をとっている。これらの川は目に見える川である。ところが川には目に見えない川がある。この川を研究するのが水文学である。

さて最近、矢作川水系で工業用水と農業用水の取水口の底が抜けたといって大騒ぎになった。川の底が抜けるのは当たり前のこと。ときどきどこかで抜けて下流で噴き出す。こんなことを研究するのが水文学《すいもんがく》。矢作川水系の事件では、専門家が集まって検討、会議した結果、取水口の設備が古くなったからではないかとされた。どうも取水口に底が抜けないようにした甕のようなものを設置して、そこから取水していたようだ。

名古屋では木曽川から取水した水をろ過したものを塩素消毒して水道で配っている。大阪では淀川の水、東京では主に多摩川の水という具合である。ところが川の水をくまずに伏流水を利用している地域が結構多い。目に見えている川とは別に、底と側面から染み出した水が流れている見えないもう一つの川があり、それを利用している地域が結構多いのである。こんなことも水文学を学びながら考えていかなければならない。県庁所在地という大都会で伏流水だけで水道を賄っている都会がある。熊本市である。伏流水に恵まれた土地では、それを水道水に利用している地域が結構多い。矢作川水系の取水の見直しを検討した専門家たちは、そこをコンクリートで固める案を採用したようだ。この専門家たちの中に水文学の専門家がいて声をあげたのだろうか？　川を殺して川から恩恵を受けようというのは心得違いというほかない。

ぼくらは水の便の良いところに住みたい。井戸を掘れば水が湧き出るところに住みたい。だいたい高台の昔からの住宅地は水に恵まれている。名古屋でいえば、お城のわきの高台から熱田の森まで。大阪では上町台地から堺くらいまで。東京では杉並辺りの高台。もちろんこれらは良質の水。川を下って海にたどりつくと漁業の世界に至る。そこからは漁業の問題を考えることになる。

漁業の現状

今の日本の漁業は養殖全盛である。養殖だと安定供給ができる。遺伝子操作で可食率の高い効率の良い商品が作られる。近年、頭の異常に小さいタイが市場に出回っている。魚の消費市場では切り身か柵になる中型魚以上が好まれる。小型ではイワシくらいか。そのうちのカタクチイワシは養殖魚の餌にされるので、ひとさまの口に入る頃は値段が高い。海には小型の魚が放置されることになる。これらの小型魚を資源として利用する試みもある。練り物の材料にするといい、手間がかかるから採算が合うかどうか心配だけれども、練り物の世界的需要が高いから市場の開発次第では採算が取れるかもしれない。在来漁法で餌という言葉を使うが、これは魚をだますためのもので魚を育てるものではない。海が勝手に育ててくれる。ひとさまから見て勝手にタダで育ててくれるといっても、そこには捕食者と被捕食者との間に熾烈な戦いがある。ライオンや虎でさえいつも狩りがうまくいくとは限らない。回遊魚マグロやブリがいつもらくちんに餌にありつけるとは限らない。捕食魚はコストを賭けて餌にありついている。これはなかなかシビアなことだ。養殖池の魚は口を開けさえすれば餌が飛び込んでくる。こんなにらくちんなことはない。養殖業者が餌の管理に気を払っていることは言うまでもない。餌を投入しすぎて池を汚すことがないようにしている。

ニシンの復活

北海道でニシンが復活している。毎年産卵期になると海が真っ白に濁るという、資源管理をしっかりしながらニシン漁をやれば持続可能である。ニシンといえば身欠きニシンであり、身欠きニシンは一種の発酵食品である。この技術の継承が問題である。室の中のニシンは発酵して熱を持つ。この熱管理が職人の技が生きるところである。この職人の技を継承できているかどうか心配だ。数の子は、干してカラカラにすると水に戻したとき、もとより大きくなったかと思う。干し数の子独特のパリパリ感はこれも職人の技の結果。色も黄金色である。おせちにふさわしい。塩数の子ではとても味わうことができない。現在では干し数の子を楽しみにする人より生を楽しみにする人が多い。冷蔵・冷凍技術の進歩のおかげだ。英国風に塩をした生をオリーブオイルにつけてそれを食べるのを真似るのが多いようだ。煮たり焼いたりするより美味しそうだ。ニシンは、かつてよく獲れたときは肥料になっていた。いまでは、そんな使い方など聞いたことがない。食用にするのがいいだろう。これも、市場を海外に求めて積極的に市場開拓するのがいいだろう。現在では氷温冷蔵の技術が発達しているから世界中に市場を期待することができる。ニシンの復活と比較すると、イカナゴの資源減少がさみしい。イカナゴは脂がよく乗った魚だから、これを食べたサンマは脂が乗ってうまい。最近のサンマがまずいのはイカナゴを食べていないからである。

参照文献一覧

森林／林業／木

浅野裕一『孔子神話』岩波書店、一九九七年。
浅野裕一『古代中国の文明観』岩波書店、二〇〇五年。
有岡利幸『杉Ⅰ』法政大学出版局、二〇一〇年。
有賀恵一・清和研二『樹と暮らす』築地書館、二〇一七年。
石村真一『桶・樽　ⅠⅡⅢ』法政大学出版局、一九九七年。
今井敬潤『栗』法政大学出版局、二〇一四年。
岩井吉彌『山村に住む、ある森林学者が考えたこと』大垣書店、二〇二一年。
上原啓二『樹木大図説』有明書房、一九六一年。
太田邦夫『木のヨーロッパ』彰国社、二〇一五年。
柿澤宏昭・山浦悠一・栗山浩一編『保持林業』築地書館、二〇一八年。
笠原義人・香田徹也・塩谷弘康『どうする国有林』リベルタ出版、二〇〇八年。
梶山恵司『日本林業はよみがえる』日本経済新聞社、二〇一一年。
狩野享二『江戸時代の林業思想』厳南堂書店、一九六七年。
岸修司『ドイツ林業と日本の森林』築地書館、二〇一二年。
紀藩源伴存『吉野郡名山図誌』
熊崎実・速水亨・石崎涼子編著『森林未来会議』築地書館、二〇一九年。
熊崎実『木のルネサンス―林業復権の兆し―』エネルギーフォーラム、二〇一八年。

小泉章夫『樹木と木材の図鑑』創元社、二〇一六年。

香田徹也編著『日本近代林政年表　増補版　1867－2009』日本林業調査会、二〇一一年。

斎藤修『環境の経済史』岩波書店、二〇一四年。

島崎藤村『夜明け前』岩波書店、一九六九年。

白井裕子『森林の崩壊』新潮社、二〇〇九年。

白井裕子『森林で日本は蘇る』新潮社、二〇二一年。

森林施業研究会編『主張する森林施業論』日本林業調査会、二〇〇七年。

林野庁『森林・林業白書　二〇一四年度版』。

清和研二『多種共存の森』築地書館、二〇一三年。

瀬田勝哉『木の語る中世』朝日選書、二〇〇〇年。

瀬田勝哉『戦争が巨木を伐った』平凡社、二〇二一年。

高嶋雄三郎『松』法政大学出版局、一九七五年。

タットマン、コンラッド『日本人はどのように森を作ってきたのか』熊崎実訳、築地書館、一九九八年。

田中淳夫『絶望の林業』新泉社、二〇一九年。

筒井迪夫『日本林政史研究序説』東京大学出版会、一九七八年。

徳川林政史研究所編『森林の江戸学』東京堂出版、二〇一二年。

徳川宗敬『江戸時代に於ける造林技術の史的研究』西ケ原刊行会、一九四一年。

西尾隆『日本森林行政史の研究　増補新装版』東京大学出版会、二〇二一年。

西川力『ヨーロッパ・バイオマス産業リポート』築地書館、二〇一六年。

総務省統計局編『日本の統計　二〇一三年版』日本統計協会。

野原健一『たたら製鉄業史の研究』渓水社、二〇〇八年。

農文協編『小さい林業で稼ぐコツ』農山漁村文化協会、二〇一七年。

荻大陸『国産材はなぜ売れなかったのか』日本林業調査会、二〇〇九年。

八田達夫・高田眞『日本の農林水産業』日本経済新聞社、二〇一〇年。

浜田久美子『スイス式［森の人］の育て方』亜紀書房、二〇一四年。

浜田久美子『スイス林業と日本の森林』築地書館、二〇一七年。

速水亨『日本林業を立て直す』日本経済新聞社、二〇一二年。

菱山忠三郎『樹木図鑑』成美堂出版、二〇一一年。

藤森隆郎『林業が作る日本の森林』築地書館、二〇一六年。

松江重頼『毛吹草』岩波書店、一九七一年。

南川三治郎『世界遺産巡礼の道をゆく―熊野古道―』玉川大学出版部、二〇〇七年。

宮脇昭『「森の長城」が日本を救う』河出書房新社、二〇一二年。

宮脇昭『見えないものを見る力』藤原書店、二〇一五年。

三和良一・原朗編『近現代日本経済史要覧』東京大学出版会、二〇〇七年。

村尾行一『間違いだらけの日本林業―未来への教訓―』日本林業調査会、二〇一三年。

村尾行一『森林業』築地書館、二〇一七年。

藻谷浩介・ＮＨＫ広島取材班『里山資本主義』ＫＡＤＯＫＡＷＡ、二〇一三年。

山形健介『タブノキ』法政大学出版局、二〇一四年。

山口明日香『森林資源の環境経済史―近代日本の産業化と木材―』慶應義塾大学出版会、二〇一五年。

米丘寅吉『二人の炭焼、二人の紙漉』桂書房、二〇〇七年。

ラートカウ、ヨアヒム『自然と権力』海老根剛・森田直子訳、みすず書房、二〇一二年。

ラートカウ、ヨアヒム『木材と文明』山縣光晶訳、築地書館、二〇一三年。

FAO, State of the World Forest 2011.

漁業／海／魚

石井謙治『和船Ⅰ』、『和船Ⅱ』法政大学出版局、一九九五年。

石川梵『海人』新潮社、一九九七年。

石川梵『鯨人』集英社、二〇一一年。

岩波書店辞典編集部『科学の事典、第三版』岩波書店、「栄養」の項目、一九八五年。

植田有美「専売制度廃止後における自然海塩の生産と流通」広島大学生物生産学部食糧情報管理学コースの卒業論文。

宇江敏勝『熊野川』新宿書房、二〇〇七年。

大隅清治『クジラと日本人』岩波書店、二〇〇三年。

金田禎之『日本漁具・漁法図説　四訂版』成山堂書店、二〇一六年。

金田禎之『新編　漁業法のここが知りたい　2訂増補版』成山堂書店、二〇一六年。

勝川俊雄『日本の魚は大丈夫か』NHK出版、二〇一一年。

片野歩『日本の水産業は復活できる！』日本経済新聞社、二〇一二年。

片野歩『魚はどこに消えた？』ウェッジ、二〇一三年。

川上行蔵『日本料理事物起源』岩波書店、二〇〇六年。

木村伸吾「ウナギとマグロとイワシ」、『科学』岩波書店、二〇一八年八月号。

キュリー、フィリップ／ミズリー、イヴ『魚のいない海』勝川俊雄監訳、林昌宏訳、NTT出版、二〇〇九年。

佐藤正典『海をよみがえらせる―諫早湾の再生から考える―』岩波書店、二〇一四年。

水産庁編『水産白書　二〇一五年版』農林統計協会。

末廣恭雄ほか監修『日本食用魚介藻大図鑑』グラフ社、一九八二年。

多紀保彦ほか編『食材魚貝大百科』平凡社、一九九九年。

西隈隆則『消えていくニガリ—誰も知らない塩の話—』海工房、二〇一八年。

中坊徹次監修『日本魚類館』小学館、二〇一八年。

濱田武士『弁甲材の経済と産業システム—国内唯一のブランド造船材の盛衰、昭和40年代の姿—』日南地区木林協会会長川越耐介、二〇〇九年。

濱田武士『伝統的和船の経済—地域漁業を支えた「技」と「商」の歴史的考察—』農林統計出版、二〇一〇年。

濱田武士『漁業と震災』みすず書房、二〇一三年。

濱田武士『魚と日本人—食と職の経済学—』岩波書店、二〇一六年。

平島裕正『塩』法政大学出版局、一九七三年。

ヒルボーン、レイ／ヒルボーン、ウルライク『乱獲』東海大学出版部、二〇一五年。

山本智之『海洋大異変』朝日選書、二〇一五年。

渡辺尚志『海に生きた百姓たち—海村の江戸時代—』草思社、二〇一九年。

川／水害／食

植村善博・治水神禹王研究会『禹王と治水の地域史』古今書院、二〇一九年。

宇沢弘文・大熊孝編『社会的共通資本としての川』東京大学出版会、二〇一〇年。

貝塚爽平ほか『日本の平野と海岸』岩波書店、一九九五年。

河野友美『食味往来—食べものの道—』中公文庫、二〇一五年。

関正和『大地の川』草思社、一九九四年。

高橋裕『川と国土の危機―水害と社会―』岩波書店、二〇一二年。

高橋裕ほか編『川の百科事典』丸善、二〇〇九年。

十津川村編『十津川村大水害の記録』十津川村、二〇一二年。

奈良の食事編集委員会編『聞き書　奈良の食事』（『日本の食生活全集』第二九巻）農山漁村文化協会、一九九二年。

出所一覧　同人誌『象』75―104号

十津川村再訪　75号二〇一三年春
山海往還その一　76号二〇一三年夏
山海往還その二　77号二〇一三年秋
山海往還その三　78号二〇一四年春
山海往還その四　79号二〇一四年夏
続　山海往還その1　84号二〇一六年春
続　山海往還その2　85号二〇一六年夏
続　山海往還その3　86号二〇一六年秋
続　山海往還その4　87号二〇一七年春
続　山海往還その5　88号二〇一七年夏
続　山海往還その6　89号二〇一七年秋
続　山海往還その7　90号二〇一八年春
続　山海往還その8　91号二〇一八年夏
続　山海往還その9　92号二〇一八年秋
続　山海往還その10　93号二〇一九年春
続　山海往還その11　94号二〇一九年夏
続　山海往還その12　95号二〇一九年秋
続　山海往還その14　97号二〇二〇年夏
続　山海往還その15　98号二〇二〇年秋
続　山海往還その16　99号二〇二一年春
漫筆山海往還その一―軍需造船供木運動―　101号二〇二一年秋
漫筆山海往還その二―黒部の杣人―　102号　二〇二二年春
漫筆山海往還その三　103号　二〇二二年夏
漫筆山海往還その四　［104号二〇二二年秋に掲載予定で執筆、提
出できずに遺稿となった］

解題「山海往還」の思想――日本経済論のコペルニクス的旋回――

山海往還出版実行委員会発起人　斉藤日出治

公文宏和さんは、みずからの生涯を閉じるに当たって、自己の生活感覚を思想として昇華させる貴重な作品をわたしたちに遺してくれました。それが本書です。宏和さんはカメラ、衣服、料理など幅広い趣味や関心をもち、そのようなみずからの生活感覚を通して思想形成を成し遂げる稀有な才能の持ち主でした。アカデミズムの研究者としては、名古屋大学の大学院以降、カール・マルクスの『資本論』を探究する仕事に取り組んできましたが、この研究が日常経験の火にあぶられて、理論的探究と日常生活に向き合う姿勢が融合するかたちでそこに独自の社会認識の地平が拓かれたのです。

本書は、林業と漁業（農業をあえて外して）を日本経済の基幹産業にすべきだという驚くべき（?）提言をさりげなくしています。荒唐無稽で現実離れしたようにみえるこの提言が、宏和さんの日常感覚から発するラディカルな経済学批判の視座を浮き彫りにしています。

人間の経済活動は、大地、大気、水などの自然環境なしにはなりたたない。自然は「ぼくたちの生を可能にしてくれるエレメントみたいなもの」（本書二三）です。そのエレメントがはらむ「能産性」（公文さんは科学技術の「生産性」と区別してこの用語を使っています）を活かしながらわたしたちの生をつむぐ活動こそが経済活動である。林業と漁業は、そのような人間の経済の営みの範型となる産業です。

ところが、日本経済はその林業と漁業をマイナー産業に押しやり、さらには、それらが産業としてすら立ち行かなくなる事態を招いています。科学技術の生産性をひたすら追求するわたしたちの経済のありかたが、自然の能産性を破壊し、わたしたちの暮らしをいちじるしくみすぼらしいものにしてしまったのです。自然を人間の経済活動の道具にして経済成長を追求することによって、わたしたちは「人新世」という地球的な規模での生態学的危機まで招来してしまいました。

わたしたちは人類の歴史を、人類が自然に包まれて生きてきた時代から科学技術のちからによって自然を支配しコントロールする時代へと移行してきた、ととらえがちです。宏和さんはそうではない、と言います。ひとは太古の昔から、みずからも自然力である身体を駆使して自然とかかわり、自然の能産性を引き出す技法を考案し、さまざまな知恵を絞って自覚的・組織的に暮らしを創造してきたのだ、と。宏和さんは近代以前の歴史におけるこのような暮らし方の知恵の事例をいくつも発見し紹介してくれます。近代世界のなかにも、自然の能産性をつむぎだすひとびとの生活技法にあふれています。その歴史に学びつつ、そのような暮らし方を再創造する道を探る、ここに本書の課題があります。宏和さんはこの視点に立って、魚を捕る技法、魚を保存する方法、加工し調理する方法、販売流通のありかた、その仕組みと制度を逐一検討していきます。市場取引の効率的な運用や経済成長の追求を主要課題とするアカデミズムの経済学とはまったく別の知の世界（反経済学とも呼べる）がそこからたち現れてきます。

自然の能産性を引き出すような林業と漁業の仕組みや制度を創造し、その仕組みや制度を範型として日本経済の総体を再創造する、宏和さんの脳裏には、そのようにして日本経済を再構造化するための壮大なデッサンが描かれていたのです。そしてこの視座は、経済のしくみだけでなく、食事・住居・消費・都市のありかた、自然とのかかわり方、世界観や生活態度のあり方を再考する道に通じていきます。宏和さんは、この構想に立って自分の日常感覚を見つめなおし、さまざまな研究書を読み解くと同時に、自分の足で歩いて、漁業や林業に携わる人や、その関連事業に関わるひとと対話して、自分のこの構想を確かめています。

山海往還の旅がつむぎだす思想は、二一世紀の経済学の研究のありかた、経済の制度のありかた、自然や社会やひとびとの暮らしに向き合うわたしたちのありかたに大きな示唆をあたえてくれます。本書のこの壮大なスケールの思考から多くの読者が刺激を受け、思考の多様な回路が拓かれていくことを期待します。

二〇二四年六月三〇日

公文宏和年譜

一九四三年八月二三日　京都府舞鶴町に生まれる　三男一女の次男
一九五六年　新北野中学校入学
一九五九年　豊中高等学校入学
一九六三年　和歌山大学入学
一九六八年　名古屋大学経済学研究科修士課程入学
一九七四年　早川八重子さんと結婚　二男（忠信・直行）を授かる
一九七八年　名古屋大学経済学研究科博士課程中途退学
一九七九年　河合塾専任講師　社会科・小論文
一九八七年　河合文化教育研究所の経済学研究会を主宰（二〇二二年まで）
二〇〇八年　河合塾退職
二〇〇九年　同人誌『象』に加入し執筆
二〇二三年一〇月二三日没

公文宏和著作目録　＊本書収録分以外の著作（判明したもの）

「価値論と商品論」名古屋大学大学院経済学研究科『経済科学』一八巻一号（一九七一年一月号）八三－一〇二頁
「経済学におけるカテゴリーの成立」『名古屋人文科学研究会年報1974』一九七四年一二月発行、五五－六四頁
「剰余価値と資本―資本批判と市民社会批判―」『経済科学』二四巻三号（一九七七年三月）三九－五八頁
「私が選んだこの一冊」（河合文化教育研究所編集、河合塾教育研究開発本部発行）
二〇一〇年度版『ムーミンの哲学』瀬戸一夫著
二〇一一年度版『プロテスタンティズムの倫理と資本主義の精神』マックス・ウエーバー著
二〇一二年度版『古代中国の文明観』浅野裕一著
二〇一三年度版『キャパの十字架』沢木耕太郎著
二〇一四年度版『国富論』アダム・スミス著
二〇一五年度版『森の力―植物生態学者の理論と実践―』宮脇昭著
「グローバリゼーションと日本経済」同人誌『象』65号、二〇〇九年秋
「グローバリゼーションと日本経済 井上財政の見直し（承前）」同人誌『象』66号二〇一〇年春
「グローバリゼーションと日本経済　その3」同人誌『象』67号、二〇一〇年夏
「グローバリゼーションと日本経済　その4」同人誌『象』68号、二〇一〇年秋
「グローバリゼーションと日本経済　その5」同人誌『象』69号、二〇一一年春
「グローバリゼーションと日本経済　その6」同人誌『象』70号、二〇一一年夏
「官許の殺人と私の殺人」同人誌『象』70号、二〇一一年夏
「グローバリゼーションと日本経済　その7」同人誌『象』71号、二〇一一年秋

「グローバリゼーションと日本経済　その8」同人誌『象』72号、二〇一二年春
「韋編三絶」同人誌『象』73号、二〇一二年夏
「スイス時計と日本のカメラ」同人誌『象』74号、二〇一二年秋
「八木紀一郎著『経済原論』を読む」同人誌『象』74号、二〇一二年秋
「同人の近況　アダムスミスは自由放任主義者でなければいけない」同人誌『象』77号、二〇一三年秋
「谷川道雄さんのこと」同人誌『象』77号、二〇一三年秋
「『少女たちの植民地』に触発されて」同人誌『象』80号、二〇一四年秋
「境港探訪と那知川再訪」同人誌『象』81号、二〇一五年春
「蓮の実のこと」「藤森節子さんを偲ぶ」同人誌『象』82号、二〇一五年夏
「瀬戸一夫さんのアンセルムス研究を読む」同人誌『象』83号、二〇一五年秋
「自由空間　佐野先生」同人誌『象』93号、二〇一九年春
「仲間企業の経済倫理」同人誌『象』100号、二〇二一年夏
「ホメロスの逆襲」同人誌『象』104号、二〇二二年秋

山海往還

2024年10月23日　発行

著者　公文宏和

編集　山海往還出版実行委員会
〒520-0242
滋賀県大津市本堅田4-22番4-305　八木方

発行　株式会社 あるむ
〒460-0012 名古屋市中区千代田3-1-12
Tel. 052-332-0861　Fax. 052-332-0862
http://www.arm-p.co.jp　E-mail: arm@a.email.ne.jp

ISBN978-4-86333-211-9　C0060